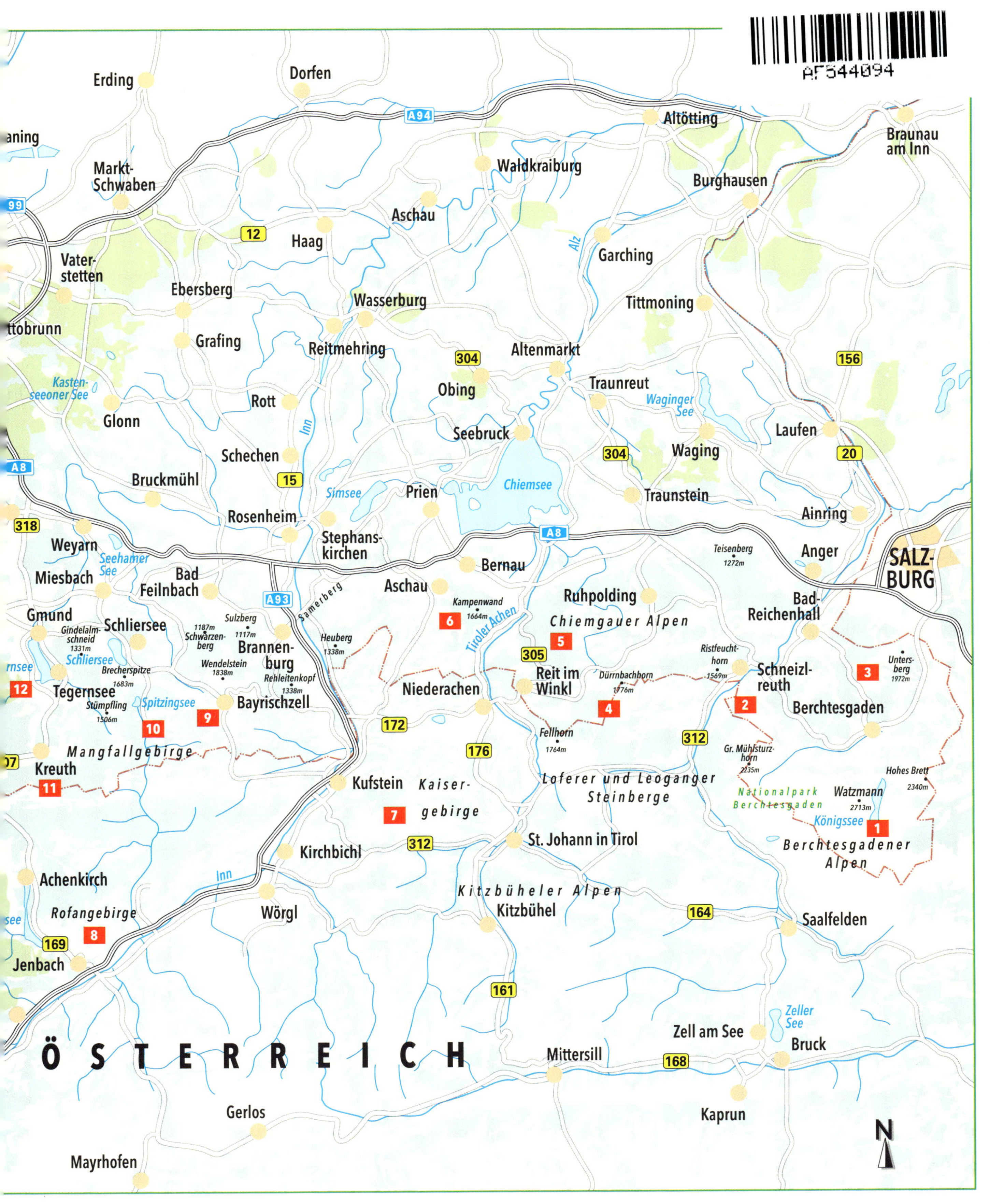

Erding
Dorfen
A94
Altötting
Braunau am Inn
Markt-Schwaben
Waldkraiburg
Burghausen
99
12
Haag
Aschau
Alz
Garching
Vater-stetten
Ebersberg
Wasserburg
Tittmoning
Grafing
Reitmehring
304
Altenmarkt
156
Kasten-seeoner See
Obing
Traunreut
Waginger See
Rott
Glonn
Inn
Seebruck
Laufen
Waging
Schechen
304
20
A8
Bruckmühl
15
Simsee
Prien
Chiemsee
Traunstein
Ainring
318
Rosenheim
Stephans-kirchen
A8
Teisenberg
1272m
Anger
Weyarn
Seehamer See
SALZ-BURG
Miesbach
Bad Feilnbach
Bernau
A93
Samerberg
Aschau
Kampenwand
1664m
Ruhpolding
Bad-Reichenhall
Gmund
Sulzberg
Chiemgauer Alpen
Gindelalm-schneid
1331m
Schliersee
1187m
Schwarzen-berg
1117m
Brannen-burg
Heuberg
1338m
6
Tiroler Achen
5
Ristfeucht-horn
1569m
Unters-berg
1972m
Schliersee
305
3
Schneizl-reuth
Brecherspitze
1683m
Wendelstein
1838m
Rehleitenkopf
1338m
Reit im Winkl
Dürrnbachhorn
1776m
12
Tegernsee
Niederachen
Spitzingsee
4
2
Berchtesgaden
Stümpfling
1506m
9
Bayrischzell
172
10
Fellhorn
1764m
312
Mangfallgebirge
176
Gr. Mühlsturz-horn
2235m
Hohes Brett
2340m
Kreuth
11
Kufstein
Kaiser-gebirge
Loferer und Leoganger Steinberge
Nationalpark Berchtesgaden
Watzmann
2713m
7
Königssee
1
St. Johann in Tirol
Kirchbichl
312
Berchtesgadener Alpen
Achenkirch
Inn
Kitzbüheler Alpen
Rofangebirge
Wörgl
Kitzbühel
164
Saalfelden
8
169
Jenbach
161
Zeller See
Zell am See
Bruck
ÖSTERREICH
Mittersill
168
Gerlos
Kaprun
N
Mayrhofen

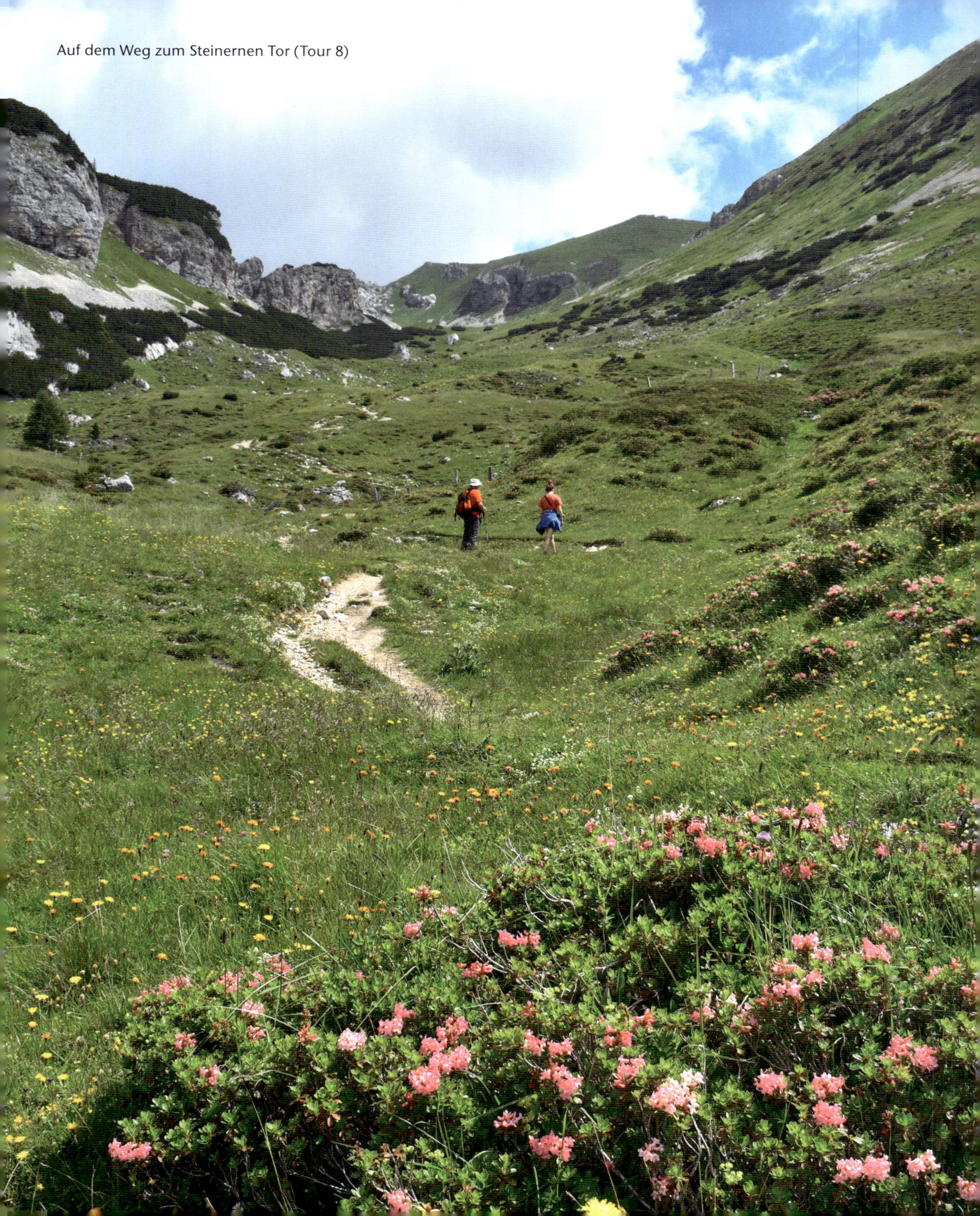
Auf dem Weg zum Steinernen Tor (Tour 8)

Simon Auer

Entspannte Wochenendtouren *in den Bayerischen Alpen*

24 Hüttenwanderungen

Bassermann

INHALT

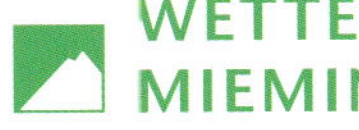

WETTERSTEIN UND MIEMINGER BERGE

AMMERGAUER ALPEN

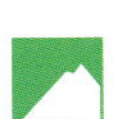

TANNHEIMER BERGE UND ALLGÄUER ALPEN

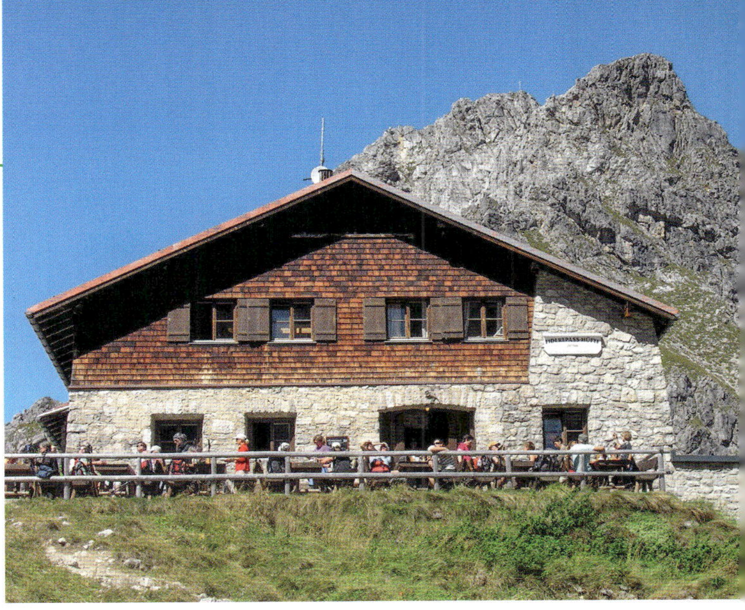

Die Fiderepass-Hütte (Tour 23)

ANHANG

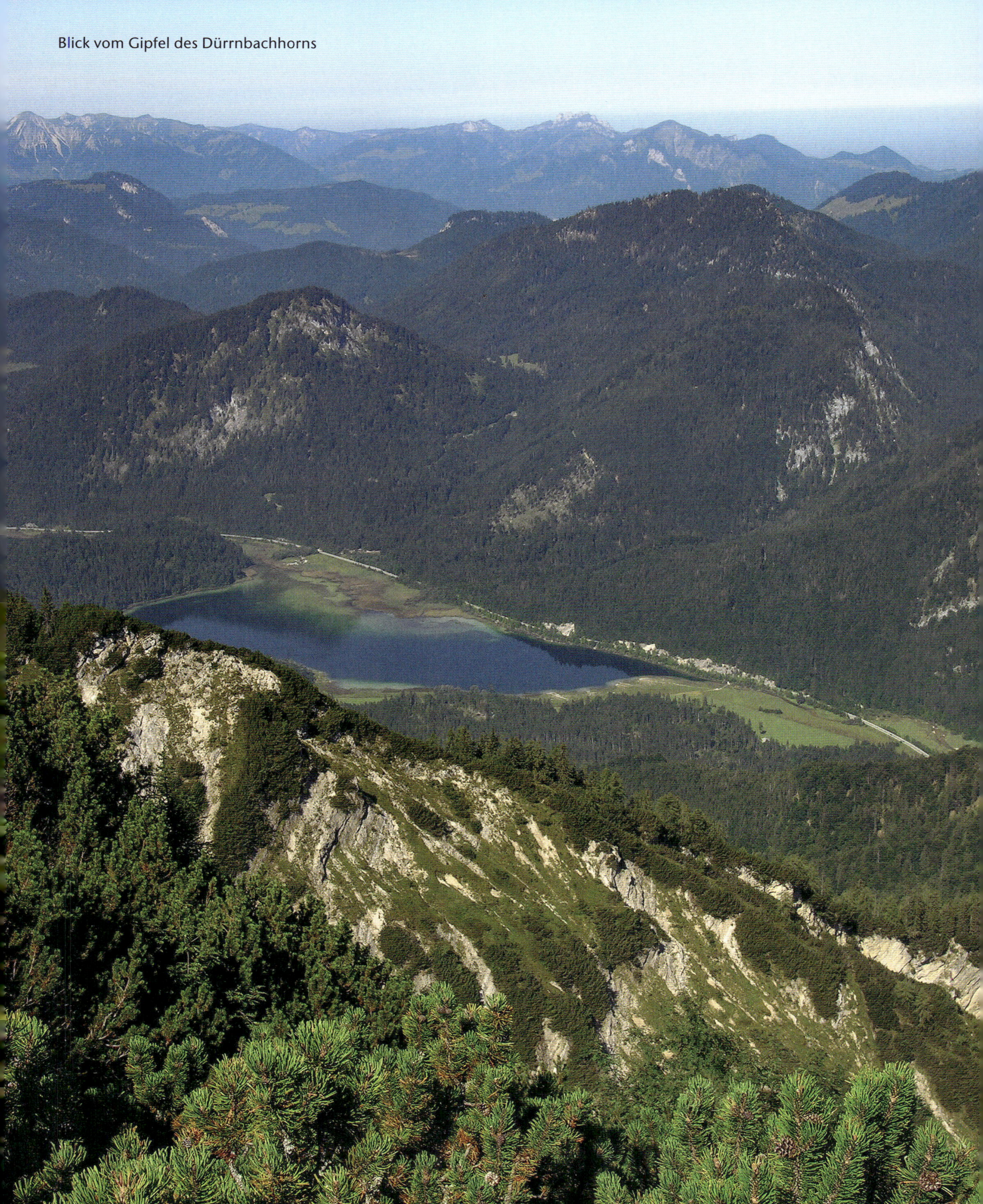
Blick vom Gipfel des Dürrnbachhorns

VORWORT

Bergwandern ist schön! Bergwandern auf Gipfel ist noch schöner, da wir oft einen großartigen Panoramablick genießen können. Und zu Hütten wandern und dort zu übernachten ist am allerschönsten. Denn dann können wir alles miteinander verbinden. Geselligkeit, leckeres Hüttenessen (ja, es hat sich viel getan auf den Hütten, sogar Vegetarier dürfen sich freuen), unvergessliche Sonnenauf- und Sonnenuntergänge, leichte oder auch mittelschwere Gipfelabstecher setzen noch das i-Tüpferl drauf. Und wenn wir genügend Zeit mitbringen, dann können wir solche Bergerlebnisse auch vervielfältigen, indem wir von Hütte zu Hütte wandern.

In diesem Band stellen wir 24 zwei- bis viertägige Wanderrouten vor, teils Strecken-, teils Rundtouren. Auf jeder dieser Touren werden eine oder mehrere Alpenvereinshütten, Hütten der „Naturfreunde" und Privathütten bzw. bewirtschaftete Almen mit Übernachtungsmöglichkeiten angesteuert, die jeweils ihren eigenen Charakter haben. Entlang der beschriebenen Wanderrouten ergeben sich auch reizvolle Gipfelabstecher. Auch wenn die vorgeschlagenen Strecken so gestaltet sind, dass wir jeweils rechtzeitig einen Übernachtungsplatz finden, so bleibt es den Wanderern doch unbenommen, auch mal einen oder auch mehr Tage auf derselben Hütte zu verbringen – um zu „relaxen", einen oder mehrere Hüttengipfel zu ersteigen und dann erst weiterzuziehen.

In den Bayerischen Alpen und in den angrenzenden Tiroler Bergen finden wir zahlreiche gemütliche Hütten und Übernachtungsmöglichkeiten vor, in denen wir am Abend unser Haupt betten können: von der rustikalen Alm mit zehn bis 15 Betten bzw. Lager bis zu großen Alpenvereinshütten, die auch auf einen Massenansturm eingestellt sind. Wer allerdings mit Hund unterwegs sein will, tut immer gut daran, bei den Hüttenwirten vorab die Erlaubnis einzuholen.

Vorbei die Zeiten, als sich Wanderer und Bergsteiger hauptsächlich mit Erbswurstsuppe und heißen Wienern durchschlagen mussten. Heute gibt es auf den Hütten Schweinsbraten, Spaghetti Bolognese, Wildgulasch, Krustenbraten oder Knödel mit Kraut, nicht zu vergessen den ach so beliebten Kaiserschmarrn.

Genießen Sie eine oder mehrere Nächte in der Bergnatur in sauberer Luft und ohne Lärm. Lassen Sie die Wanderungen zu den Hütten nicht zu spät ausklingen, freuen Sie sich aufs Abendessen und wandern Sie am nächsten Tag erst dann weiter, wenn Sie wieder Energie geschöpft haben.

Erholsame Tage in den Bergen und eine ungestörte Nachtruhe
wünscht Ihnen Ihr

Simon Auer

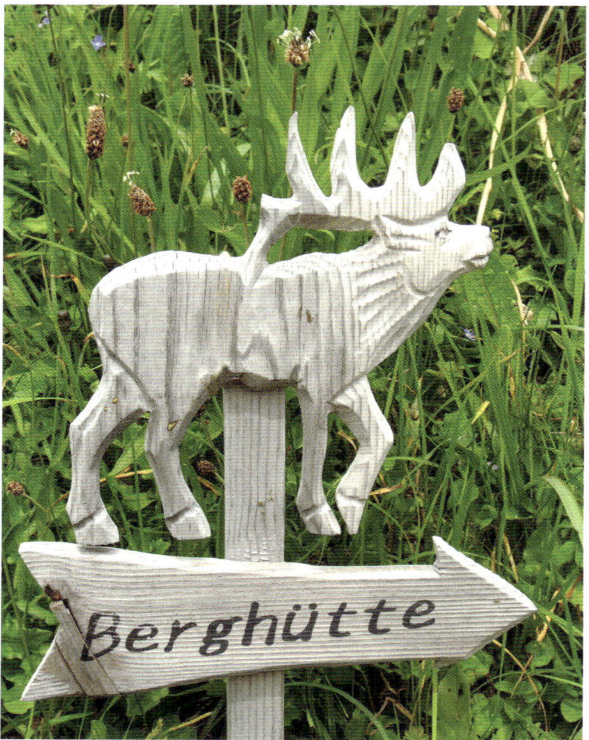

Wegweiser zum nächsten Etappenziel

Tageswanderungen in den bayerischen Alpen auf markierten Wegen und Steigen sind normalerweise ohne großen Aufwand zu bewältigen. Wer jedoch länger unterwegs sein will und dafür auf die Übernachtung auf Hütten angewiesen ist, sollte sich zusätzlich ein paar Gedanken machen. Damit ein solcher mehrtägiger Ausflug zu einer rundum geglückten Erfahrung wird, bedarf es daher auch einer gewissen Planung und Vorbereitung. Nachfolgend geben wir nützliche Tipps, Empfehlungen und Hinweise.

Allgemeine Wandertipps

Die wesentlichen Informationen zu jeder Wanderung in diesem Buch finden Sie in den ausführlich gestalteten Info-Teilen, die jede Hüttentour ergänzen; sie enthalten die notwendigen Angaben zur Anfahrt mit dem Auto oder mit öffentlichen Verkehrsmitteln, damit Sie den Ausgangspunkt Ihrer ausgewählten Tour ohne Probleme leicht finden können, dazu die Gehzeiten, eingeteilt in Etappen, sowie die Gesamtgehzeit, die körperlichen und technischen Anforderungen, Tipps zur Ausrüstung, die Öffnungszeiten der angesteuerten Hütten sowie eine Kartenempfehlung und die Adresse des nächst gelegenen Tourismusbüros.

ANFAHRT

Mit dem Auto:

Das Wandergebiet der Bayerischen Alpen ist über mehrere Autobahnen (A8, A95, A96 und A7) bzw. zahlreiche Bundesstraßen gut zu erreichen, für die Anreise mit dem Auto wurde zusätzlich der am günstigsten gelegene Wanderparkplatz zum Ausgangspunkt der Tour angegeben.

Mit Bahn & Bus:

Alle Ausgangspunkte unserer Tourenvorschläge, die mit öffentlichen Verkehrsmitteln – Bahn & Bus – ohne großen Zeitverlust gut zu erreichen sind, finden eine besondere Erwähnung, um auch eine umweltfreundliche Anfahrtsmöglichkeit vorzustellen. Von den Bahnhöfen der Deutschen Bahn bzw. der Bayerischen Regiobahn fahren regelmäßig – wenn auch nicht immer sehr oft – Busse des Regionalverkehrs Oberbayern bzw. des ÖPNV Oberallgäu zu den Ausgangspunkten unserer Wanderungen. Hier ist der Erwerb der Allgäu-Walser-Card bzw. der Download der entsprechenden App sinnvoll. Von Oberstdorf fahren zusätzlich Wanderbusse in einige Gebirgstäler.

ANFORDERUNG

In den bayerischen Alpen gibt es ein sehr gutes Wegenetz, das von den alpinen Vereinen sowie den örtlichen Gemeinden gewartet und bei Bedarf auch saniert wird. Alle hier beschriebenen Hüttenzustiege und Höhenwege sind ausgeschildert und markiert. Auf einigen wenigen Wegpassagen ist jedoch Trittsicherheit und Schwindelfreiheit erforderlich; dies trifft auch auf einen Teil der vorgestellten Hüttengipfel zu. Siehe dazu die Tourenübersicht am Ende des Buches.

AUSRÜSTUNG

Feste Schuhe mit Profilgummisohle sind das A und O des Bergwanderns; wichtig ist, dass sie vor allem den Knöcheln einen guten Halt geben. Ein Rucksack mit Reservekleidung, ein Anorak oder Poncho, eine gefüllte Trinkflasche sowie etwas Proviant gehören in jeden Rucksack. Auch ein Erste-Hilfe-Set und eine Trillerpfeife für die Signalgebung sollten immer zur Grundausstattung gehören. Als sinnvoll erweist sich im Sommer auch ein Hut oder eine Mütze sowie die Mitnahme von Sonnencreme, im Frühjahr oder Herbst sogar Handschuhe. Bei einigen Touren wird die Mitnahme von Grödeln empfohlen, wenn die Tour in größere Höhen führt und daher bis in den Sommer mit Altschneeresten zu rechnen ist.

Für den Aufenthalt auf der Hütte empfehlen sich: Hüttenschuhe, Hüttenschlafsack (in einigen Hütten obligatorisch, kann aber in der Regel auf der Hütte erworben werden; eine vorherige Auskunft ist sinnvoll), zwei Handtücher sowie Seife und Zahnputzzeug, eine kleine Taschenlampe und Ohropax.

BERGBAHNEN

Bei einigen Touren bietet sich die Benutzung einer Bergbahn an; sie sind in der Regel ganzjährig in Betrieb. Im Frühjahr und im Spätherbst sind sie jedoch wegen Revisionsarbeiten meist kurzzeitig geschlossen. Oft deckt sich das mit den Öffnungszeiten der Hütten im Bereich der Bergstation.

Zu Beginn der Wandersaison im Mai bis Anfang Juni sind manche der Bergbahnen wegen der geringen Auslastung nur am Wochenende in Betrieb. Auch während der Mittagszeit muss damit gerechnet werden, dass einige Bergbahnen eine Pause machen.

BERGRETTUNG

Auch auf der einfachsten Wanderung können Probleme auftreten: Wettersturz, plötzlicher Schneefall oder Hagel, Blitzschlag und Nebel. Aber auch ein Abrutschen in steilem Gelände, ein Verstauchen des Knöchels usw. gehören nicht zu den seltenen Vorkommnissen. Daher sollte jeder Bergwanderer das international eingeführte Notsignal beherrschen: Innerhalb einer Minute wird sechsmal in regelmäßigen Abständen, mit einer Minute Unterbrechung, ein hörbares oder sichtbares Zeichen (Pfeifen/Blinken, z. B. mit Trillerpfeife oder Taschenlampe) gegeben. Der Empfänger antwortet mit dreimaliger Zeichengebung in der Minute.

Feste Schuhe für sicheren Tritt

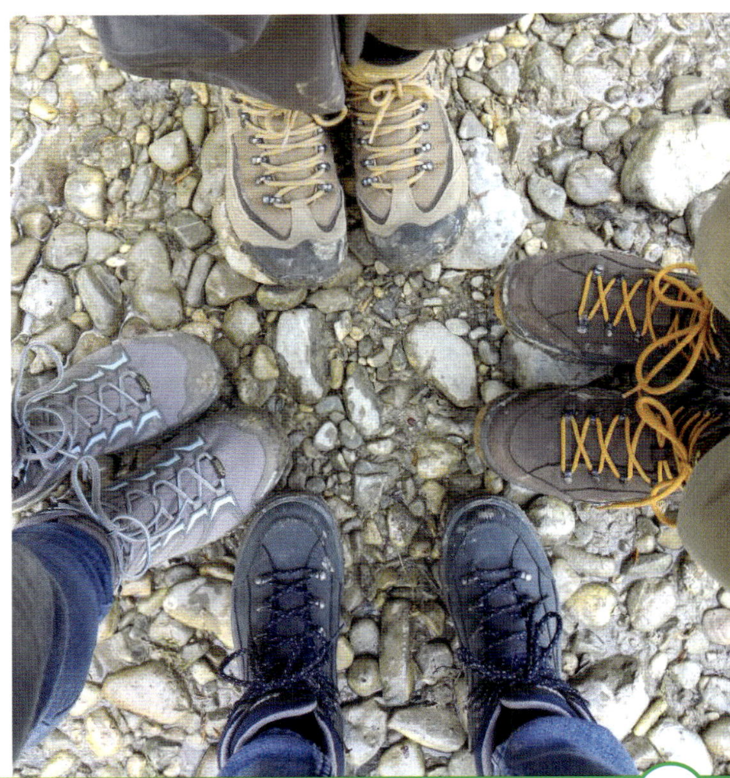

Die Mitnahme eines Handys bietet nicht immer eine Gewähr dafür, schnelle Rettung oder Hilfe anfordern zu können. Es gibt trotz der alpenweiten Notrufnummer (112) Funklöcher; aber auch der Akku kann schnell mal leer sein. Um sicher zu gehen, besser also zusätzlich eine Trillerpfeife mitnehmen.

HÖHENUNTERSCHIEDE

Für Wanderungen in einfachem Terrain gilt, dass man etwa vier Kilometer in einer Stunde Gehzeit bewältigen kann; anders ist das bei Anstiegen in den Bergen: In der Regel werden bei einem durchschnittlichem Gehtempo 400 Höhenmeter im Anstieg und etwa 600 bis 700 Höhenmeter im Abstieg bewältigt. Diese Zeiten verstehen sich natürlich als reine Gehzeiten, also ohne Pausen. Wer sich also für die Natur am Wege interessiert, muss zusätzliche Zeit einplanen.

WANDERKARTEN

Für das Gebiet der Bayerischen Alpen bietet sich die Mitnahme der Topographischen Blätter des Bayerischen Landesamtes für Digitalisierung, Breitband und Vermessung Vermessung (LDBV) im Maßstab 1:50.000 an. Folgende Sonderblätter decken unser behandeltes Wandergebiet vorzüglich ab: „Berchtesgadener Alpen“(hierzu gibt es auch eine sehr gute Karte im Maßstab 1:25.000, die den Nationalpark Berchtesgaden abdeckt), „Chiemsee – Chiemgauer Alpen“, „Mangfallgebirge“, „Tölzer – Starnberger See“, „Karwendelgebirge“, „Werdenfelser Land“, „Füssen“ und „Allgäuer Alpen“.

Die Tourenkarten können Sie herunterladen und ausdrucken unter:
www.bassermann-verlag.de/ Wochenendtouren

TOURENPLANUNG

Vor Aufbruch zur Tour sollten Sie sich über die allgemeine Wetterlage kundig machen. Über das Internet (z. B. über die Homepage des Deutschen Alpenvereins) bzw. die Tourismusämter lassen sich am schnellsten die nötigen Informationen besorgen. Gehen Sie auch sicher, dass das jeweils angesteuerte Hüttenziel am geplanten Ankunftstag geöffnet hat. Übernachtungsplätze sollte man grundsätzlich reservieren, da die Hütten nur eine begrenzte Kapazität haben; dies gilt besonders fürs Wochenende und für stark frequentierte Hütten. Bei Privathütten können auch private Umstände zu einer kurzfristigen Schließung führen.

Wissenswertes zu den Hütten

Die meisten Hütten in den Bayerischen Alpen, die wir auf unseren Touren berühren, wurden zwischen 1880 und 1930 erbaut. Vorreiter waren der damals elitäre, bürgerlich-akademische Deutsche Alpenverein und die Gegenbewegung dazu aus der Arbeiterschaft, der „Touristenverein Die Naturfreunde“. Heute sind diese Hütten allen Besuchern zugänglich. Sie alle sind durch markierte Wege und Steige erschlossen. Die Bewirtschaftung der großen Hütten erfolgt in der Regel durch eingesetzte Pächter; für die Instandhaltung und evtl. Renovierung sind die jeweiligen besitzenden Sektionen der alpinen Vereine zuständig. Die Benutzung dieser Hütten ist nicht an eine Mitgliedschaft gebunden. Mitglieder erhalten jedoch einige Vergünstigungen. Auf diesen Hütten gibt es neben Zwei, Drei- oder Mehrbettzimmern oft noch Mehrbettlager mit etwa 10 bis 20 Schlafplätzen. Die großen „Schnarchlager“ sind passé. Alle Schlafplätze in den Alpenvereinshütten der Kategorie I dürfen nur mit einem Hüttenschlafsack benutzt werden. Zwischen den meisten alpinen Vereinen besteht Gegenrecht, d.h. die Vergünstigungen werden auch den Mitgliedern der anderen Vereine eingeräumt.

Daneben gibt es auch noch einige Privathütten, die üblicherweise von ihren Besitzern bewirtschaftet werden. Dort legt der Hüttenwirt selbst die Regeln fest.

EINTEILUNG DER HÜTTEN

Die Alpenvereinshütten sind in drei Gruppen eingeteilt. Jede Kategorie hat eine eigene Hüttenordnung (Auszug aus der Hüttenordnung des DAV und des OeAV):

– **Kategorie I:** Schutzhütte, die ihren ursprünglichen Charakter als Stützpunkt für den Bergsteiger und Bergwanderer bewahren muss. Ihrer Ausstattung ist schlicht, einfache Verköstigung ist ausreichend. Sie ist Stützpunkt in einem bergsteigerisch bedeutsamen Gebiet und für den Besucher nur in Ausnahmefällen mit mechanischen Hilfen erreichbar; der Aufstieg erfordert mindestens eine Gehstunde.

– **Kategorie II:** Alpenvereinshütte mit Stützpunktfunktion in einem vielbesuchten Gebiet, die sich wegen ihrer besseren Ausstattung und Verköstigung für mehrtägigen Winter- und/oder Sommeraufenthalt, zum Skilauf und Familienurlaub besonders eignet. Sie kann mechanisch erreichbar sein und ist in der Regel ganzjährig bewirtschaftet.

– **Kategorie III:** Mechanisch erreichbare Alpenvereinshütte, die vorwiegend Ausflugsziel für Tagesbesucher ist und nur wenige Nächtigungen aufweist. Ihr gastronomischer Betrieb entspricht dem landesüblichen Angebot.

ÖFFNUNGSZEITEN

Bei jeder Tourenbeschreibung werden jeweils auch die Öffnungszeiten der Hütten angegeben. Bitte darauf achten, dass manche Hütten Ruhetage haben. Manche Alpenvereinssektionen veranstalten im Sommer auf den Hütten Sektionsfeiern oder Mitgliedertreffen (meistens an einem Wochenende), dann können Nichtmitglieder dort oben nicht übernachten. Am besten vorher Infos über das Internet oder bei der Alpinen Auskunft einholen.

ZUSÄTZLICHE INFORMATIONEN

Die telefonische Auskunftsstelle des Deutschen Alpenvereins gibt es nicht mehr:
Seit einigen Jahren ist der Service 24 Stunden am Tag auf der Website *alpenvereinaktiv.com* abrufbar. Auf dem neuen Tourenportal können nahezu alle Fragen hinsichtlich Öffnungszeiten der Hütten, Wanderwetter und Sicherheitsfragen beantwortet werden.

Blühender Eisenhut

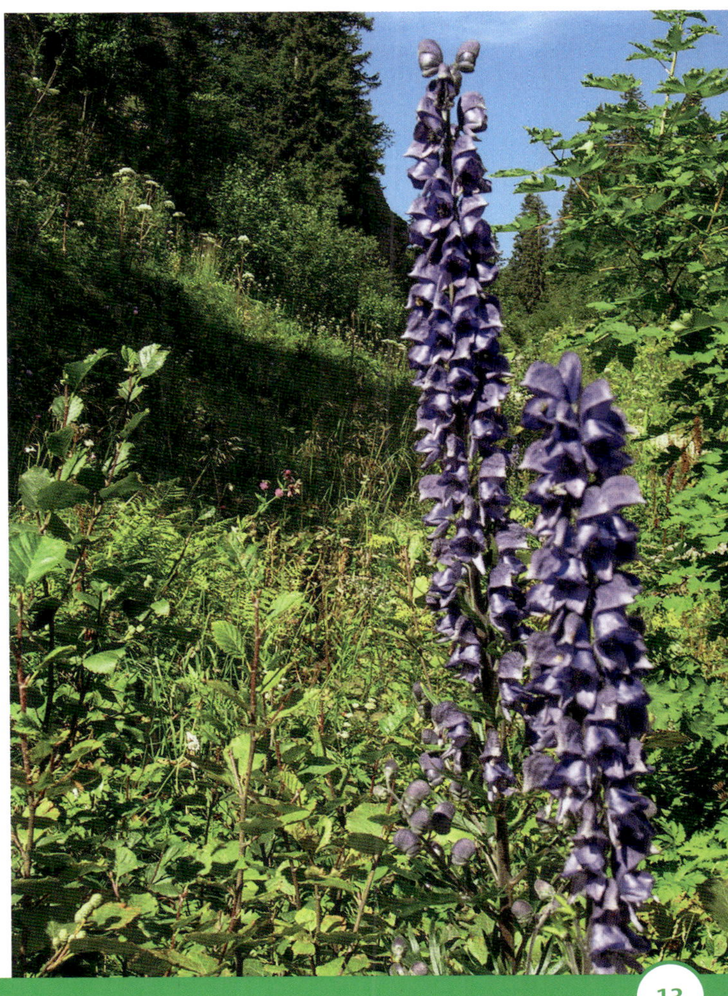

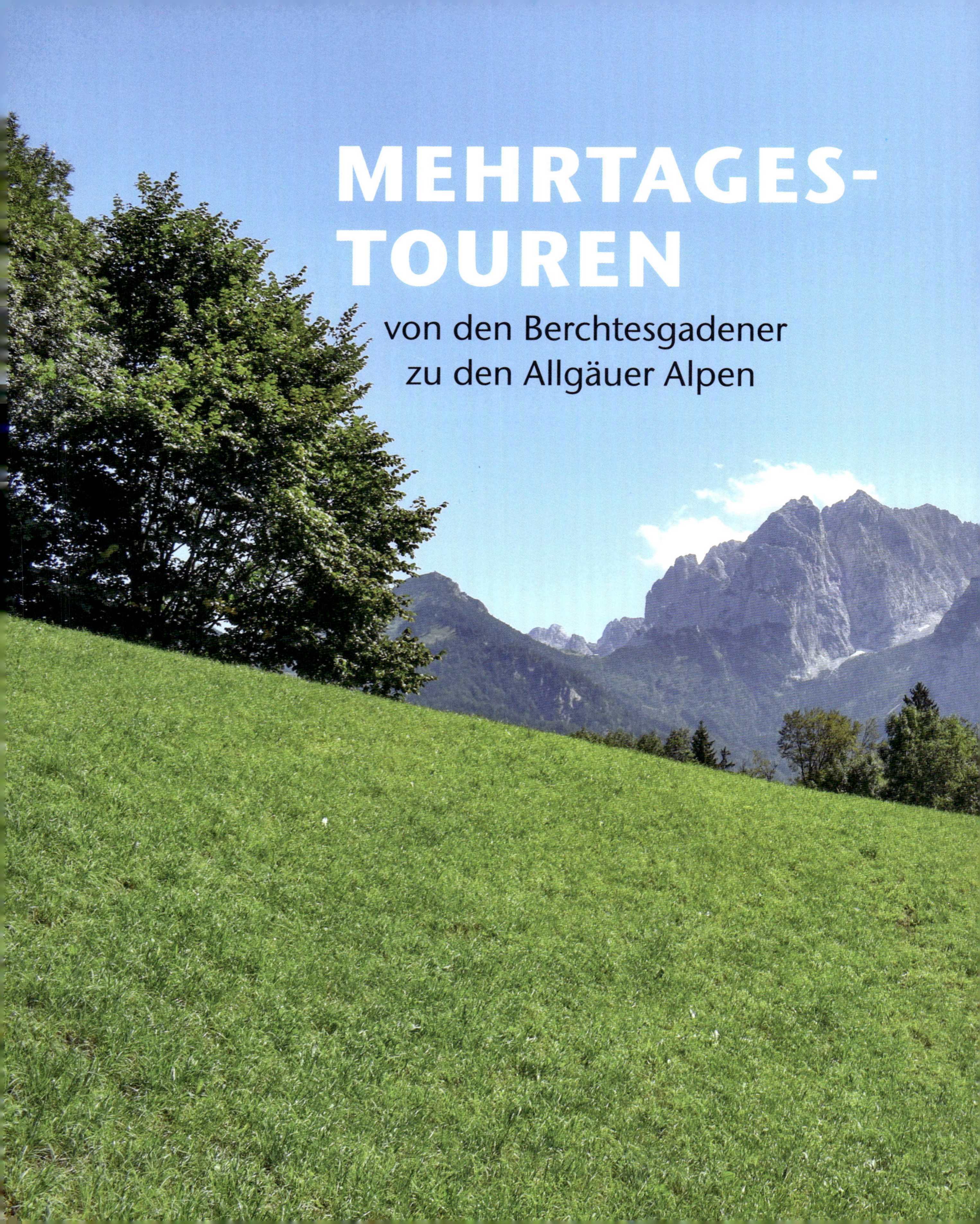

MEHRTAGES-TOUREN

von den Berchtesgadener zu den Allgäuer Alpen

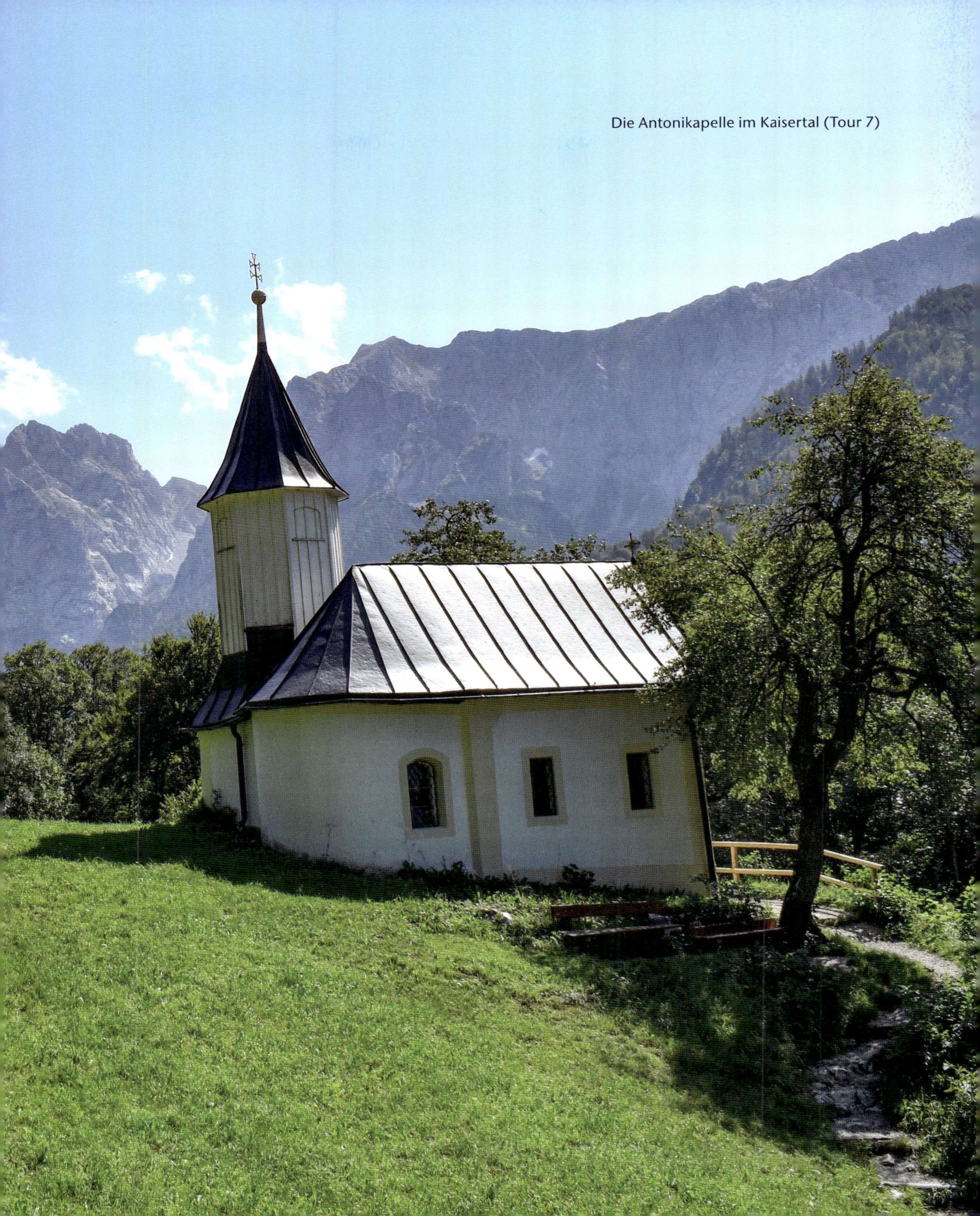

Die Antonikapelle im Kaisertal (Tour 7)

1 INS STEINERNE MEER

Wimbachbrücke – Wimbachgrieshütte – Hundstodgatterl – Kärlingerhaus – Riemannhaus – Ingolstädter Haus – Trischübel – Wimbachgrieshütte – Wimbachbrücke

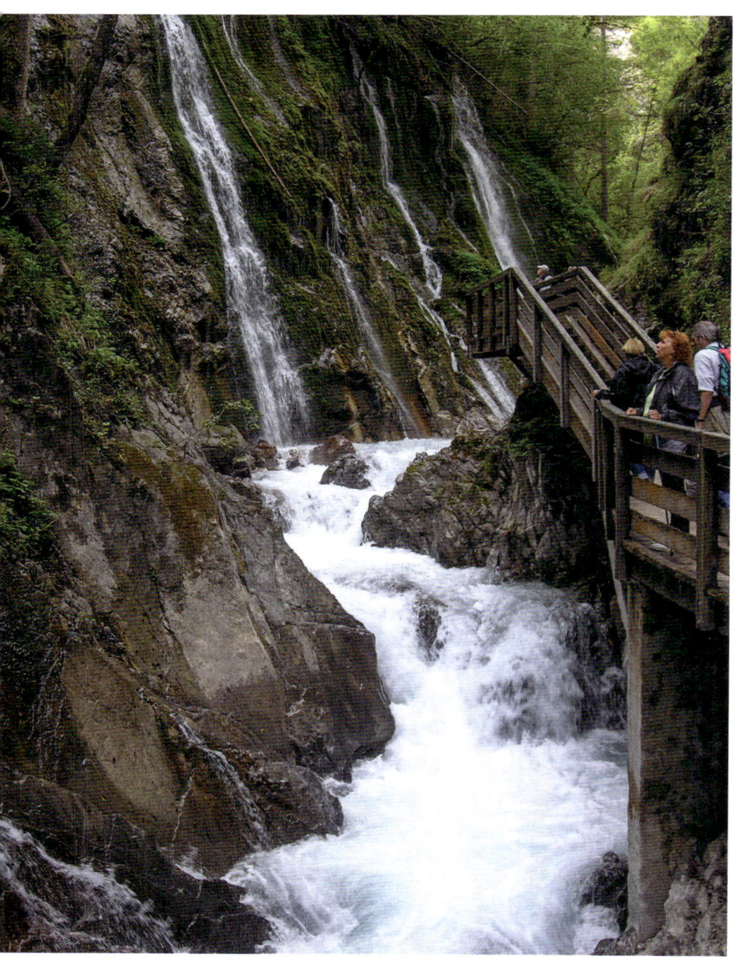

In der Wimbachklamm

Diese aufregende, aber auch anspruchsvolle Route führt uns in den wildesten Teil der Berchtesgadener Alpen. Unser Ausgangspunkt liegt nur knapp über 600 Metern Höhe. Höchster Punkt könnte das Breithorn sein, mit 2503 Metern Höhe. Bereits zu Beginn unserer langen Route durchstreifen wir eine der urtümlichsten Landschaften am Alpenrand, das Wimbachtal, steigen von dort hinauf auf die baumlose Hochfläche des Steinernen Meeres, wo uns drei urige Alpenvereinshütten erwarten: das Kärlingerhaus, das Ingolstädter Haus und das Riemannhaus. Am Weg bieten sich beeindruckende Blicke auf die Wahrzeichen des Berchtesgadener Landes, den Hochkalter und den Watzmann, aber vor allem auch auf eine beeindruckende Karstlandschaft. Von den Hüttenverbindungswegen locken uns einfache bis anspruchsvolle Gipfel zu aussichtsreichen Abstechern. Doch auch ohne Gipfelbesteigungen ist diese klassische Rundtour in den Berchtesgadener Alpen ein großartiges Erlebnis. Am Funtensee, der malerisch unterhalb des Kärlingerhauses liegt, werden im Winter die tiefsten Temperaturen in ganz Deutschland gemessen. Auf unserer Runde machen wir Halt bei zwei weiteren klassischen Stützpunkten, dem Riemannhaus, dessen Ursprünge auf das Jahr 1885 zurückgehen, und dem Ingolstädter Haus, das neueren Datums ist.
Da diese Hüttenrunde zu den beeindruckendsten und daher auch beliebtesten größeren Unternehmungen in den Berchtesgadener Alpen zählt, muss mit Andrang auf den Hütten gerechnet werden. Im Prinzip können wir dort oben aber gut und gerne auch eine ganze Woche verbringen, vor allem, wenn wir ein paar der vorgeschlagenen Hüttengipfel ersteigen wollen.

Von der Wimbachbrücke zur Wimbachgrieshütte

Von der Wimbachbrücke leitet uns zunächst ein steiles Sträßchen bis zum Eingang der Wimbachklamm. Falls wir genügend Zeit mitgebracht haben, lassen wir uns dieses Naturschauspiel natürlich nicht entgehen (Eintrittsgebühr; Chip schon vorab am Automaten besorgen); wir können die Klamm jedoch auch auf einem gesperrten Wirtschaftsweg umgehen. Jenseits der Klamm öffnet sich dann das weite und wilde Wimbachtal, das früher ein beliebtes Jagdrevier war. Auf einem breiten Wirtschaftsweg geht es zunächst durch Wald leicht ansteigend hinauf zum Wimbachschloss, dem ehemaligen Jagdschloss des letzten Fürstpropstes von Berchtesgaden aus dem Jahre 1774; heute eine beliebte Einkehrstation. Anschließend wandern wir weiter, leicht ansteigend, talein. Wir bewegen uns dabei in einer wilden alpinen Kulisse. Im letzten Abschnitt steigen wir über riesige Schutthalden – ausreichend markiert – und zuletzt durch ein schönes Stück Wald hinauf zur Wimbachgrieshütte, einem Refugium, das der „Touristenverein Naturfreunde" im Jahre 1956 hier erbaute, in dem aber jeder willkommen ist.

Von der Wimbachgrieshütte über das Hundstodgatterl zum Kärlingerhaus

Von unserer Unterkunft wandern wir weiter in südöstlicher Richtung ins hinterste Wimbachtal – zuerst noch über teilweise überwachsenen „Gries", dann durch lichten Lärchenwald (Wegweiser „Trischübel" und „Hundstodgatterl"). Bald führt unser Weg steiler bergan, und über zahlreiche Serpentinen geht es durch den Banngraben über den gut markierten Wanderweg (Mark.-Nr. 411) hinauf zum Trischübelpass (1764 m). Wir steigen nun rechts durch Latschen steil bergan in Richtung Ingolstädter Haus. Etwas oberhalb genießen wir einen beeindruckenden Rückblick – denn im Norden baut sich die massive Südspitze des Watzmanns auf, links daneben faszinieren die Felsfluchten des Hochkalters und der Hocheisspitze. Über freies, aber überwiegend blockiges Karrengelände, das nur noch selten durch Latschen-

DER SPEZIAL-TIPP

Entweder beim Anstieg oder bei der Rückkehr unserer langen Wanderung sollten wir nicht versäumen, der Wimbachklamm einen Besuch abzustatten. Für die Energieversorgung der Saline in Berchtesgaden – die damals nur aus Brennholz bestand – mussten große Mengen an Holz geschlagen werden. Dieses Holz wurde jahrhundertelang durch diese Klamm ins Tal geschafft.

KARTENHINWEIS Topographische Karte 1:50.000 „Berchtesgadener Alpen" (LDBV)

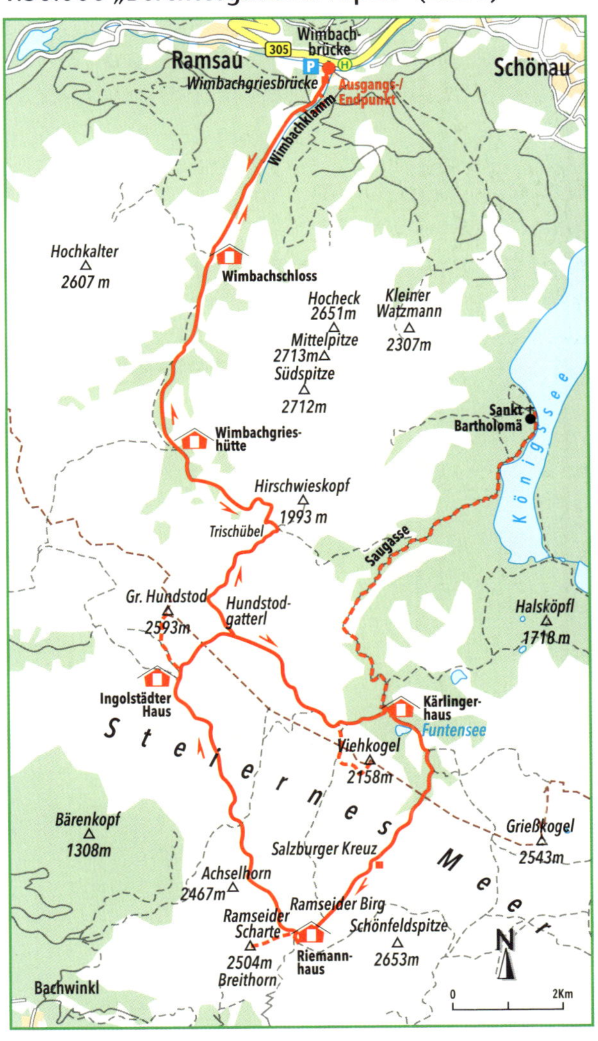

gebüsch aufgelockert wird, wandern wir dann durch den Hundstodgraben hinauf zum Hundstodgatterl (2185 m). Jenseits geht es recht steil und über felsiges Gelände hinab zu einer gut ausgeschilderten Wegverzweigung (2010 m). Nach unserer großen Runde durch das Steinerne Meer werden wir uns auf dem Rückweg hier wieder einfinden. Rechts oben sehen wir unsere letzte Übernachtungsstation, das Ingolstädter Haus. Wir halten uns nun aber links und folgen dem Wegweiser (Mark.-Nr. 420) zum Kärlingerhaus. Über welliges Gelände und Karrenfelder geht es nun weiter in südöstlicher Richtung; bald auch bergab, da unser nächstes Hüttenziel knapp 400 Meter tiefer liegt. Rechts vorbei am auffälligen Kegel des „Hirsch" erreichen wir die Wegabzweigung zum Viehkogel. Links haltend gehen wir weiter und bald steiler hinab zum Bergsteig, der links von St. Bartholomä heraufkommt. Von dort sind es nur noch wenige Minuten zum großen Alpenvereinshaus.

Gipfelabstecher zum Viehkogel

Der Viehkogel ragt mächtig über dem Funtenseekessel auf. Und von dieser Seite aus macht er einen eher abweisenden Eindruck. Seine schwache Seite befindet sich jedoch auf der Westseite. Dank seiner zentralen Lage ist er eine großartige Aussichtskanzel fürs Steinerne Meer. Wir können ihn als Tagesausflug vom Kärlingerhaus ins Programm einbauen oder bereits nach unserem Aufstieg aus dem Wimbachtal ansteuern.
Nachdem wir das Hundstodgatterl passiert haben, wandern wir auf dem Steig mit der Mark.-Nr. 420 in Richtung Kärlingerhaus. Nach dem P. 1759 auf einem Sattel folgen wir bei der Wegverzweigung dem rechts ansteigenden Weg ins Viehkogeltal. Am Westfuß des Berges steigen wir hinauf zu einer Diensthütte und weiter zu einer Einsattelung. In einem Linksbogen geht es dann über einen grasigen Hang zum höchsten Punkt (2158 m).

Vom Kärlingerhaus über das Salzburger Kreuz zum Riemannhaus

Vom großen Unterkunftshaus wandern wir hinab zum kleinen Funtensee, hinter dem der kecke Spitz des Schottmalhorns aufragt. Seitlich an diesem vorbei und weiter zur „Teufelsmühle", dem unterirdischen Abfluss des Funtensees. Unsere Markierung 413 führt uns leicht ansteigend zum Eingang des Stuhlgrabens. Etwa 30 Minuten, nachdem wir das Kärlingerhaus verlassen haben, verzweigt sich der Weg (zahlreiche Wegweiser). Wir halten uns rechts und steigen durch lichten Lärchen- und Kiefernwald bergan durch das Baumgartl. Über einige Geländestufen geht es dann hinauf zur baumlosen Karrenlandschaft des Steinernen Meers. Nach der „Wunderquelle" (Hinweistafel) erreichen wir das Salzburger Kreuz (2135 m), einen erhöhten Punkt. Vor uns baut sich die steile Pyramide der Schönfeldspitze auf. An dieser geht es nun leicht fallend vorbei durch wildes, nahezu wüstenartiges Gelände. Der Steig ist gut markiert und auch die letzten Latschenflecken liegen hinter uns. Bald ist dann die Ramseider Scharte erreicht, wo wir einen großartigen Blick hinab in den Pinzgau genießen können. Das Riemannhaus, unser nächstes Hüttenziel, liegt nur wenige Meter unterhalb, direkt am Randabfall.

Gipfelabstecher zum Breithorn

Der Hausberg des Riemannhauses ist als Randberg des Steinernen Meeres ein idealer Aussichtsberg und neben dem Viehkogel der zweite leichte Gipfelabstecher an unserer Hüttenrunde. Von ihm hat man einen umfassenden Blick über den nördlichen Teil des Steinernen Meeres und zudem freie Sicht auf die sich jenseits des Saalachtales aufbauenden Leoganger Steinberge. Nicht umsonst ist er wohl der meistbestiegene Gipfel des Steinernen Meeres. Der Anstieg – gut beschildert – erfolgt vom Eichstätter Weg, kurz nach Verlassen des Riemannhauses. Zunächst geht es über einige Felsstufen hinweg, dann verläuft der weitere Steig in Serpentinen hinauf zum leicht erreichbaren Gipfel (2504 m), der sich nur gute 300 Meter über dem Riemannhaus befindet.

Vom Riemannhaus über den Eichstätter Weg zum Ingolstädter Haus

Die beiden Alpenvereinshütten, die der DAV-Sektion Ingolstadt gehören, sind durch den „Eichstätter Weg“ (Mark.-Nr. 401) verbunden, der am Breithorn, Mitterhorn und Achselhorn vorbeiführt. Auf dieser Strecke erreichen wir den höchsten Punkt unserer Hüttenrunde – abgesehen natürlich von den Gipfelabstechern; er liegt bei 2309 Metern. Obwohl wir keine großen An- und Abstiege zu bewältigen haben, geht dieser Weg in die Knochen. Er führt durch wildes Karrengelände, wo wir jeden Schritt beachten müssen, um nicht in eines der unzähligen Felslöcher zu steigen. Der Weg ist gut markiert, doch die Farbstriche befinden sich meist auf den Felsen, Wegweiser gibt es wenige. Bei Schneefall – und das kann selbst im Hochsommer passieren – wird die Orientierung schwierig. Also Achtung!

Am Trischübel

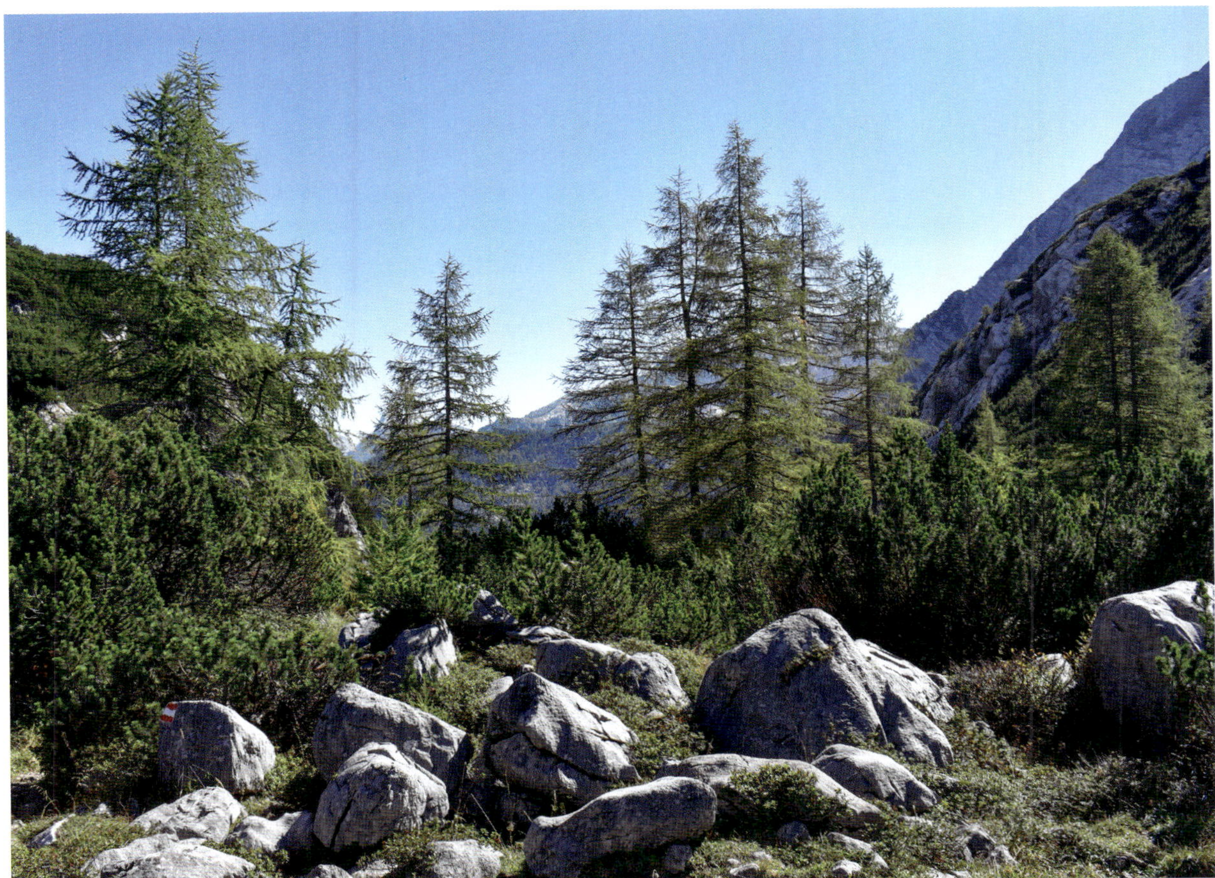

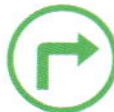

Gipfelabstecher zum Großen Hundstod

Der Hüttenberg des Ingolstädter Hauses fällt nicht nur durch seine markante Form, sondern auch durch seinen ungewöhnlichen Namen auf. Die Namensgeber sahen in ihm wohl die Gestalt eines liegenden Hundes. Durch seine vorgeschobene Lage am Rand des Steinerne Meeres erweist er sich als ein prächtiger Aussichtsberg.
Vom Alpenvereinshaus – direkt am Haus gibt es schöne Wegweiser – wandern wir zunächst über Schrofengelände direkt auf den Bergfuß zu. Achtung auf Dolinen! Manchmal können bis in den Sommer hinein auch noch Schneefelder vorhanden sein. Dann geht es rechts am Kleinen Hundstod vorbei und auf gut markiertem, aber nun steiler werdendem Steig hinauf zu einem Plateau. Weitere steile Passagen folgen, wobei es immer wieder schotterige Passagen gibt, die unangenehm sein können. Das letzte Stück führt über den Südrücken steil hinauf zum Gipfel (2593 m), den ein großes Kreuz mit einem markanten Edelweiß schmückt.

Das Ingolstädter Haus

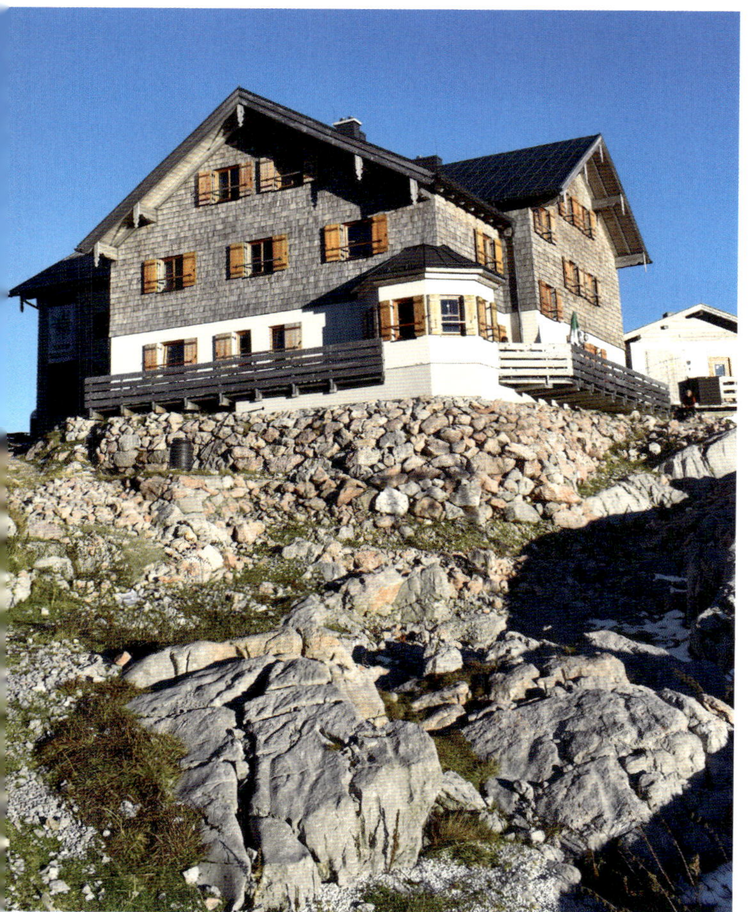

Vom Ingolstädter Haus über die Wimbachgrieshütte zur Wimbachbrücke

Vom Alpenvereinshaus folgen wir am nächsten Tag den Ausschilderungen zum „Hundstodgatterl“ und zur „Wimbachgrieshütte“. Zunächst geht es durch blockiges Gestein und über Karrenfelder abwärts (Mark.-Nr. 411). Einige wenige grüne Flecken und Latschengebüsch lockern dabei diese karge Felslandschaft auf. Nach etwa einer Dreiviertelstunde Gehzeit erreichen wir die Wegverzweigung, die wir bei unserem Anstieg aus dem Wimbachtal passiert haben. Diesem Weg folgen wir nun in umgekehrter Richtung, steigen hinauf zum Hundstodgatterl und nehmen dann den langen Abstieg unter die Füße. Dabei haben wir für längere Zeit das Massiv des Watzmanns mit seiner prominenten Südspitze vor Augen. Über das Trischübel und die Wimbachgrieshütte gelangen wir dann wieder zu unserem Ausgangpunkt bei der Wimbachbrücke.

Zustiegsvariante von St. Bartholomä zum Kärlingerhaus

Von der Bootsanlegestelle wandern wir zunächst am Ufer des Sees in Richtung Süden (Wegweiser gleich zu Beginn) zum Bergfuß. Dort führt unser Weg recht steil bergwärts.

In freiem Gelände oberhalb erreichen wir die Steilpassage der „Saugasse“. Dieser Steig führt uns in zahlreichen Serpentinen über eine Geländestufe hinweg. Wir gelangen in ein Hochtal und wandern durch den Bärengraben und das Ofenloch hinauf zum Funtenseesattel. Leicht fallend geht es dann hinab zum Alpenvereinshaus.

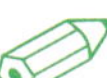

TOURISTINFO

Kurverwaltung Ramsau, Im Tal 2, 83486 Ramsau, Tel. +49/8657/98 89 20, www.ramsau.de

AUSGANGS- UND ENDPUNKT

Wanderparkplatz Wimbachbrücke (620 m)

ANFAHRT

Mit dem Auto: Auf der Salzburger Autobahn (A 8) bis Ausfahrt Siegsdorf, dann über Innzell nach Ramsau und weiter in Richtung Berchtesgaden bis zur Wimbachbrücke; dort rechts zum gebührenpflichtigen Wanderparkplatz. Oder nach Königssee zum Großparkplatz und mit dem Schiff nach St. Bartholomä.
Mit Bahn & Bus: Mit der Bahn über Freilassing und Bad Reichenhall nach Berchtesgaden; dort weiter mit dem RVO-Bus entweder zur Haltestelle Wimbachbrücke oder nach Königssee-Ort.

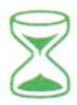

GEHZEITEN

Von der Wimbachbrücke zur Wimbachgrieshütte 3 Std., von der Wimbachgrieshütte über das Hundstodgatterl zum Kärlingerhaus 6 Std., vom Kärlingerhaus zum Riemannhaus 3 Std., vom Riemannhaus zum Ingolstädter Haus 3 Std., vom Ingolstädter Haus zur Wimbachgrieshütte 4½ Std., von der Wimbachgrieshütte zum Wanderparkplatz Wimbachbrücke 2¾ Std.; Gesamtgehzeit: 22¼ Std.

Anstiegsvariante: St. Bartholomä – Kärlingerhaus 5 Std.
Gipfelabstecher: Viehkogel ca. 3 Std.; Breithorn 2½ Std.; Großer Hundstod ca. 3 Std.

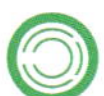

ANFORDERUNG

Hüttenwege: Für die Hüttenrunde reicht Trittsicherheit aus. Bei Nebel oder Neuschnee kann es in den weiten Karrenfeldern zu Orientierungsproblemen kommen.
Gipfelwege: Viehkogel und Breithorn sind leicht, Trittsicherheit ist jedoch erforderlich. Der Große Hundstod erfordert ebenfalls Trittsicherheit, aber auch Schwindelfreiheit.

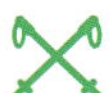

AUSRÜSTUNG

Normale Wanderausrüstung, zur Sicherheit Biwaksack mitnehmen.

EINKEHR & ÜBERNACHTUNG

Gasthäuser bei der Wimbachbrücke
Wimbachschloss, 937 m: privat, im Sommer bewirtschaftet, keine Übernachtung
Wimbachgrieshütte, 1327 m: TVN-Hütte, von Mai bis Ende Oktober durchgehend bewirtschaftet, 20 Betten, 40 Lager, Tel. +49/8657/794 40 01, www.wimbachgrieshuette.de
Kärlingerhaus, 1630 m: Alpenvereinshaus der Kat. I, bewirtschaftet von Ende Mai bis Mitte Oktober, 40 Betten, 160 Lager, Tel. +49/8652/609 10 10, Reservierung nur über www.kaerlingerhaus.de
Riemannhaus, 2177 m: Alpenvereinshaus der Kat. I, bewirtschaftet von Mitte Juni bis Anfang Oktober, 20 Betten, 100 Lager, Tel. +43/6582/733 00, www.riemannhaus@aon.at
Ingolstädter Haus, 2119 m: Alpenvereinshütte der Kat. I, von Mitte Juni bis Anfang Oktober bewirtschaftet, 25 Betten, 90 Lager, Tel. +43/6582/83 53, www.ingolstaedter-haus.de
Für die Anstiegsvariante:
Gasthaus in St. Bartholomä, 604 m: während der Betriebszeiten der Seeschifffahrt bewirtschaftet

2 AUF DAS PLATEAU DER REITER ALM

Oberjettenberg – Schrecksattel – Neue Traunsteiner Hütte – Oberjettenberg

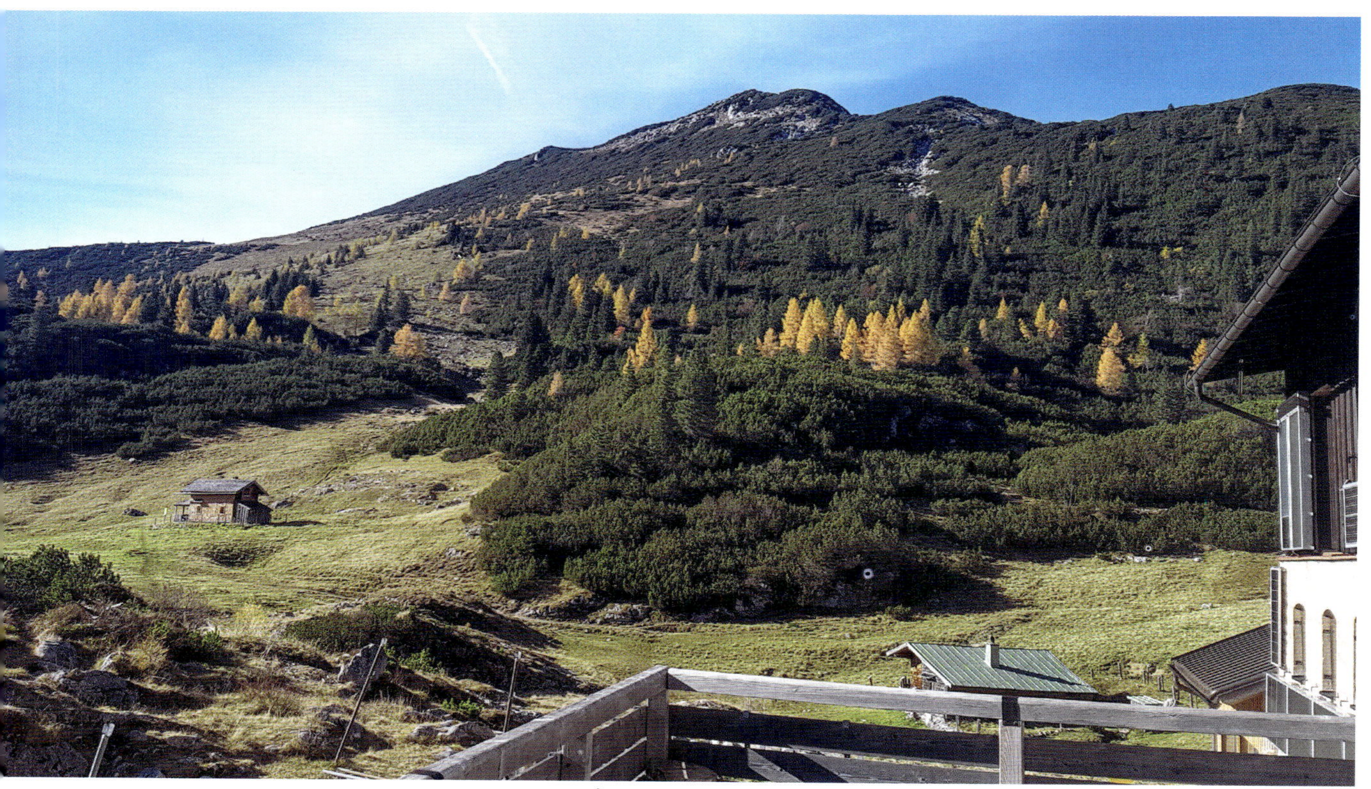

Blick auf den Weitschartenkopf von der Neuen Traunsteiner Hütte

Auf der Reiter Alm wurde von alters her eine intensive Almwirtschaft betrieben. Noch im 19. Jahrhundert gab es dort oben etwa 60 Kaser, zur Hälfte bayerische und zur anderen Hälfte österreichische, da die Landesgrenze mitten über dem Hochplateau verläuft. Wassermangel und starke Verkarstung haben im 20. Jahrhundert zu einer vollständigen Aufgabe der Almbewirtschaftung geführt. Auf diesem reizvollen Hochplateau, das von einem Kranz von Gipfeln umgeben ist, liegen zwei Hütten des Deutschen Alpenvereins, die Alte und die Neue Traunsteiner Hütte. Die Traunsteiner Hütte (nunmehr die „alte") wurde 1900–01 erbaut. Aufgrund der politischen Verhältnisse war diese jedoch in den 30-er Jahren nicht mehr zugänglich, so dass auf deutschem Gebiet die Neue Traunsteiner Hütte errichtet und im Jahre 1938 eingeweiht wurde. Der geplante Abriss der alten Hütte wurde nicht mehr umgesetzt. Die Neue Traunsteiner Hütte hat nun bereits auch eine über 80-jährige Geschichte hinter sich. Sie ist ein beliebtes Drehkreuz für Bergwanderer, da die Hüttenzustiege sternförmig auf sie zuführen. Einziger Nachteil: Die Ausgangspunkte liegen weit auseinander, so dass Rundtouren nicht ohne weiteres möglich sind, zumal die Ausgangspunkte auch nicht mit öffentlichen Verkehrsmitteln verbunden sind. Auf der Hochfläche der Reiter Alm bieten sich jedoch so viele Tourenmöglichkeiten an, dass eine Wanderwoche schnell verplant ist.

Der Anstieg von Oberjettenberg über den Schrecksattel

Am Wanderparkplatz passieren wir zunächst das Gatter und folgen dann der Forststraße (Mark.-Nr. 474) in Kehren hinauf zur Rastnock-Diensthütte. Etwas oberhalb verzweigt sich der Weg. Wir verlassen den breiten Sandweg nach links und steigen durch Mischwald weiter bergan, queren dann unter den Felsen des Wartsteins, gelangen zur Schreckwiese – die allerdings mittlerweile zugewachsen ist – und wandern bald steil hinauf zum Schrecksattel, der den Durchstieg durch die steil abfallenden Felsmauern vermittelt. Kaum zu glauben, dass über diesen Übergang jahrhundertelang das Almvieh der Schneizlreuther Bauern getrieben wurde. Erst in den 20-er und 30-er Jahren des letzten Jahrhunderts wurde der Schrecksattel „entschärft“ und Teile des Serpentinensteigs aus dem Felsen gesprengt. 1921 wurde dort oben ein Kreuz errichtet, aber nicht wegen der Unfälle des Almbetriebs, die es sicher gegeben hat, sondern wegen der Gefallenen des Ersten Weltkriegs. Rechts haltend wandern wir weiter über die wellige Hochfläche hinüber zur Neuen Traunsteiner Hütte. Dort sehen wir den größten Teil des Gipfelkranzes der Reiter Alm, der rundum steil abfällt. Vor uns bauen sich die höchsten Gipfel auf: die beiden Häuselhörner, das Stadelhorn und das Wagendrischelhorn.

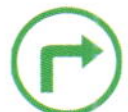

Gipfelabstecher zum Großen Weitschartenkopf

Wir starten bei der Neuen Traunsteiner Hütte und folgen dem Wegweiser hinüber zur alten Grenzerhütte. Von dort geht es dann über die zunächst noch freien Südosthänge hinauf bis zu den Latschen, durch die wir uns auf einem Pfad winden, bis wir den höchsten Punkt (1979 m) erreicht haben. Im Sommer wird es sehr heiß, also früh losgehen.

KARTENHINWEIS Topographische Karte 1:50 000 „Berchtesgadener Alpen“ (LDBV)

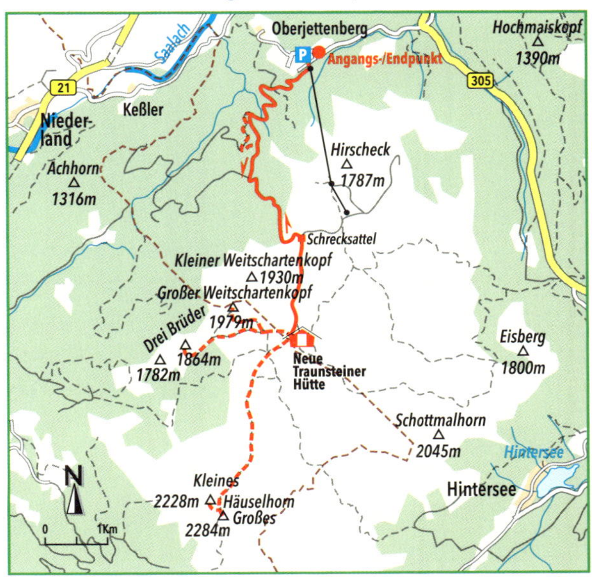

DER SPEZIAL-TIPP

Die Alte Saline in Bad Reichenhall (Alte Saline 9) ist ein historisch-technisches Industriedenkmal und gilt als eine der schönsten Salinen der Welt. Angeschlossen ist ein Salzmuseum, das über die Geschichte der Salzgewinnung und die technische Entwicklung der Soleförderung informiert. Im Quellenbau darunter entspringt die berühmte Reichenhaller Sole, die mittels eines weitverzweigten Stollennetzes abgebaut wurde. Heute können wir die Unterwelt bei einer geführten Tour erkunden.
Öffnungszeiten: April bis Oktober täglich von 10–16 Uhr geöffnet, November bis März Dienstag bis Sonntag 11–15 Uhr, Tel. +49/8651/70 02 61 46, www.alte-saline.de

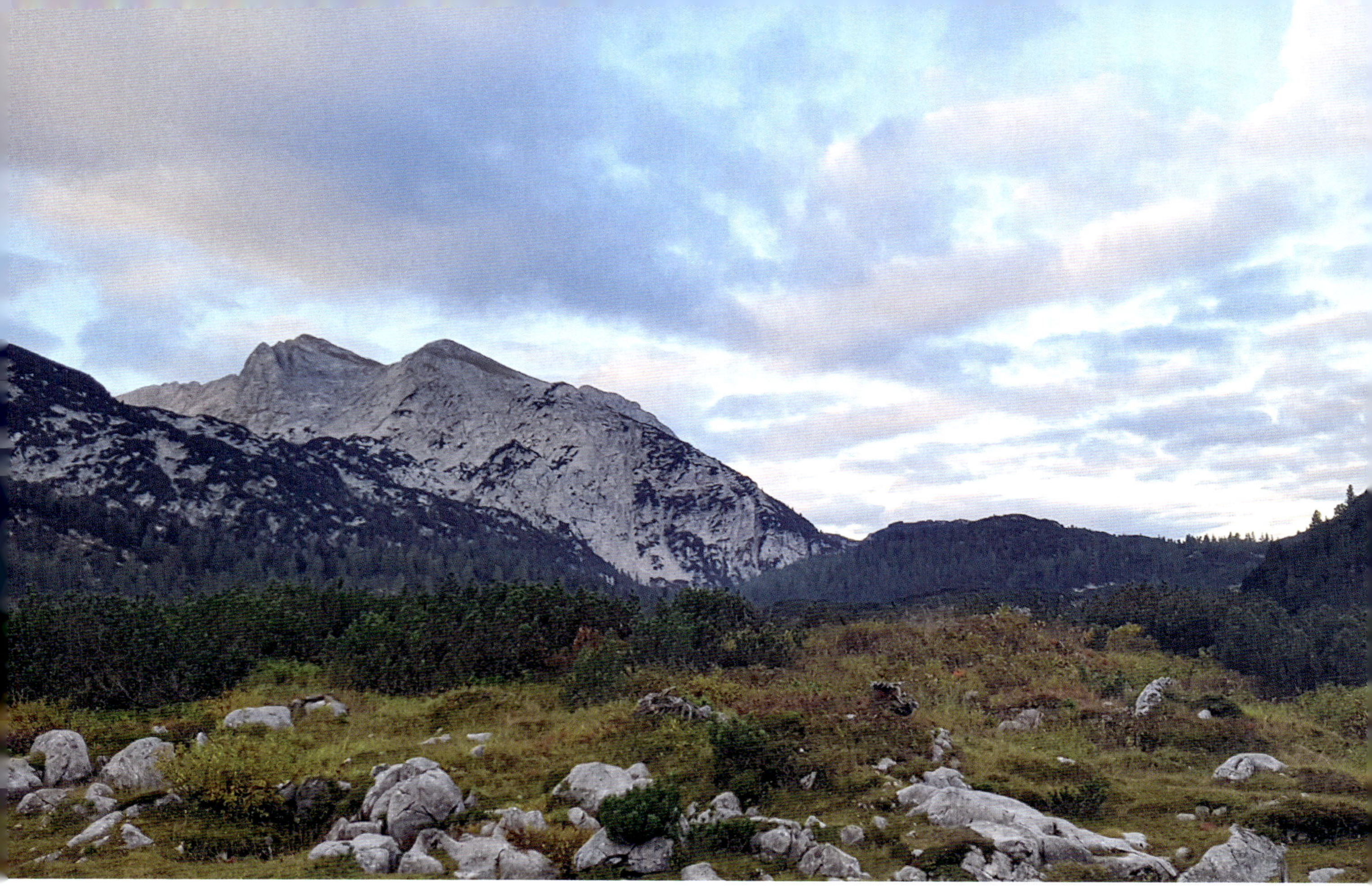

Die Häuselhörner

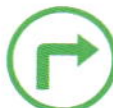

Gipfelabstecher zum Großen Bruder

Der Große Bruder ist mit einer Höhe von 1867 Metern der höchste von den „Drei Brüdern“, ebenfalls Randgipfel der Reiter Alm; nur er ist für Bergwanderer zugänglich; die beiden anderen „Brüder“ sind reine Klettergipfel.
Unser Anstiegsweg beginnt direkt bei der Neuen Traunsteiner Hütte. Auf schmalem Pfad wandern wir zuerst hinüber zur alten Grenzerhütte, dann rechts auf Steig in Richtung Weitschartenkopf. Bald zweigt links der Weg zum Großen Bruder ab. Über die weiten Südosthänge des Weitschartenkopfes – teilweise durch Latschen – geht es hinüber zur Reichenlahnerscharte. Über diese hinweg, dann bald rechts über den wenig schwierigen Südgrat gelangen wir zum höchsten Punkt, den ein hölzernes Kreuz schmückt.

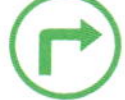

Gipfelabstecher zu den Häuselhörnern

Großer Felsklotz im Süden des Gipfelreigens, der steil ins Tal abbricht; er ist jedoch nicht der höchste Gipfel der Reiter Alm, dafür fehlen ihm nur zwei Meter – dieser Titel gehört dem Stadelhorn, das aber deutlich anspruchsvoller zu ersteigen ist. Die Häuselhörner sind vom Gipfelplateau relativ leicht zu ersteigen.
Vom Alpenvereinshaus wandern wir zunächst über die Almböden hinüber zu den Reiter Almen, die bereits in Österreich liegen. Dort folgen wir den Wegweisern in südöstlicher Richtung weiter zur Rossgasse. Bei der Wegverzweigung rechts und dann steiler hinauf zum Sattel zwischen beiden Gipfeln; links geht es hinauf zum Gipfel des Großen Häuselhorns (2284 m) bzw. rechts zum höchsten Punkt des Kleinen Häuselhorns.

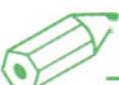

TOURISTINFO

Tourist-Information Ramsau, Im Tal 2, 83486 Ramsau, Tel. +49/8657/98 89 20, www.ramsau.de

AUSGANGS- UND ENDPUNKT

Oberjettenberg (630 m)

ANFAHRT

Mit dem Auto: Auf der A8 bis Ausfahrt Siegsdorf, weiter Richtung Berchtesgaden. Oberhalb von Unterjettenberg Abzweigung nach rechts Richtung Oberjettenberg. Dann noch knapp 2 km auf der Zufahrtsstraße, bis es links zum Wanderparkplatz geht.
Mit Bahn & Bus: Keine Möglichkeit

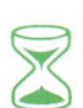

GEHZEITEN

Von Oberjettenberg zur Neuen Traunsteiner Hütte 3¾ Std., Abstieg zum Ausgangspunkt 2¾ Std.; Gesamtgehzeit: 6½ Std.
Gipfelabstecher: Großer Weitschartenkopf 2 Std.; Großer Bruder 2 Std.; Großes und Kleines Häuselhorn 4½ Std.

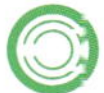

ANFORDERUNG

Hüttenwege: Der Anstieg von Oberjettenberg ist leicht, Trittsicherheit und gute Kondition vorausgesetzt.
Gipfelwege: Großer Weitschartenkopf: leicht; Großer Bruder: Trittsicherheit und Schwindelfreiheit Voraussetzung; die beiden Häuselhörner erfordern Trittsicherheit.

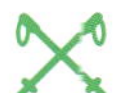

AUSRÜSTUNG

Normale Wanderausrüstung; evtl. Teleskopstöcke und Sonnenschutz, da wir uns nahezu ständig über der Baumgrenze bewegen.

EINKEHR & ÜBERNACHTUNG

Neue Traunsteiner Hütte, 1570 m: Alpenvereinshütte der Kat. I, bewirtschaftet von Mitte bis Ende Oktober, 80 Betten, Tel. +49/171/437 89 19, www.traunsteinerhuette.com

Die Neue Traunsteiner Hütte

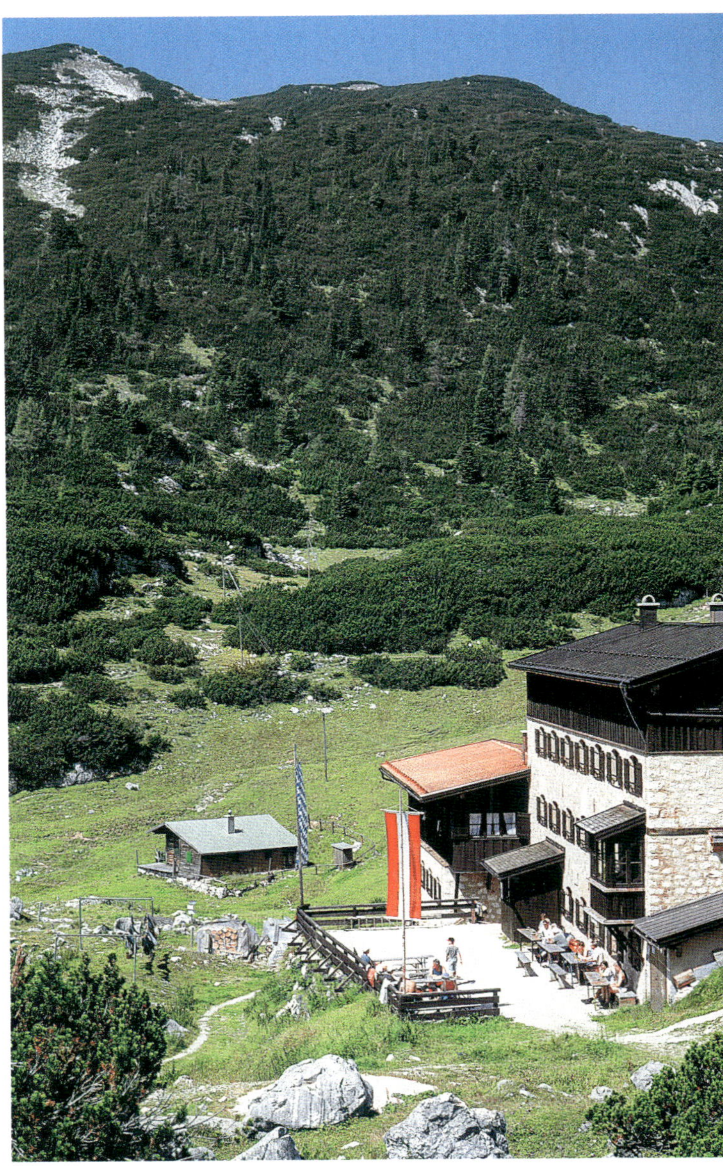

3 EINE ÜBERSCHREITUNG DES UNTERSBERGS

Bischofswiesen – Leiterl – Stöhrhaus – Mittagsscharte – Zeppezauerhaus – Glanegg

Der Untersberg ist einer von mehreren Tafelbergen in den Nördlichen Kalkalpen. Und wie kein anderer dieser Tafelberge aus Kalkgestein, die sehr porös sind und dadurch über Jahrmillionen zahlreiche Höhlen gebildet haben, ranken sich um ihn zahlreiche Sagen – wie die um Kaiser Karl den Großen oder die von Kaiser Friedrich Barbarossa.

Auf dem schiefen Plateau des Untersbergs befinden sich zwei reizvolle Alpenvereinshütten, die durch einen schönen Höhenweg miteinander verbunden sind und die wir bei unserer Überschreitung miteinander verbinden. Beide Unterkunftshütten garantieren Hüttenbeschaulichkeit und großartige Panoramablicke auf die Berchtesgadener und Chiemgauer Alpen. Vom Zeppezauerhaus, das auf der österreichischen Seite liegt, genießen wir Tiefblicke auf die alte Bischofsstadt Salzburg sowie auf das Alpenvorland.

Am Fuß der Südabbrüche liegt die Toni-Lenz-Hütte, die Hütte des Schellenberger Eishöhlenvereins, die sich als Stützpunkt für einen Besuch der Schellenberger Eishöhle anbietet, der einzigen begehbaren, aber auch größten Eishöhle Deutschlands. Für den Besuch der Höhle müssen wir jedoch über den steilen Thomas-Eder-Steig ab- und wieder ansteigen.

Diese Tour können wir entweder mit einer Abstiegsvariante ab Mittagsscharte oder mit der Untersbergbahn abkürzen. Von beiden Orten – Passturm oder St. Leonhard – können wir mit öffentlichen Bussen nach Berchtesgaden oder Salzburg fahren, wo wir Anschluss an die Bahn haben.

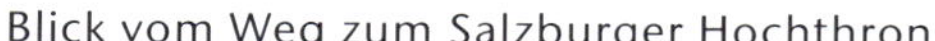

Blick vom Weg zum Salzburger Hochthron

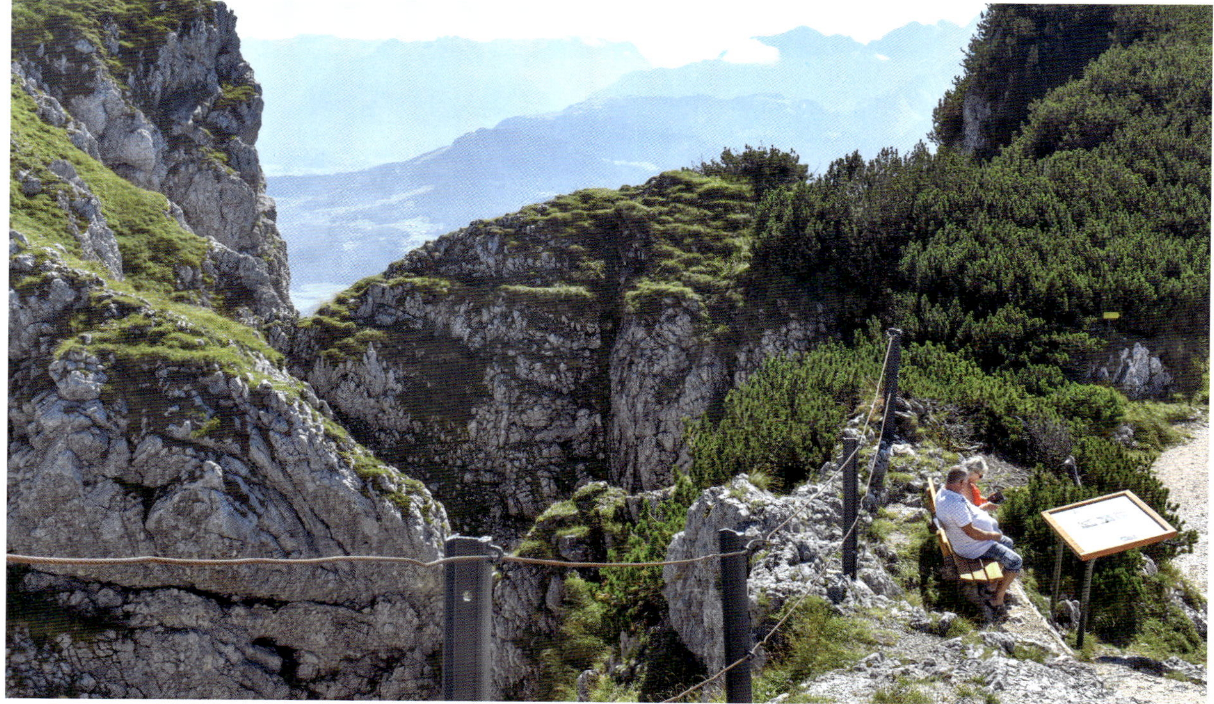

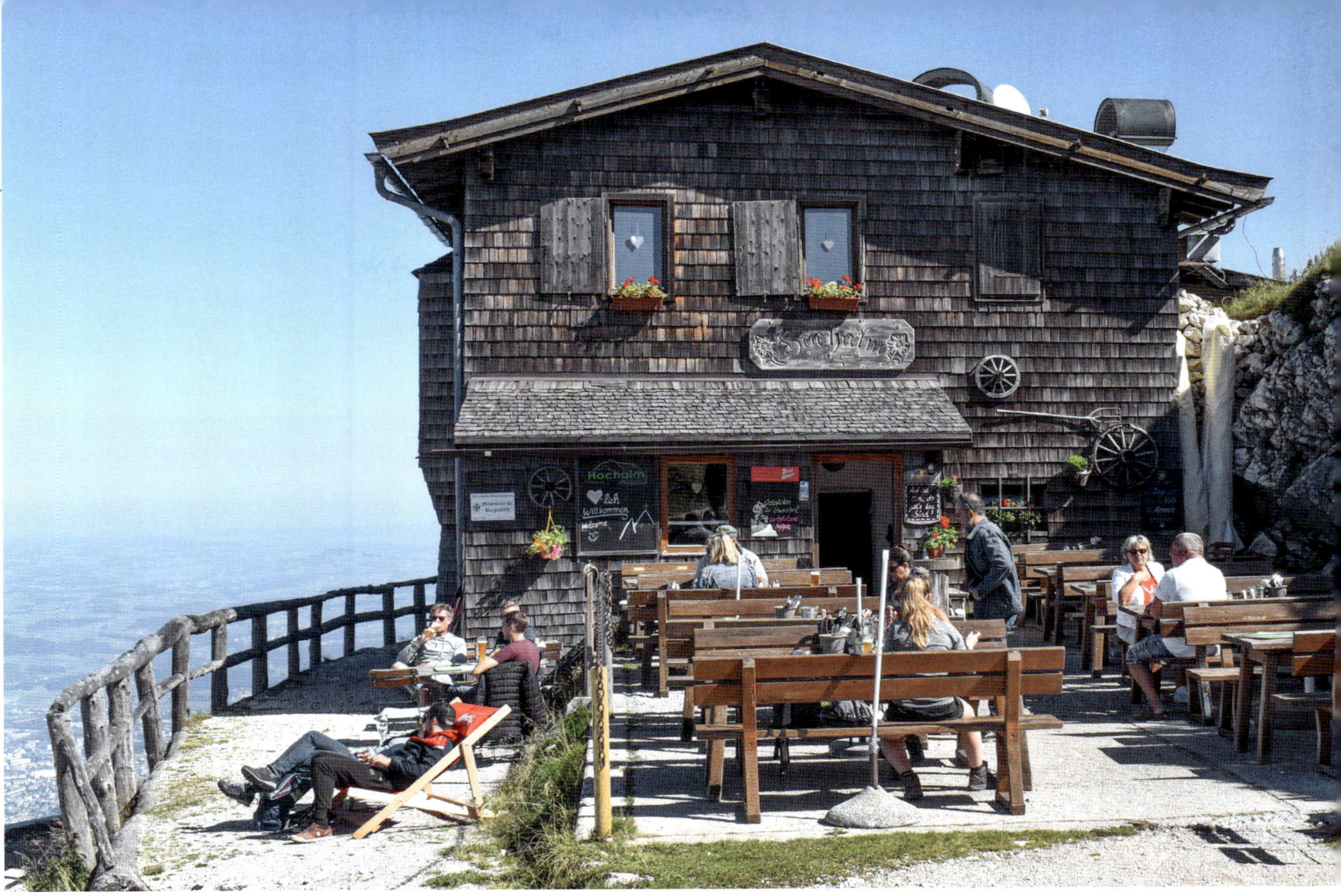

Rast auf der Hochalm

Von Bischofswiesen übers Leiterl zum Stöhrhaus

Am Bahnhof in Bischofswiesen queren wir die Bundesstraße (B 20) in den Ort und gehen auf dem Fußweg zur Pfarrkirche, dort halten wir uns rechts und folgen den Wanderwegweisern durch Wiesen zum „Maximilians-Reitweg“, der am Bergfuß des Untersbergs entlangführt. Dort halten wir uns rechts und tauchen bald in den Wald ein. Wir queren das Zufahrtssträßchen zur (bewirtschafteten) Kastensteiner Alm und treffen dann oberhalb des Weilers Aschau auf eine Wegverzweigung. Hier folgen wir links dem Wegweiser „Stöhrweg“. In Kehren geht es auf einer Forststraße bergan durch Wald bis zu einer Wegkreuzung; wir wandern geradeaus weiter, bis der Forstweg in einen Wanderweg übergeht. Dieser führt uns seitlich an den Rauhen Köpfen vorbei. Bald mündet von rechts der Aufstiegsweg von Hintergern ein, der zwar kürzer ist, aber etwas umständlich bei der Anfahrt. Der Wald lichtet sich und wir wandern

KARTENHINWEIS Topographische Karte 1:50 000 „Berchtesgadener Alpen“ (LDBV)

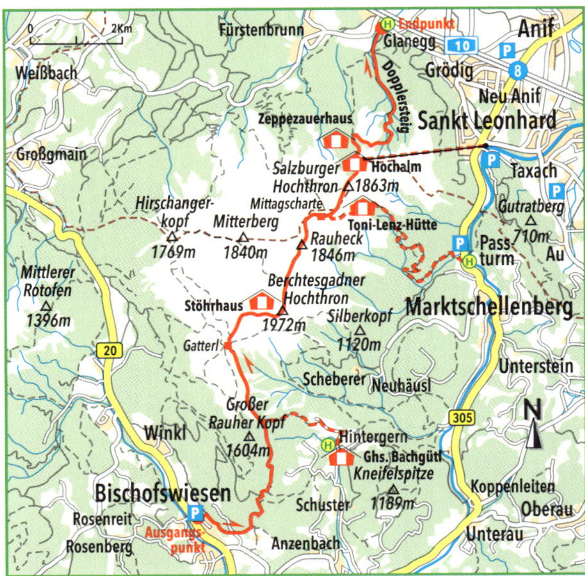

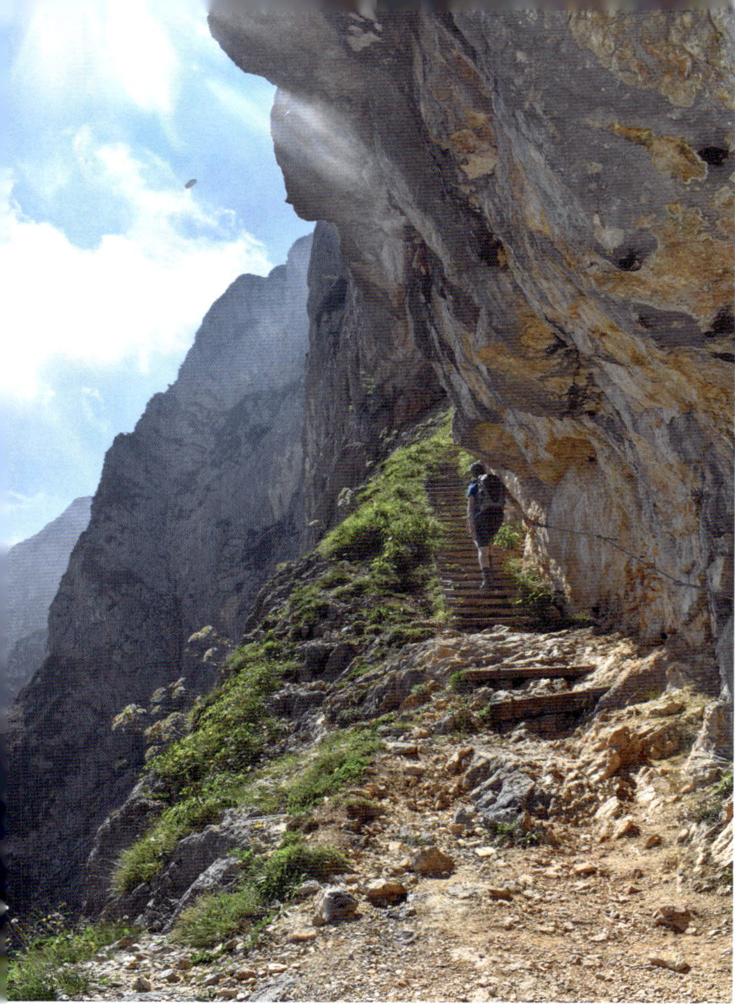

Auf dem Thomas-Eder-Steig

auf gutem und breitem Wanderweg unter der Almbachwand entlang auf die prallen Untersbergwände zu. Nun wird es anspruchsvoller; ein schmaler Steig windet sich links durch schrofiges Gelände und Latschenbestand steil hinauf zum „Leiterl", einem Durchschlupf zum Hochplateau des Untersbergs. Dort oben haben wir eine Pause verdient und genießen die freien Blicke auf die Chiemgauer Alpen, die Loferer Steinberge und zurück auf den Hohen Göll. Die Wegweiser zeigen nach rechts und führen uns durch Latschen bergan. Über ein paar Geländestufen erreichen wir das aussichtsreich gelegene Stöhrhaus, das erst vor Kurzem umgebaut und erweitert wurde. Wir genießen die neue Westterrasse und betrachten, wie sich die Sonne langsam dem Horizont nähert. Da wir die Übernachtung vorab gebucht haben, können wir uns auf ein gemütliches Abendessen freuen.

Übergang vom Stöhrhaus über die Mittagsscharte zum Zeppezauerhaus

Vom Alpenvereinshaus wandern wir in östlicher Richtung auf dem breiten Wanderweg (Mark.-Nr. 417) bergan und folgen dem Höhenweg über das wellige, mit Latschen durchsetzte Hochplateau, das sich nach Norden absenkt. Vor uns erkennen wir den Gipfel des Berchtesgadener Hochthrons, den wir mit einem kurzen Abstecher ersteigen können. Anschließend wandern wir unterhalb der Randerhebungen Gamsalmkopf und Rauheck auf einem schönen Bergsteig im steten Auf und Ab weiter, dann geht es ein gutes Stück Weges hinab zur Mittagsscharte.

Gipfelabstecher zum Berchtesgadener Hochthron

Der höchste Gipfel des Untersbergs (1972 m) ist leicht zu erreichen – es sei denn, wir wollen die Kletterroute nehmen – und liegt nur wenige Minuten rechts vom Höhenweg, der das Stöhrhaus mit dem Zeppezauerhaus verbindet. Von seinem großen Gipfelkreuz haben wir nicht nur eine großartige Rundsicht, wir sehen auch bereits unser nächstes Ziel, den Salzburger Hochthron und das Geiereck.

Abstiegsvariante über den Thomas-Eder-Steig

An der Mittagsscharte zweigt rechts der Thomas-Eder-Steig ab, der uns durch die Südwand des Untersbergs leitet. Mit Eisenleitern und durch herausgesprengte Felstunnel mit unvermittelten Felsenfenstern zum Wandfuß wurde die Wand gangbar gemacht. Auf halbem Weg können wir verschnaufen und evtl. schnellere Wanderer bequem vorbeilassen. Nachdem wir den Tunnel verlassen haben, geht es noch ein Stück an der frischen Luft auf ausgesetztem, aber gesicherten

Steig weiter hinab. Von dort führt ein guter Steig (hier bald Abzweiger mit Schild zur Eishöhle) weiter hinab zur Toni-Lenz-Hütte, die erst kurz vor dem Erreichen zu sehen ist.

Auf der kleinen Terrasse auf der Westseite der Hütte des Schellenberger Höhlenvereins erholen wir uns von dem anstrengenden Steig, bevor wir ins Tal hinabsteigen. Der Abstiegsweg ist gut ausgeschildert, geht aber in die Knie (hier wären Stöcke sehr hilfreich). Zunächst wandern wir über freies Gelände, dann durch Wald talwärts. Im unteren Teil geht der Weg in eine Forststraße über, der wir über weite Kehren hinab nach Passturm an der B305 folgen. Direkt gegenüber befindet sich die Bushaltestelle, von der uns der RVO-Bus zurück nach Berchtesgaden bringt.

Weiterweg zum Zeppezauerhaus

Ab der Mittagsscharte wird es wieder steil. Wir gehen kurz geradeaus weiter und steigen rechts haltend über steile Serpentinen an, wobei uns einige Drahtseilsicherungen helfen, durch den felsigen und ausgesetzten steilen Hang wieder Höhe zu gewinnen. Haben wir das zerklüftete Plateau erreicht, geht es zunächst im Auf und Ab weiter, bis links der Weg hinauf zum Salzburger Hochthron angezeigt ist, dessen höchste Erhebung wir nun bald erreichen. Am Gipfel erwarten uns nicht nur das Gipfelkreuz, sondern auch zahlreiche neue Informationstafeln. Jenseits des Gipfels geht es nun über zahlreiche Stufen hinab in eine Mulde, dann über einen erneut steilen, aber nun breiten Steig hinauf zum Geiereck, das mit einem großen eisernen Kreuz geschmückt ist. Anschließend steigen wir ab und kehren entweder in der Karlshütte oder bei der Bergstation der Untersbergbahn ein, bevor wir links über Treppenweg zum Zeppezauerhaus absteigen. Falls wir genügend Zeit mitgebracht haben, nächtigen wir dort, um den herrlichen Sonnenaufgang aus dem Osten genießen zu können.

Abstieg vom Zeppezauerhaus nach Glanegg

Unser Abstiegsweg ins Tal beginnt direkt beim Alpenvereinshaus, wo wir zunächst dem Wegweiser „Dopplersteig" folgen. Durch Latschen geht es kurz hinab, bis rechts der Bergsteig abzweigt (links führt der Rosittensteig hinab, dieser ist aber nicht so reizvoll). Vorbei am Taxhamer Kreuz gelangen wir zur Geländekante, wo der steile Abstiegsweg beginnt. Der Dopplersteig wurde teilweise aus dem Felsen herausgeschlagen und mit zahllosen Felsstufen und Holztreppen gangbar gemacht. Am Bergfuß folgen wir dem Steig zum Oberen Rosittenkar bis zu einer Weggabelung. Dort halten wir uns links und steigen über die verfallene Ober- und Untere Rosittenalm (Mark.-Nr. 460) talwärts. Die zahlreichen weiteren Stufen gehen ziemlich ins Knie. Zuletzt wandern wir über dem tief eingeschnitten Rosittenbach entlang hinab zu einem Steinbruch und hinaus nach Glanegg.

DER SPEZIAL-TIPP

Der Untersberg ist nicht nur wegen seiner zahllosen Höhlen bekannt, vor Jahrhunderten schon wusste man den Untersberger Marmor zu schätzen. Als kleiner Nebenerwerb wurden dabei große und kleine Marmorkugeln hergestellt. Von den Dutzenden von Steinmühlen ist nur mehr eine übriggeblieben, sie ist Deutschlands letzte Marmorkugelmühle und stammt aus dem Jahre 1683. In all den Jahrhunderten wurden diese „Schusser" – bevor sie von den billigen Glaskugeln abgelöst wurden – in die ganze Welt verschickt. Am Eingang der Almbachklamm zwischen Marktschellenberg und Berchtesgaden befindet sich ein Kiosk, wo man heute noch original Untersberger Marmorkugeln erwerben kann.

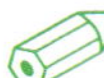

TOURISTINFO

Tourist-Info Berchtesgaden, Königsseer Straße 2, 83471 Berchtesgaden, Tel. +49/8652/ 65 65 07 00, www.berchtesgaden.de

AUSGANGSPUNKT

Bischofswiesen (615 m); Zugang zum Höhenweg auch von Hintergern möglich (Bus von Berchtesgaden)

ENDPUNKT

Glanegg (450 m) oder Passturm (475 m) bei Marktschellenberg

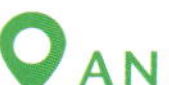

ANFAHRT

Mit dem Auto: Auf der A 8 bis Ausfahrt Bad Reichenhall, dann auf der B 20 nach Bischofswiesen. Parkplatz am Bahnhof oder im Bereich der Kirche auf der anderen Straßenseite. Rückkehr vom Endpunkt mit Bus und Bahn. Variante ab Hintergern mit dem Auto ungünstig.
Mit Bahn & Bus: Mit der Bahn nach Bischofswiesen. Von dort weiter zu Fuß. Rückfahrt von Glanegg bzw. von Passturm nach Berchtesgaden-Bahnhof mit RVO-Bus, von dort weiter mit der Bahn.

GEHZEITEN

Von Bischofswiesen zum Stöhrhaus 4 Std, weiter zur Mittagsscharte 2½ Std., weiter zum Zeppezauerhaus 2 Std., weiter über den Dopplersteig nach Glanegg 2½ Std.; Gesamtgehzeit: 11 Std. Abstieg zur Eishöhle und Rückkehr zum Höhenweg 1½ Std.
Abstiegsvariante: Von der Mittagsscharte zur Toni-Lenz-Hütte 1 Std., weiter nach Passturm 2 Std.; insgesamt: 3 Std.;
Von der Hütte zum Salzburger Hochthron: 20 Minuten

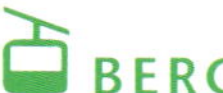

BERGBAHN

Untersbergbahn: Großkabinenbahn von St. Leonhard auf das Geiereck (Talstation 456 m; Bergstation 1776 m). Betriebszeiten während der Wandersaison von 8.30–17 Uhr, vom 1. Juli bis 30. September bis 17.30 Uhr, Tel. +43/6246/72 47 70, www.untersbergbahn.at

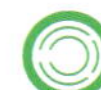

ANFORDERUNG

Hüttenwege: Der Anstieg auf den Untersberg ist relativ steil. Der Übergang über die Hochfläche erfordert bei Nebel Orientierungssinn. Der Abstieg über den Dopplersteig setzt Trittsicherheit und Schwindelfreiheit voraus (leichter Klettersteig). Alternative ist die Abfahrt mit der Untersbergbahn, von dort können wir bequem mit dem Bus nach Berchtesgaden zurückkehren.
Gipfelwege: Berchtesgadener Hochthron (1972 m) und Salzburger Hochthron (1852 m) sind leicht erreichbar und liegen am Weg.
Die Abstiegsvariante: Die Route über den Thomas-Egger-Steig zur Toni-Lenz-Hütte erfordert unbedingte Trittsicherheit und Schwindelfreiheit (gut ausgebauter Klettersteig durch Felstunnels, mit Eisengeländer).

AUSRÜSTUNG

Normale Wanderausrüstung. Für den Besuch der Eishöhle empfehlen sich Anorak und Mütze sowie eine Taschenlampe.

EINKEHR & ÜBERNACHTUNG

Stöhrhaus, 1894 m: Alpenvereinshütte der Kat. I, bewirtschaftet von Ende Mai bis Mitte Oktober, 29 Betten, 30 Lager, Tel. +49/8652/7233, www.stoehrhaus.de
Restaurant „Zum Karlwirt“ an der Bergstation der Untersbergbahn
Hochalm, 1786 m: private Unterkunftshütte, von Frühjahr bis Spätherbst bewirtschaftet, 20 Lager, Übernachtung nur nach Voranmeldung, Tel +43/664/119 99 11

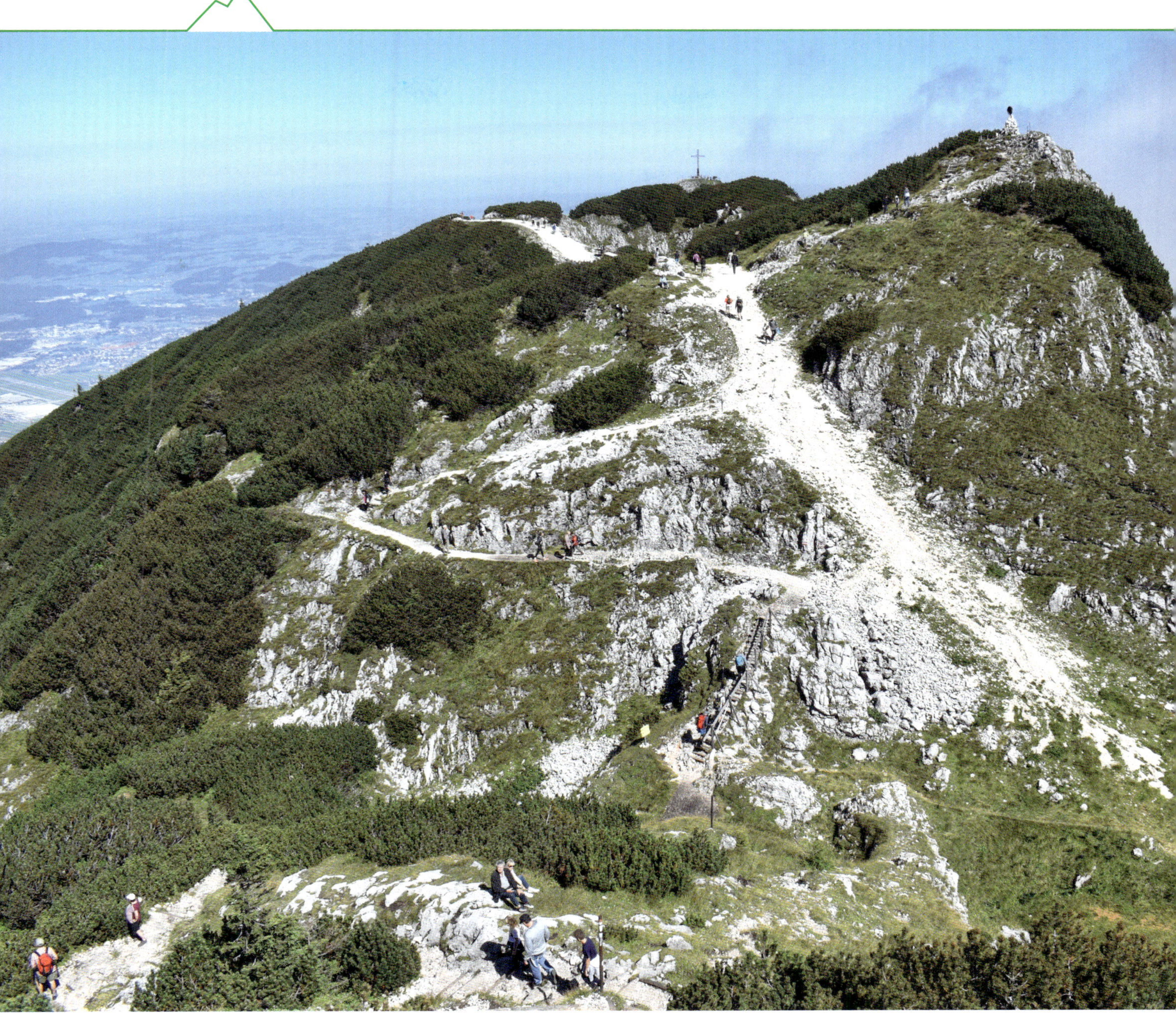

Blick zum Geiereck

Zeppezauerhaus, 1663 m: Alpenvereinshütte der Kat. I, bewirtschaftet von Anfang Mai bis Ende Oktober, 15 Betten, 40 Lager, Tel. +43/650/779 40 32, www.zeppezauerhaus.at

Gasthaus Bachgütl in Hintergern

Toni-Lenz-Hütte, 1551 m: private Hütte des Schellenberger Eishöhlenvereins, bewirtschaftet von Mitte Mai bis Ende Oktober, 12 Betten, zur Zeit jedoch keine Übernachtung möglich, Tel. +43/660/658 14 30, www.toni-lenz-huette.de

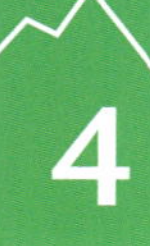

4 AUF DER WINKLMOOSALM

Seegatterl – Traunsteiner Hütte – Steinplatte – Durchkaseralm – Straubinger Haus – Seegatterl

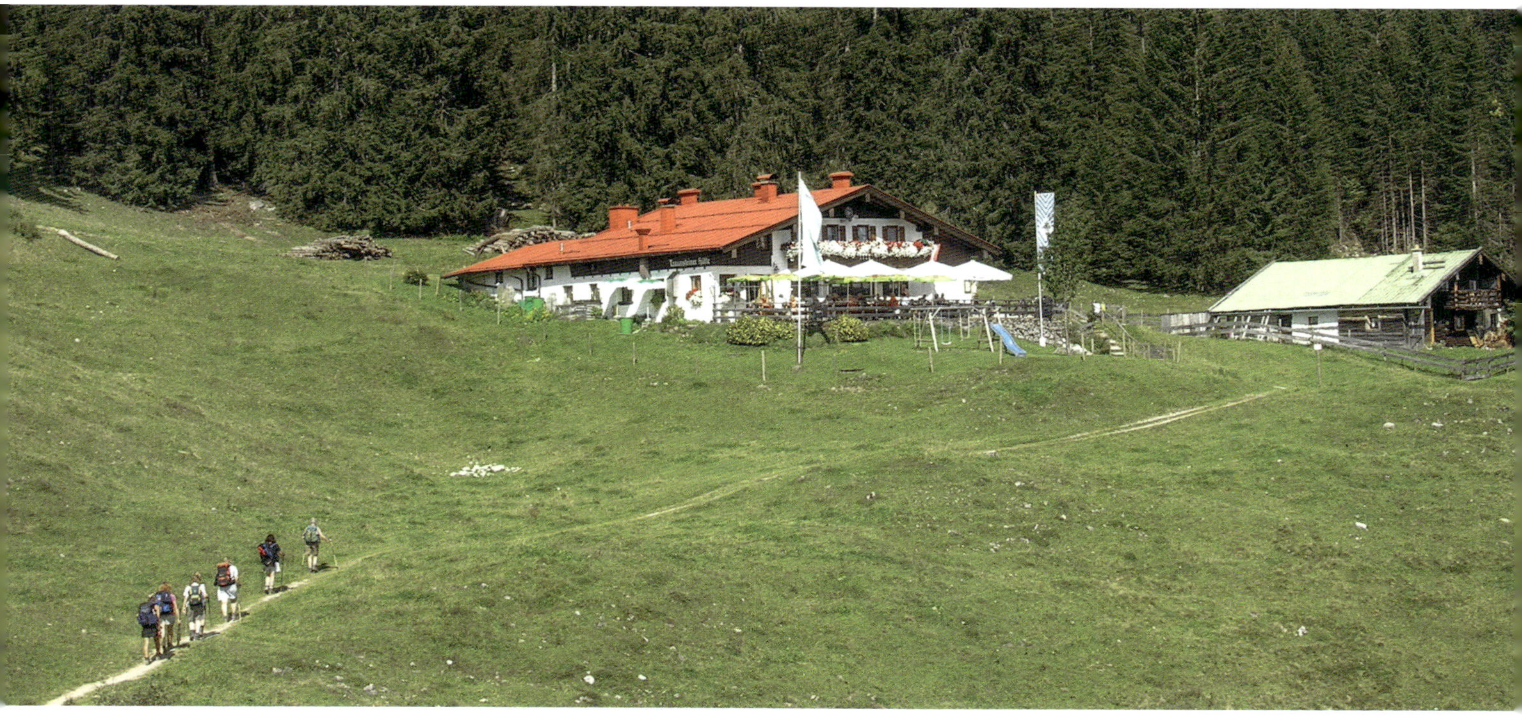

Die Traunsteiner Hütte

Die Winklmoosalm ist vor allem den Wintersportlern ein Begriff. Man kann hier Langlaufen und an zahlreichen Hängen Alpinski fahren. Doch auch in den Sommer- und Herbstmonaten ist dieses Gebiet sehr beliebt, denn es bietet zahlreiche Wandermöglichkeiten in einer Landschaft, die in Teilen gerne mit der skandinavischen Tundra verglichen wird. Neben einer gemütlichen Alpenvereinshütte gibt es weitere Einkehr- und Übernachtungsmöglichkeiten in Berggasthöfen. Das Gebiet allein eignet sich schon für ein paar Wandertage. Wir wandern aber anschließend hinüber zum südlichen Abbruch der Chiemgauer Alpen, der an der Steinplatte seinen deutlichsten Ausdruck findet. Dort wurde vor einigen Jahren eine Bergbahn installiert, die aus dem Waidringer Tal heraufführt. Gleich in der Nähe der Bergstation wurde der Triassic-Park eingerichtet, der nicht nur für Kinder attraktiv ist. Weiter geht es dann am südlichen Rand der Chiemgauer Alpen zur nächsten Alpenvereinshütte, dem Straubinger Haus, bevor wir nach einer weiteren Übernachtung über die Obere Hemmersuppenalm hinab zu unserem Ausgangspunkt wandern. Das Gebiet rund um das Straubinger Haus ist ebenfalls ein ausgedehntes Almgebiet – die Eggenalm –, das zahlreiche Almhütten aufweist. Die Eggenalm sowie das Hochmoorgebiet auf der Winklmoosalm sind im Frühjahr und Frühsommer besonders schön, wenn zahlreiche Blumen blühen, vor allem die Alpenrosen im Bereich der Durchkaseralm.

Unsere Hüttenrunde können wir zusätzliche durch drei Gipfelabstecher anreichern, die allesamt leicht zu bewältigen sind.

Von Seegatterl auf die Winklmoosalm

Falls wir mit dem eigenen Auto angereist sind, bietet sich als Ausgangspunkt der große Wanderparkplatz in Seegatterl an – denn bei dieser Tour sind der Ausgangspunkt und der Endpunkt identisch. Wir könnten allerdings auch auf der Mautstraße zur Winklmoosalm hinauffahren. Am besten ist es jedoch, wenn wir zu Fuß den parallel zur Mautstraße führenden Wanderweg (Mark.-Nr. 111) durchs kleine Dürrnbachtal nehmen, der im oberen Bereich die Mautstraße wieder berührt. Auf diese Weise gelangen wir zum großen Wanderparkplatz (mit WC) am Beginn des Almgebiets. Von dort folgen wir dann links haltend dem Zufahrtsweg zur Traunsteiner Hütte.

KARTENHINWEIS **Topographische Karte 1:50.000 „Chiemsee – Chiemgauer Alpen“ (LDBV)**

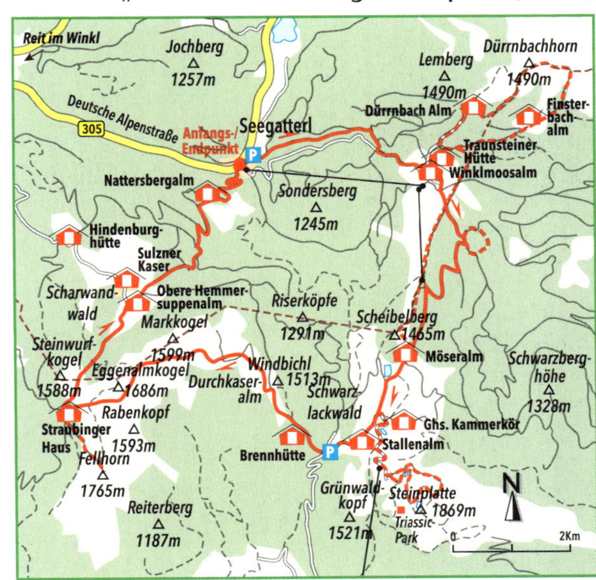

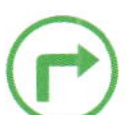

Gipfelabstecher zum Dürrnbachhorn

Der Hüttengipfel der Traunsteiner Hütte ist das Dürrnbachhorn. Für Bequeme oder Eilige kann dieser schöne Aussichtsgipfel mit einem Sessellift „bezwungen“ werden; das letzte Stück muss dennoch zu Fuß erklommen werden. Von oben bietet sich ein großartiger Tiefblick auf der Nordseite und ein Panoramablick auf die Loferer Steinberge und das Kaisergebirge auf der anderen Seite. Wir machen daraus eine kleine Rundtour und steigen über die Finsterbachalm ab.

Von der Alpenvereinshütte folgen wir der Ausschilderung zur Talstation des Dürrnbachhorn-Sessellifts; von dort mit dem Lift oder dem ausgeschilderten Wanderweg folgend über die Dürrnbachalm zum Dürrbacheck (1593 m) mit der Bergstation. Nun wandern wir auf dem steinigen, aber leichten Pfad durch Latschen hinauf zum Gipfel (1776 m) mit dem schlichten Kreuz. Von hier führt ein Pfad auf dem mit dicht mit Latschen bewachsenen Grat in Richtung Osten, bis nach einer Viertelstunde rechts der Pfad (Mark.-Nr. 17) zum Riegerkaser abzweigt; beim Kaser halten wir uns erneut rechts und wandern hinab zur bewirtschafteten Finsterbachalm. Von dort leitet uns ein Almweg zum Ausgangspunkt.

DER SPEZIAL-TIPP

Den Gipfelabstecher zur Steinplatte können wir mit einem Besuch des Triassic-Parks (1685 m, www.triassicpark.at) verbinden, der neben der Bergstation der Waidringer Bergbahn liegt und uns auf eine Zeitreise durch die Erdgeschichte mitnimmt. Gleich daneben befindet sich eine großartige Aussichtsplattform hoch über dem Waidringer Tal. Und natürlich gibt es eine Einkehrmöglichkeit mit dem Berghaus Kammerkör. Die knapp 200 Höhenmeter hinauf zum Gipfel der Steinplatte schaffen wir dann spielend. Zurück geht es in einer großen Linksschleife auf dem Panoramaweg.

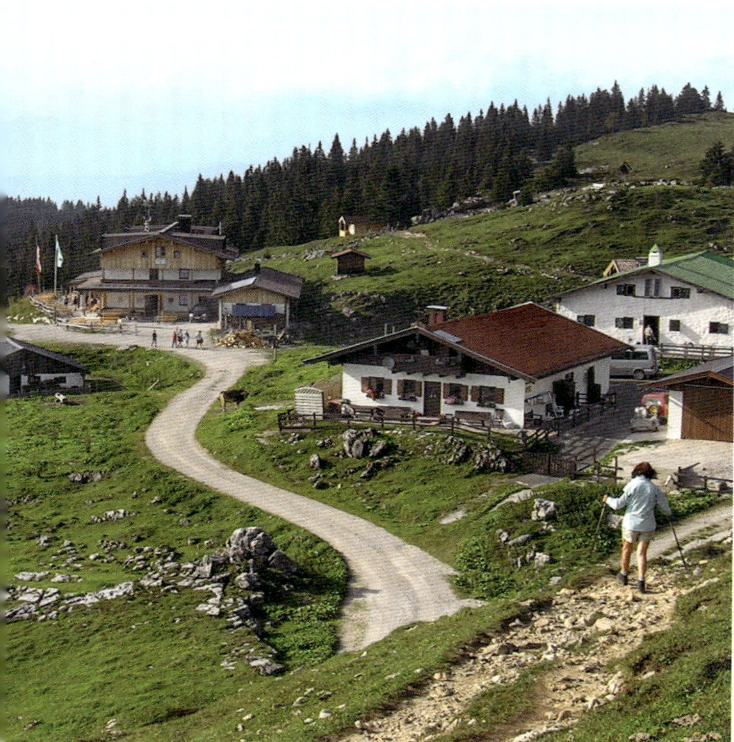

Links das Straubinger Haus

Von der Traunsteiner Hütte zum Wanderparkplatz Steinplatte

Von der Alpenvereinshütte gehen wir seitlich auf einem Wanderweg an der Winklmoosalm vorbei und folgen dann links dem breiten geteerten Wirtschaftsweg in Richtung Steinplatte (Wegweiser), bis dieser endet (dort markiert rechts ein Wegweiser den Bergwanderweg hinauf zum Scheibelberg). Wir wandern weiter geradeaus auf dem Wirtschaftsweg – nun durch Wald. Nach etwa 10 Minuten nehmen wir den Abzweig nach links, passieren auf einem Wirtschaftsweg seitlich den Scheibelberg und steigen hinauf zum Berggasthaus Möseralm. Jenseits der Gaststätte geht es auf dem Wirtschaftsweg hinab zur Stallenalm und zum Wanderparkplatz Steinplatte (1376 m).

Variante über den Scheibelberg

Zu dem etwas eintönigen Wirtschaftsweg bis zur Möseralm gibt es eine attraktive Variante: Kurz nach der Schranke auf der Winklmoosalm zweigt rechts vom Hauptweg ein Wanderweg ab (Wegweiser), der uns bald auf einem langen Bohlenweg, dann auf einem Kiesweg und Pfad – immer auf der Landesgrenze entlang und vorbei an den Bergstationen der Skilifte – hinauf zum Scheibelberg führt (1 Std.). Dort geht es dann knapp 200 Höhenmeter hinab zur Möseralm.

Gipfelabstecher zur Steinplatte

Der nach Norden flach, nach Süden jedoch schroff abfallende Gipfel ist der höchste Punkt eines langen Bergzuges, der sich von Lofer bis Reit im Winkl erstreckt.
Vom Berggasthaus Möseralm folgen wir dem Wirtschaftsweg in Richtung Stallenalm und nehmen nach gut 20 Minuten den Zufahrtsweg zum Berggasthaus Kammerkör und weiter zur Bergstation der Gondelbahn. Der Weiterweg zum Gipfel führt durch Bergwiesen und Latschen auf weiterhin breitem Weg zum höchsten Punkt.

Vom Wanderparkplatz Steinplatte über die Durhamer Alm zum Straubinger Haus

Am Ende des Parkplatzes folgen wir rechts einem Almfahrweg (Mark.-Nr. E 4, 201) und wandern – vorbei an der Brennhütte, die etwas unterhalb liegt – hinüber zur Durchkaseralm. Wir durchqueren das Almdorf und gelangen dann auf einem markierten Bergweg über Almwiesen und durch Latschenfelder an den Fuß des Eggenalmkogels, der dem gesamten Gebiet seinen Namen gegeben hat. Links geht es auf schmalem Steig (eine Seilsicherung) an diesem vorbei, wobei wir etwas ansteigen müssen. Nach der Hochtrittalm führt dann ein Almfahrweg über einen Sattel hinweg weiter zum großen Straubinger Haus auf der Eggenalm.

Gipfelabstecher zum Fellhorn

Das Fellhorn ist der einzige Hüttenberg des Straubinger Hauses und leicht zu erreichen. Von seinem Gipfel (1785 m) öffnet sich ein großartiger Ausblick auf das Kaisergebirge und bis hinein in die vergletscherten Zentralalpen.
Vom Alpenvereinshaus gehen wir auf dem Wirtschaftsweg etwa 100 Meter südlich in Richtung Walchsee, bis links ein Bergpfad abzweigt, der uns durch Latschen und über Bergwiesen zum Gipfel (1785 m) bringt.

Vom Straubinger Haus über die Obere Hemmersuppenalm nach Seegatterl

Um unsere Runde abzuschließen, wandern wir vom Alpenvereinshaus auf einem markierten Almweg durch Bergweiden (Wegweiser Seegatterl) in nördlicher Richtung hinauf zu einem Sattel. Jenseits geht es hinab zu einer Wegverzweigung mit Wegweisern (links haltend könnten wir über den „Filzenweg" zur Hindenburghütte wandern). Wir folgen rechts dem Bergsteig hinab zur Oberen Hemmersuppenalm, wo wir auf einen Almweg treffen. Eine der zahlreichen Almhütten ist bewirtschaftet: der Sulzner Kaser, der sich am linken Rand befindet, dort wo der Fahrweg zur Hindenburghütte führt. Rechts haltend gehen wir weiter bis zum Ende der Almsiedlung und auf ausgeschildertem Steig, der bald einen Forstweg

Auf den letzten Metern zum Fellhorngipfel

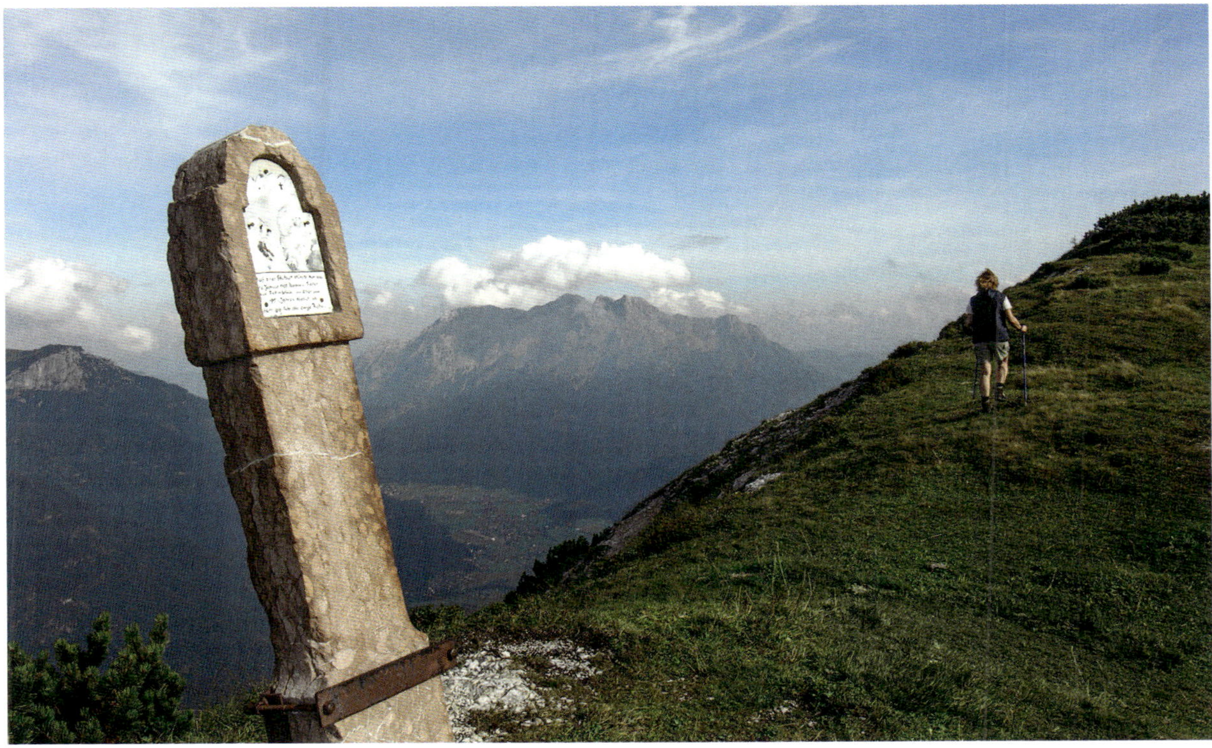

quert, zur bewirtschafteten Nattersbergalm. Diese kleine Alm-Pension könnte noch ein reizvoller Platz für eine idyllische Übernachtung sein. Ein Wirtschaftsweg führt uns zum Seegatterl.

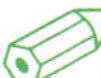

TOURISTINFO

Tourist-Information, Dorfstraße 38, 83242 Reit im Winkl, Tel. +49/8640/800 20, www.reitimwinkl.de

AUSGANGS- UND ENDPUNKT

Seegatterl (764 m)

ANFAHRT

Mit dem Auto: Auf der A 8 bis Ausfahrt Siegsdorf, dann auf der B 306 und St. 2098 nach Ruhpolding und weiter in Richtung Reit im Winkl bis Seegatterl. Dort großer, gebührenpflichtiger Wanderparkplatz. Eine Mautstraße führt zur Winklmoosalm.
Mit Bahn & Bus: Mit der Bahn bis Traunstein, weiter mit dem Nahverkehrszug nach Ruhpolding. Vom Bahnhof weiter mit dem Regionalbus bis zur Haltestelle Seegatterl. Von dort mit dem Bus zur Winklmoosalm.

GEHZEITEN

Von Seegatterl zur Traunsteiner Hütte (Winklmoosalm) 2 Std., weiter zum Wanderparkplatz Steinplatte 2½ Std., weiter über die Durchkaseralm zum Straubinger Haus 2 Std., weiter nach Seegatterl 2½ Std.; Gesamtgehzeit: 9 Std.
Gipfelabstecher: Runde über das Dürrnbachhorn (ohne Sessellift) 3½ Std.; Abstecher zur Hochplatte 3 Std.; Auf- und Abstieg am Fellhorn 1½ Std.

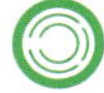

ANFORDERUNG

Hüttenwege: Die Hüttenrunde ist leicht; lediglich auf der Südseite des Eggenalmkogels ist Trittsicherheit und Schwindelfreiheit erforderlich.
Gipfelwege: Alle Gipfelabstecher sind leicht; am Dürrnbachhorn braucht es Trittsicherheit und Schwindelfreiheit.

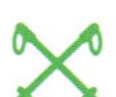

AUSRÜSTUNG

Normale Wanderausrüstung

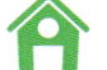

EINKEHR & ÜBERNACHTUNG

Traunsteiner Hütte, 1160 m: Alpenvereinshütte der Kat. II, nahezu ganzjährig bewirtschaftet, 8 Betten, 18 Lager, Tel. +49/8640/81 40, www.traunsteinerhuette.de
Jausenstation an der Bergstation des Dürrnbachlifts (1590 m)
Finsterbachalm, 1323 m: im Sommer bewirtschaftet
Möseralm, 1274 m: privat, im Sommerhalbjahr ab Mitte Mai bis Ende Oktober bewirtschaftet, Übernachtungsmöglichkeit auf Anfrage, Tel. +43/5353/52473, www.moeseralm.at
Berghaus Kammerkör, 1400 m: nahezu ganzjährig bewirtschaftet, Tel. +43/5353/63 16, www.kammerkoeralm.at
Stallenalm, 1430 m: nahezu ganzjährig bewirtschaftet, Tel. +43/5353/58 25, www.stallenalm.com
Brennhütte, 1413 m: privat, von Mitte Juni bis Spätherbst bewirtschaftet, Mittwoch Ruhetag
Ambachhütte/Durchkaseralm, 1480 m: während der Weidesaison Brotzeit erhältlich
Straubinger Haus, 1551 m: Alpenvereinshaus der Kat. II, von Anfang Mai bis Ende Oktober bewirtschaftet, 16 Betten, 54 Lager, Tel. +43/5375/64 29, www.straubingerhaus.de
Sulzner Kaser, 1220 m: während der Weidesaison einfach bewirtschaftet
Nattersbergalm, 936 m: privat, nahezu ganzjährig bewirtschaftet, Montag und Dienstag Ruhetag (außer an Feiertagen), 25 Betten, Tel. +49/8640/8430, www.nattersberg.de
Auf der Winklmoosalm auch: **Hotel-Alpengasthof Winklmoosalm, Alpengasthof Sonnenalm** und **Berggasthof Almstüberl**

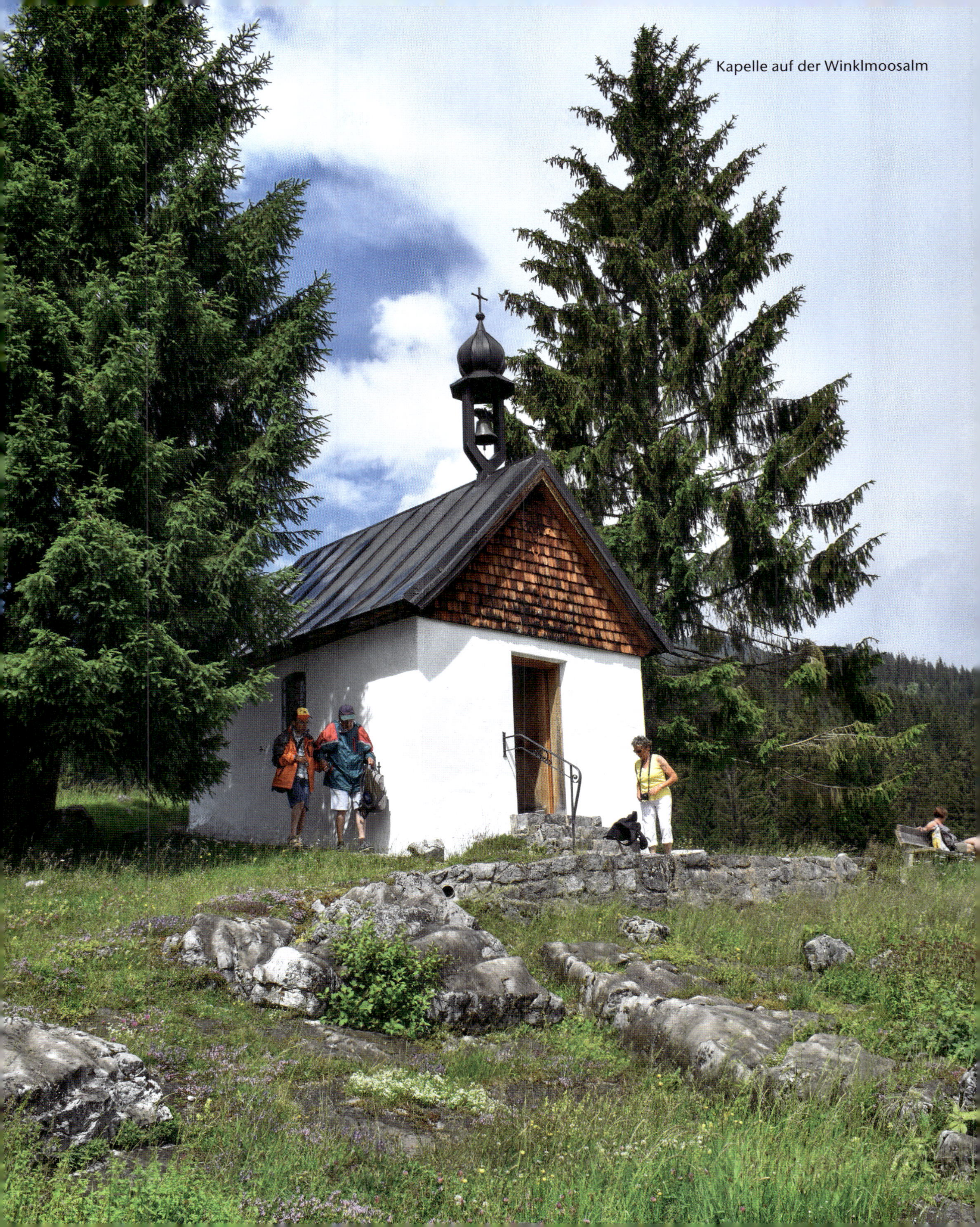

Kapelle auf der Winklmoosalm

5 ADLERBLICK AUFS ALPENVORLAND

Kohlstatt – Bischofsfellnalm – Hochgernhaus – Hochgern – Jochbergalm – Kohlstatt

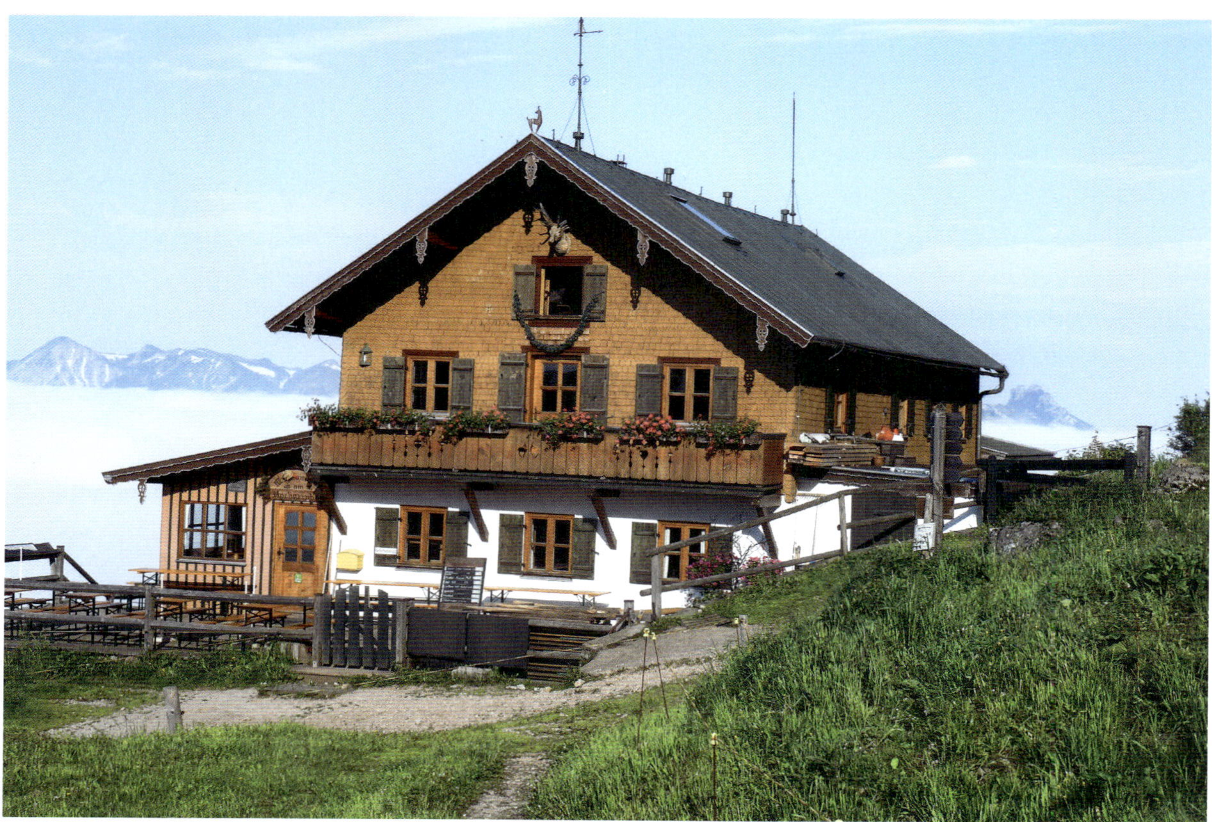

Das Hochgernhaus

Diese kleine Runde in den nordöstlichen Chiemgauer Bergen liegt etwas abseits des Seilbahntrubels am Hochfelln. Dafür bietet sie – im Gegensatz zum Hochfelln – eine ganzjährig bewirtschaftete Hütte, das privat geführte Hochgernhaus. Am Weg liegen einige schön herausgeputzte Einkehralmen – die Hinteralm, die Bischofsfellnalm und die Jochbergalm. Ein Gipfel mit großartiger Aussicht wird auch eingebunden. Angeblich kann man vom Hochgern bis zu 400 Gipfel im Alpenraum sehen, und die Sicht reicht bei gutem Wetter im Osten sogar bis zum Bayerischen Wald. Diese Runde ist zwar technisch leicht, erfordert aber doch einiges an Kondition. Vom Ausgangspunkt Kohlstatt bis zum Hochgern-Gipfel müssen gute 1000 Höhenmeter bewältigt werden.

Entspannung ist auf dem Hochgernhaus angesagt. Übernachten kann man im Haupthaus in Zimmern oder im Matratzenlager in einer Hütte daneben. Das Frühstück auf der Terrasse mit freiem Blick ins Tal der Tiroler Achen und bis hinein in die Zentralalpen bleibt unvergesslich. Rund um das Haus haben auch Murmeltiere ihr Revier, mit etwas Glück erhaschen wir vielleicht einen Blick auf die scheuen Tiere. Im Mai findet der bekannte Hochgernlauf statt. Also vorher reservieren, damit die Übernachtung klappt. Da das

Hochgernhaus sehr beliebt ist, sollte man überlegen, ob man diese Runde nicht unter der Woche unternehmen könnte.

Vom Wanderparkplatz Kohlstatt zum Hochgernhaus

Wir folgen einem unbefestigten Sträßchen talein (gute Ausschilderung), das uns weiter ins Weißachental bis zur Menkenböden-Diensthütte leitet. Bei der Weggabelung kurz davor halten wir uns rechts und gleich wieder links. Unser Weg verengt sich allmählich, und über ein paar Holzbrücken passieren wir das schluchtähnliche, bewaldete Tal. Links baut sich der steile aufragende Rötlwandkopf auf, ein Vorgipfel des Hochfelln. Der Weg wird steiler und nach zwei Kehren erreichen wir nach einer Stunde Gehzeit eine weitere Wegverzweigung. Wir halten uns rechts und steigen durch Wald zu den Böden der bewirtschafteten Hinteralm an. Dort beginnt ein markierter Pfad (Mark.-Nr. 59), der über die neu herausgeputzte Bischofsfellnalm (1381 m) mit ihrem schönen Schindeldach zu dem vom Hochgern nach Süden herabziehenden Kamm führt.

Kurz davor kommen wir zur einer Wegkreuzung (rechts geht es in steilen Serpentinen hinauf zum Hochgern; den Gipfel heben wir uns für den nächsten Tag auf). Wir wandern weiter geradeaus und folgen der Markierung 59 hinauf zum Sattel, der den Hochgern vom vorgelagerten Hasenpoint trennt. Jenseits geht es hinab auf einem Pfad zu einer Hütte; dort ist der Weg nun breiter und führt durch den Hang zum Wirtschaftsweg, der von links von der Agerschwendalm heraufführt. Diesem folgen wir nach rechts über steile Serpentinen hinauf – passieren dabei die Enzianhütte – und erreichen so das Hochgernhaus. Auf dem Platz, an dem das Unterkunftshaus heute steht, war früher mal eine Alm. Falls es vielleicht etwas kühl sein sollte, wartet drinnen ein gemütlicher Kachelofen auf uns.

KARTENHINWEIS **Topographische Karte 1:50.000 „Chiemsee – Chiemgauer Alpen“ (LDBV)**

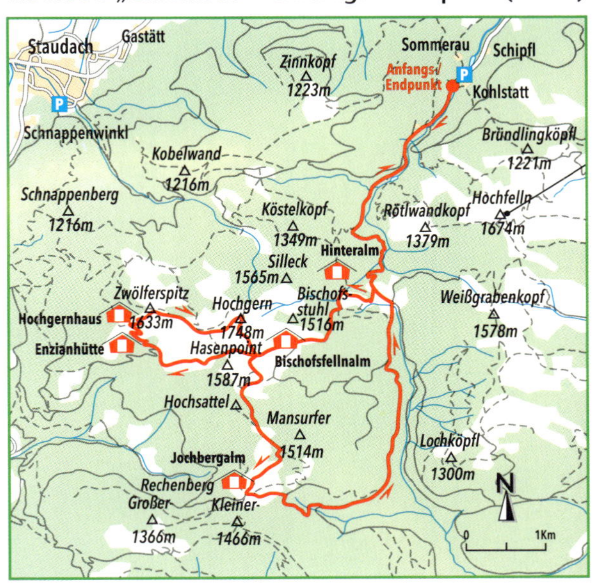

Vom Hochgernhaus hinüber zur Jochbergalm

Für diese Runde müssen wir den Hüttengipfel mit einbauen: Vom Hochgernhaus wandern wir zunächst auf breitem, ausgeschildertem Wanderweg über den Hang leicht bergan zum freien Westkamm des Hochgern. In einem weiten Linksbogen umgehen wir eine große Mulde und steigen dann den westlichen Gipfelhang hinauf. Nach einem Weide-Überstieg gehen wir rechts weiter und überwinden mit einigen Kehren das letzte steile Stück zum Gipfelkreuz.

Der Hochgern ist einer der großartigsten Aussichtsberge im Alpenvorland. Auf der Nachbarerhebung – der Hochgern (1744 m) verfügt über zwei Gipfel – steht eine Miniaturkirche.

Anschließend gehen wir wenige Meter zurück auf dem Anstiegsweg, dann links in steilen Serpentinen durch den lichten Wald hinab zum Weidegebiet der Grundbachalm. Kurz davor zweigt rechts ein Pfad ab, der uns mit der Markierung H 7 über den Hochsattel – dann seitlich am Mansurfer vorbei – durch ein Waldstück hinab zur Jochbergalm (1265 m) leitet. Dort stehen mehrere Almhütten, aber nur eine ist bewirtschaftet

Von der Jochbergalm durch das Eschelmoos zum Wanderparkplatz Kohlstatt

Knapp unterhalb der bewirtschafteten Alm, die an einer aussichtsreichen Stelle steht (im Osten sehen wir übrigens den markanten Gurnwandkopf), befindet sich ein Wegestern mit zahlreichen Wegweisern. Wir halten uns dort links und steigen durch Weidegebiet ab, bis wir auf eine quer führenden Forststraße stoßen; dieser folgen wir nach rechts, bei der zweiten Wegverzweigung nach links, und wandern durch Wald hinab ins Eschelmoos. Dort folgen wir den Wegweisern hinaus bis zu unserem Ausgangspunkt bei der Kohlstatt.

DER SPEZIAL-TIPP

Nicht weit von unserem Ausgangspunkt bei Bergen befindet sich das Naturkunde- und Mammutmuseums Siegsdorf (Auenstraße 2). Auf über 650 m² Ausstellungsfläche kann man dort 250 Millionen Jahre Entwicklungsgeschichte der Region Südostbayern nachvollziehen. Größte Attraktion ist ein fast vier Meter hohes Mammutskelett (das besterhaltene in ganz Europa). Darüber hinaus gibt es Versteinerungen, eine Bärenhöhle und mehrere Dioramen, die Einblick in die Tier- und Pflanzenwelt vor Millionen Jahren gewähren.
Öffnungszeiten: In der Sommersaison täglich von 10–18 Uhr, Tel. +49/8662/133 16, www.museum-siegsdorf.de

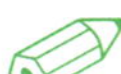

TOURISTINFO

Tourist-Information Bergen, Raiffeisenplatz 4, 83346 Bergen, Tel, +49/8662/83 21, www.bergen.de

AUSGANGS- UND ENDPUNKT

Wanderparkplatz Kohlstatt (746 m)

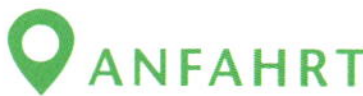

ANFAHRT

Mit dem Auto: Auf der A 8 bis Ausfahrt Bergen, dann durch den Ort in Richtung Talstation der Hochfellnbahn; von dort weiter in das Weißachental auf schmaler Straße bis zum gebührenpflichtigen Wanderparkplatz Kohlstatt mit Infotafeln, Wegweisern und Orientierungskarten.
Mit Bahn & Bus: Mit der Bahn Richtung Salzburg bis Bergen; von dort mit dem Regionalbus (nur Montag bis Freitag sowie Samstag Vormittag) bis zur Talstation der Hochfellnbahn. Weiter zu Fuß durchs Weißachental bis zum Wanderparkplatz Kohlstatt (1 ¼ Std.).

GEHZEITEN

Vom Wanderparkplatz Kohlstatt zur Bischofsfellnalm 1 ¾ Std., weiter zum Hochgernhaus 1 ¼ Std., weiter zum Hochgern-Gipfel 1 Std., weiter zur Jochbergalm 1 ½ Std., weiter durch das Eschelmoos zum Wanderparkplatz Kohlstatt 2 ½ Std.; Gesamtgehzeit: 8 Std.
Gipfelabstecher: 20 Minuten vom Hüttenweg

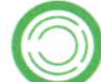

ANFORDERUNG

Hüttenwege: Über längere Passagen Forst- und Almwege (zu Beginn und am Ende der Wanderung), sonst schöne Bergwanderwege und Bergsteige. Trittsicherheit jedoch erforderlich.
Gipfelweg: leicht

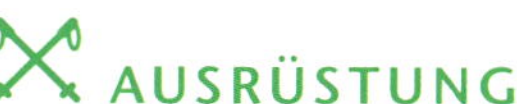

AUSRÜSTUNG

Normale Wanderausrüstung.

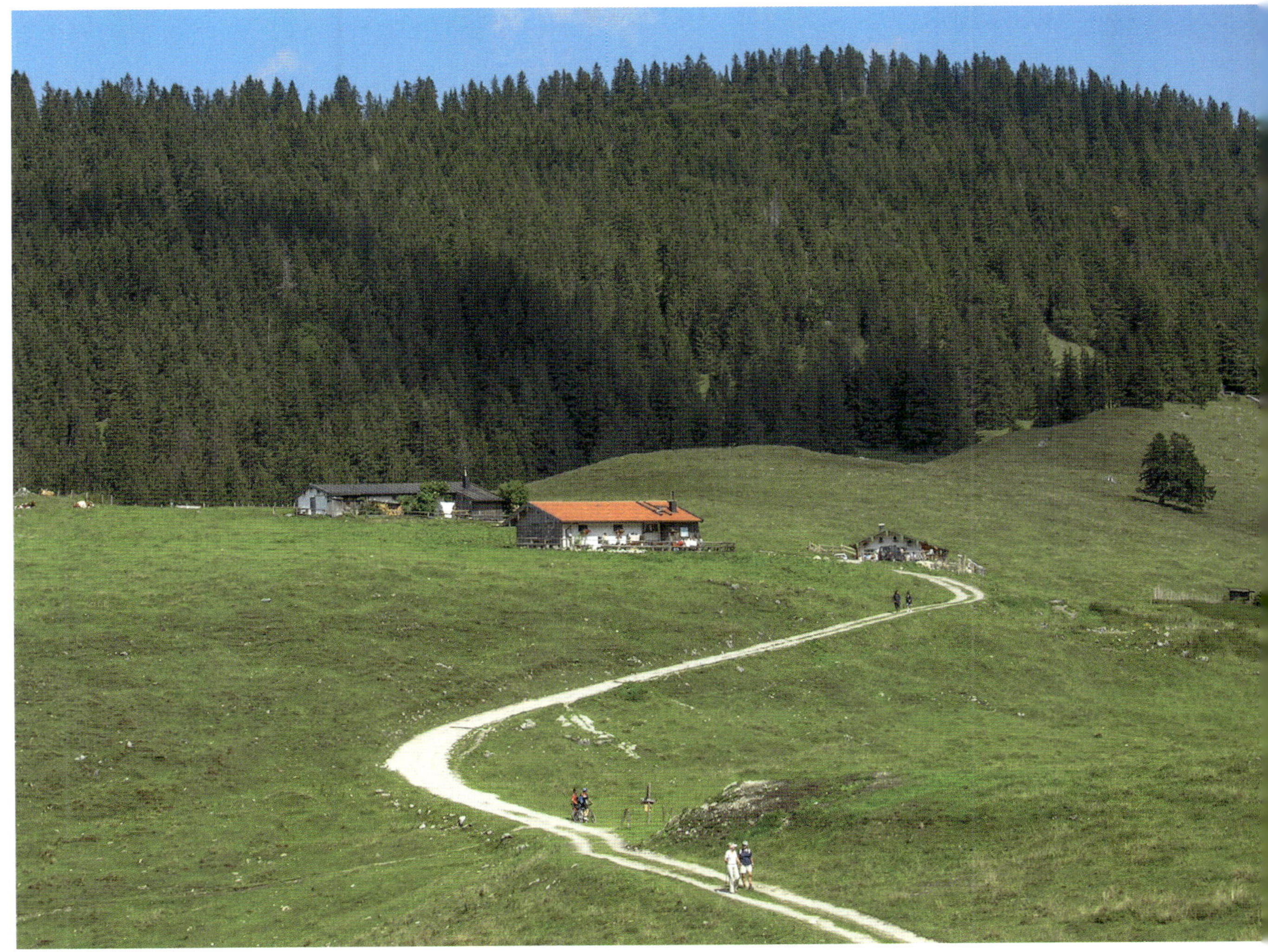

Die Jochbergalmen

EINKEHR & ÜBERNACHTUNG

Hinteralm, 1130 m: im Sommer einfach bewirtschaftet
Bischofsfellnalm, 1385 m: von Ende Mai/Anfang Juni bis Kirchweih einfach bewirtschaftet
Hochgernhaus, 1510 m: privat, ganzjährig bewirtschaftet, 15 Betten, 20 Lager, Tel. +49/172/315 35 07, www.hochgernhaus.de
Enzianhütte, 1380 m: knapp unter dem Hochgernhaus, privat, bewirtschaftet von Mai bis Oktober
Jochbergalm, 1266 m: im Sommer almtypisch bewirtschaftet
Falls uns nach der Tour der Hunger plagt: In Bergen selbst gibt es das **Gasthaus Schellenberg** und das **Gasthaus Post**. Empfehlenswert ist die **Klostergastätte Maria Eck** oberhalb von Bergen.

6 ÜBER DEM TAL DER TIROLER ACHEN

Schleching – Wuhrsteinalm – Priener Hütte – Dalsenalm – Sonnenalm – Piesenhausener Hochalm – Schleching

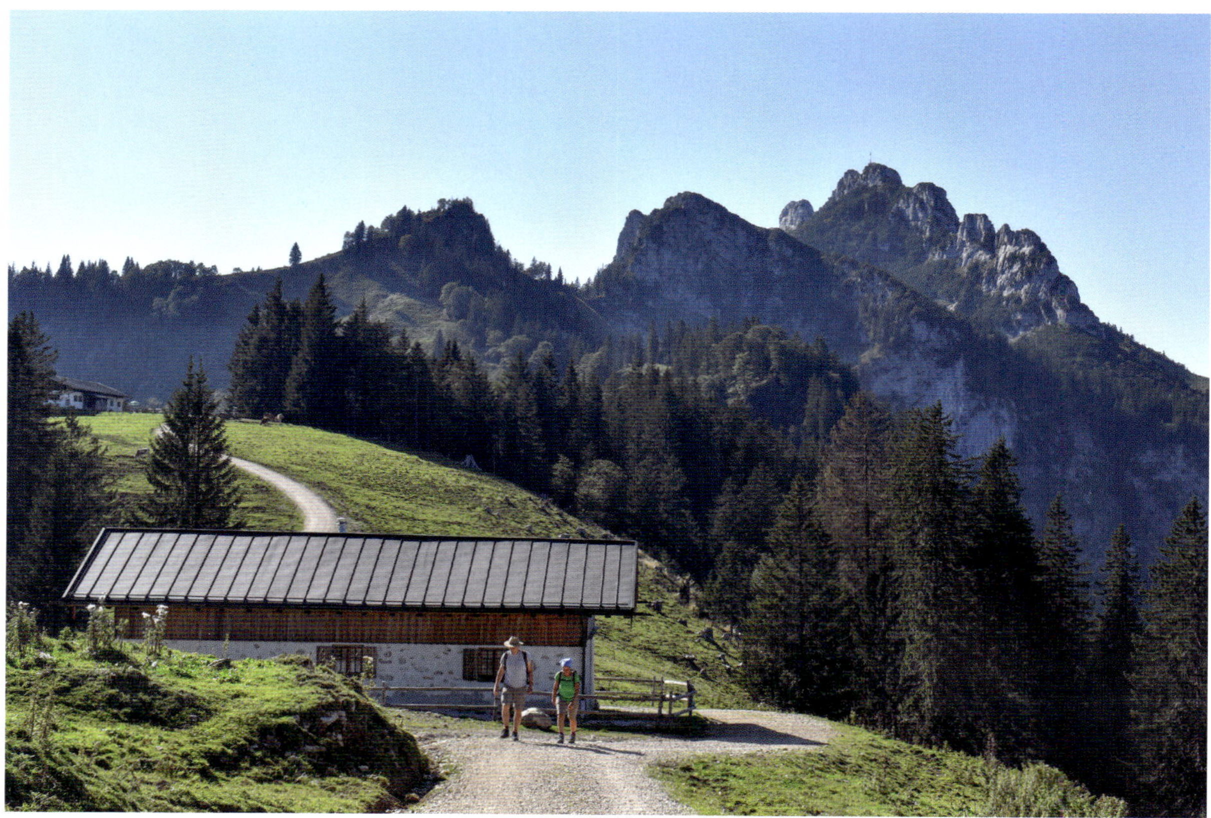

Piesenhausener Hochalm mit Kampenwand

Die Priener Hütte wirbt gerne damit, dass sie 365 Tage im Jahr geöffnet hat, aber ein paar Wochen Urlaub im Spätherbst und im Frühjahr sind für die Wirtsleute trotzdem drin. Dann müssen andere her, um den Betrieb aufrecht zu erhalten. Denn mit ihrer ganzjährigen Öffnungszeit steht diese Alpenvereinshütte im weiten Umkreis einzigartig da, und dieses Prädikat will man sich nicht leichtfertig nehmen lassen. Auf unserer großen Runde ist natürlich diese Unterkunft der Dreh- und Angelpunkt – schließlich gibt es hier sogar zwei Hüttengipfel. Eine weitere Übernachtungsmöglichkeit bietet die Sonnenalm bei der Kampenwandbahn. Entlang unserer Route haben wir noch zwei weitere markante Gipfel – die Kampenwand und die Hochplatte, wobei erstere natürlich den geübten Bergwanderer voraussetzt, während die Hochplatte ein leichter Gipfel ist. Die ganze Route lässt sich gut in zwei Tagen machen, aber ein Extra-Tag wäre auch nicht verkehrt, um die alpinen Highlights so richtig zu genießen.

Von Mühlau über die Wuhrsteinalm zur Priener Hütte

Vom Wanderparkplatz folgen wir der ausgeschilderten Route nach Süden, queren die Forststraße zu den Dalsenalmen und gehen westlich an Schleching vorbei – eines der typischen, noch bäuerlich geprägten Bauerndörfern im Chiemgau –, das sich seit einigen Jahren den Titel eines geprüften Bergsteigerdorfes erworben hat, und weiter nach Ettenhausen zur Talstation der (leider noch stillgelegten) Geigelsteinbahn. Dort folgen wir rechts dem gesperrten Fahrweg (Mark.-Nr. 208) durch Wald hinauf zur Wuhrsteinalm, dann dem Bergwanderweg durch Almwiesen weiter hinauf zur Wirtsalm, wo sich der Weg verzweigt. Links haltend gelangen wir auf markiertem Bergpfad in den Sattel, der den Geigelstein vom Breitenstein trennt. Ein überraschender Tiefblick zeigt uns bereits das Ziel: die Priener Hütte, die scheinbar tief unterhalb liegt. Nun wandern wir direkt hinab zum Alpenvereinshaus oder, falls genügend Zeit ist, entweder links hinauf zum Breitenstein oder rechts zum Geigelstein.

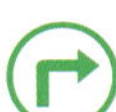

Gipfelabstecher zum Breitenstein

Geigelstein und Breitenstein sind wie ein Brüderpaar, das durch ein Joch verbunden ist. Beide Gipfel können wir in einer Rundtour verbinden. Von der Priener Hütte rechts haltend geht es kurz auf dem breiten Hüttenweg hinab, dann links dem Pfad folgend, der uns steil hinauf in das Joch zwischen beiden Gipfel leitet. Dort rechts weiter zum Gipfel des Breitensteins (1661 m), den ein schlichtes Holzkreuz ziert. Entweder wir gehen nun zurück zum Joch und links hinab zur Hütte oder geradeaus weiter steil hinauf zum Geigelstein, wo wir auf der Nordseite wieder Anschluss an den Hüttenverbindungsweg haben.

DER SPEZIAL-TIPP

Für ein klassisches „Abhängen" nach der Tour bietet sich der Wössener See bei Unterwössen (an der Straße in Richtung Reit im Winkl) an. Ein kleiner, sauberer See am Fuß des Rechenberges mit Parkplatz, Strandbad, Bootsverleih sowie „Gasthaus zum Seewirt" mit Biergarten und Kiosk.

Gipfelabstecher zum Geigelstein

Der Geigelstein ist nicht nur ein formschöner Berg, sondern kann auch mit üppigen Blumenteppichen aufwarten, die sich besonders im Frühjahr zu voller Pracht entfalten. Im Jahr 1991 wurde der Geigelstein deshalb zum Naturschutzgebiet erklärt.
Von der Priener Hütte folgen wir zunächst dem Weg zur Rossalm, biegen am Sattel oberhalb rechts ab und steigen über die Weidehänge zum Nordgrat an. Von dort führt rechts ein Pfad durch Latschen hinauf zum Gipfel mit Kreuz und kleiner Kapelle (1813 m). Hierher kommt man auch vom Sattel zwischen Geigelstein und Breitenstein.

KARTENHINWEIS Topographische Karte 1:50.000 „Chiemsee – Chiemgauer Alpen" (LDBV)

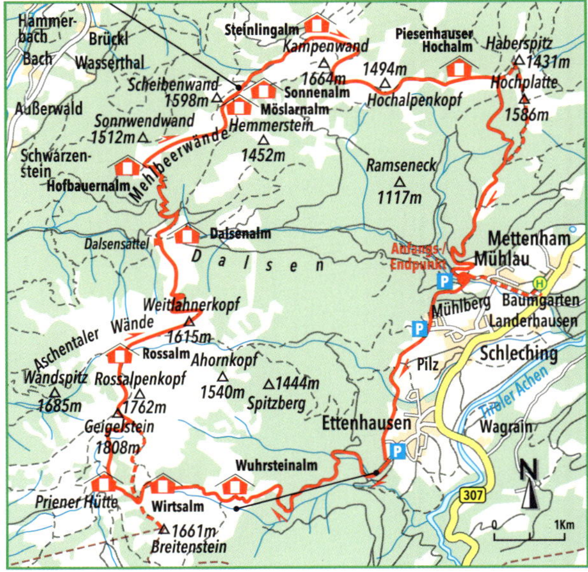

Von der Priener Hütte über die Hofbauernalm zur Sonnenalm

Vom Alpenvereinshaus folgen wir links haltend kurz dem Almweg, dann rechts haltend einem Wanderweg in Richtung Rossalm (Mark.-Nr. 207). Über Bergwiesen gelangen wir zu einem Sattel (rechts geht es zum Geigelstein) und links über die kleine Hochfläche hinab zur Rossalm. Weiter geht es auf Wanderweg hinab in die Mulde unterhalb des Tauron und rechts durch die freien Hänge hinauf zum Weitlahnerkopf mit einem unvermittelten Tiefblick auf die Dalsenalmen. Ein steiler Pfad führt hinab zu den Almen. Kurz davor bei der Wegverzweigung wandern wir links zu einem Sattel. Dort folgen wir dem Pfad hinauf in Richtung Hofbauernalm/Kampenwand, der uns durch Wald und über Bergwiesen zur bewirtschafteten Hofbauernalm (1379 m) leitet. Rechts haltend wandern wir unter den Mehlbeerwänden entlang und hinauf zur Bergstation der Kampenwandbahn. Von hier könnten wir nun bequem zu Tal schweben, falls wir die Tour hier abbrechen wollten. Rechts hinauf geht es zur Sonnenalm.

Die Kaisersäle an der Kampenwand

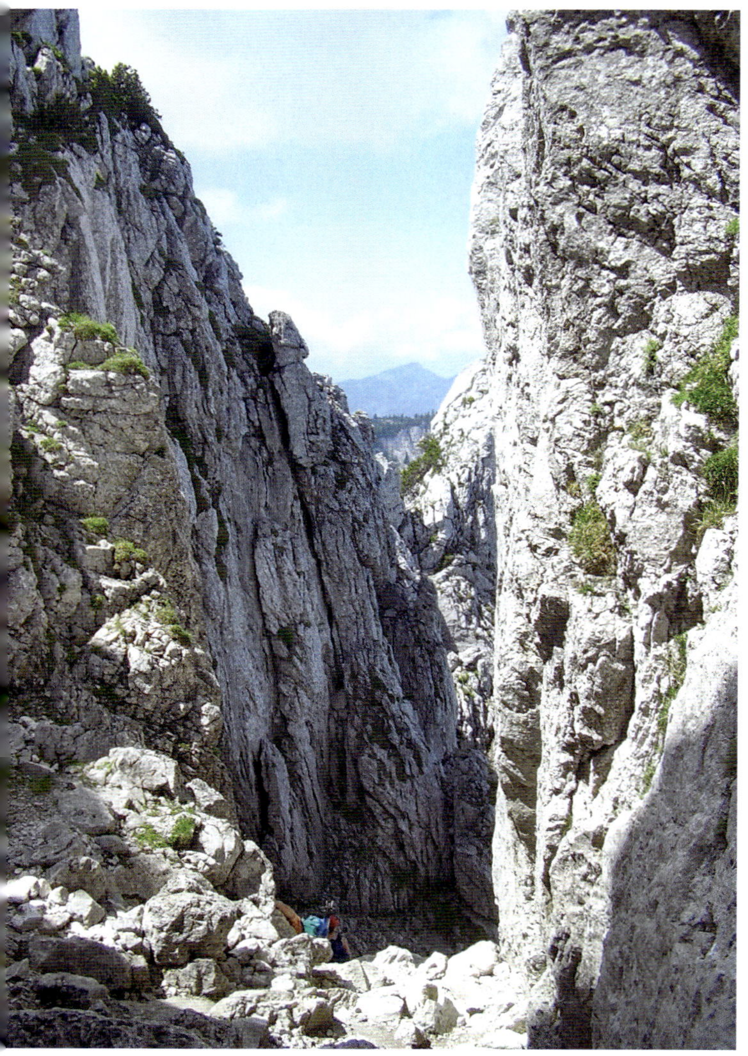

HINWEIS

Der Übergang von der Priener Hütte zur Dalsenalm ist in der Zeit von Anfang November bis Ende März aus Gründen des Naturschutzes gesperrt. Es soll damit während der Brutzeit die Population seltener Tiere geschützt werden.

Von der Sonnenalm zur Piesenhausener Hochalm

Zunächst wandern wir auf dem breiten Panoramaweg hinauf zu einem Sattel, dann leicht fallend mit freiem Blick auf den Chiemsee und das Alpenvorland hinüber zur nahezu ganzjährig bewirtschafteten Steinlingalm. Sie gehört zu den beliebtesten Einkehrstellen entlang unserer Route. Der Gipfelabstecher auf die Kampenwand ist von hier aus natürlich ein Muss. Anschließend geht es rechts um den Ostgipfel der Kampenwand herum (Mark.-Nr. 66 bzw. „Maximiliansweg“) und links haltend durch lichten Wald in die Einsenkung vor dem Hochalpenkopf hinab. Auf schmalen Steigen gelangen wir zur Piesenhausener Hochalm mit schöner Terrasse und freiem Blick nach Süden.

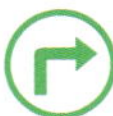

Gipfelabstecher zur Kampenwand

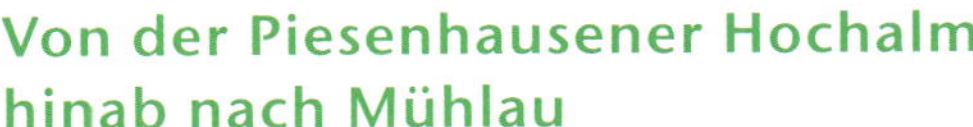

Der Inbegriff der Chiemgauer Berge: Die Kampenwand ist Teil eines langgestreckten Bergmassivs, das in seinem höchsten Teil mit einem hahnenkammartigen Felsgrat punktet.
Von der Steinlingalm gehen wir direkt auf den Felsriegel zu und folgen den Serpentinen durch Latschen hinauf zu den Felsen. Dort geht es links durch die „Kaisersäle“, einer kleinen Felsschlucht, zum Fuß des Ostgipfels, links haltend weiter über eine ausgesetzte Stelle (Drahtseilsicherung) auf die Ostseite, dann rechts über Serpentinen zum höchsten Punkt mit großem Gipfelkreuz (1669 m), der über eine kleine Eisenbrücke erreicht wird. Für Geübte führt ein steiler, gesicherter Steig hinab nach Süden zu unserer Hüttenroute (auf diese Weise müssen wir nicht zur Steinlingalm zurückkehren).

Von der Piesenhausener Hochalm hinab nach Mühlau

Von der Alm folgen wir dem breiten Almweg weiter in Richtung Osten durch eine Senke zu einer Weggabelung mit zahlreichen Wegweisern. Dort geht rechts der Steig nach Schleching bzw. Mühlau ab. Kurz wandern wir auf breitem Weg zur Bergwachthütte, dann auf schmalem Steig (Mark.-Nr. 62) weiter durch Wald – zunächst nur leicht fallend im Linksbogen um die Hochplatte herum. Bei einer Wegverzweigung geht es rechts weiter und bald sehr steil zunächst durch lichten Wald, dann über freie Hänge hinab zur Oberauerbrunstalm. An dieser links vorbei, dann auf breiterem Wanderweg, zuletzt auf Forststraße hinab zum Wanderparkplatz in der Mühlau.

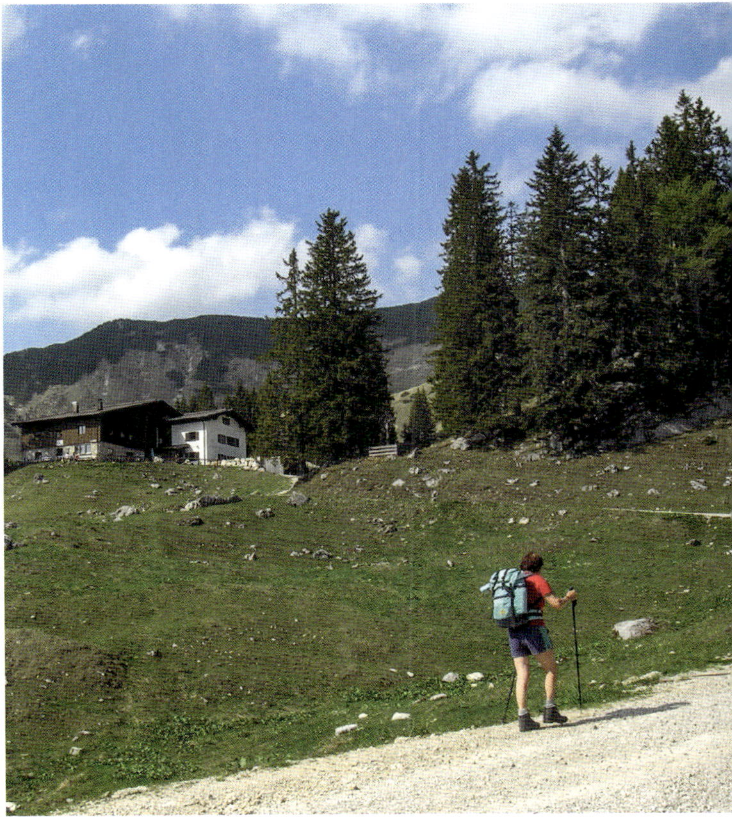

Die letzten Meter zur Priener Hütte

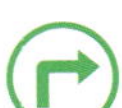

Gipfelabstecher zur Hochplatte

Bevor wir nach Mühlau absteigen, können wir mit einem Schlenker die Hochplatte mitnehmen. Sie bietet uns einen besonderen Panorama-Rundblick – mit der Kampenwand als großartigen Blickfang. Wo der Weg in Richtung Mühlau abzweigt, gehen wir geradeaus weiter hinauf auf einen Sattel. Dort folgen wir rechts dem schmalen Pfad in direkter Linie hinauf zum Gipfel mit Kreuz (1567 m). Wir können den Gipfel auch überschreiten und dem Pfad in südlicher Richtung folgen, der dann auf einer Höhe von 1300 Meter auf unseren Abstiegsweg nach Mühlau trifft (nur für geübte Bergwanderer).

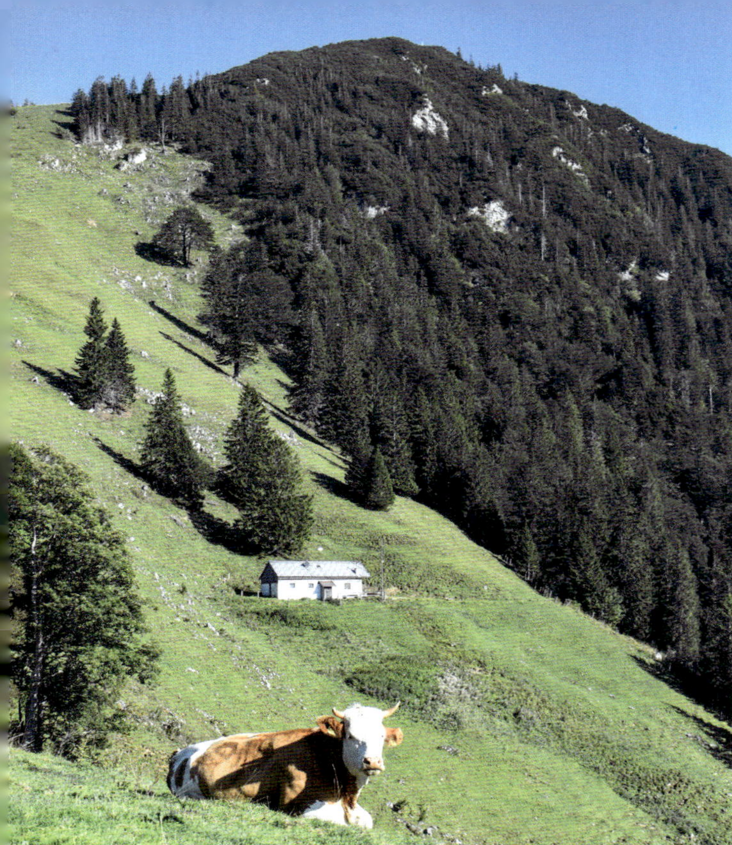

Blick auf die Hochplatte von Westen

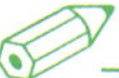 TOURISTINFO

Tourist-Information, Schulstraße 4, 83259 Schleching/Obb., Tel. +49/8641/ 597 91 13, www.schleching.de

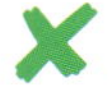 AUSGANGS- UND ENDPUNKT

Wanderparkplatz Mühlau (669 m) bei Schleching

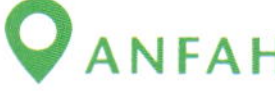 ANFAHRT

Mit dem Auto: Auf der A8 bis Ausfahrt Bernau, dann über Marquartstein in Richtung Schleching; kurz hinter Mettenham rechts ab nach Mühlau; dort vor der Mühlbachbrücke rechts und auf der Ortsstraße noch 600 Meter bis zum Wanderparkplatz (gebührenpflichtig) am Ende der öffentlichen Straße.
Mit Bahn & Bus: Mit der Bahn bis Bernau oder Übersee, dann weiter mit dem Oberbayernbus (9509) in Richtung Schleching bis zur Haltestelle Mühlau; von dort weiter zu Fuß nach Mühlau.

 BERGBAHN

Kampenwandbahn: Kleinkabinenbahn von Hohenaschau zur Sonnenalm (Talstation 620 m; Bergstation 1450 m). Betriebszeiten während der Wandersaison: Von 9–17 Uhr bzw. vom 1. Juli bis Mitte September bis 18 Uhr, Tel. +49/8052/90 64 40, www.kampenwand.de

 GEHZEITEN

Von Ettenhausen zur Wuhrsteinalm 1½ Std., Übergang zur Priener Hütte 2 Std., weiter zur Sonnenalm 3¾ Std., Übergang zur Piesenhauser Hochalm 2½ Std., Abstieg nach Mühlau 2 Std.; Gesamtgehzeit: ca. 12 Std.
Gipfelabstecher: Von der Priener Hütte auf den Geigelstein 2½ Std.; auf den Breitenstein 1½ Std.; von der Steinlingalm auf die Kampenwand 1¼ Std. für Auf- und Abstieg; Abstecher zur Hochplatte ¾ Std. vom Sattel

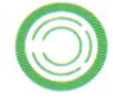 ANFORDERUNG

Hüttenwege: Der Anstieg bis zur Wuhrsteinalm erfolgt auf Wirtschaftsweg, dann Bergsteige und leichte Bergwanderwege. Der Übergang von der Kampenwand zur Hochplatte und der Abstieg nach Mühlau setzt Trittsicherheit und an ein paar Stellen auch Schwindelfreiheit voraus.
Gipfelwege: Geigelstein und Breitenstein sind über Bergsteige und Pfade erreichbar, Trittsicherheit ist erforderlich. Der Aufstieg zum Ostgipfel der Kampenwand erfordert Trittsicherheit und Schwindelfreiheit, ein ausgesetztes Stück ist mit Drahtseil gesichert, am Gipfel gibt es eine kurze Eisenbrücke. Die Hochplatte ist auf Bergpfad über freies Gelände zu erreichen.

 AUSRÜSTUNG

Normale Wanderausrüstung

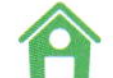 EINKEHR & ÜBERNACHTUNG

Wuhrsteinalm, 1120 m: Berggasthof, bewirtschaftet von Mai bis Oktober, 39 Betten, Übernachtung

nur nach Voranmeldung, Tel. +49/8649/98 63 84, www.wuhrsteinalm.de
Wirtsalm, 1420 m: Im Sommer almtypisch bewirtschaftet
Priener Hütte, 1410 m: Alpenvereinshütte der Kat. II, ganzjährig bewirtschaftet, von Mitte September bis Ende Mai Montag und Dienstag Ruhetag, 36 Betten, 35 Lager, Tel. +49/8057/428, www.priener-huette.de
Hofbauernalm, 1379 m: Von Anfang Juni bis Mitte/Ende September einfach bewirtschaftet
Möslarnalm, 1450 m: einfach bewirtschaftet
Sonnenalm, 1467 m: Berggasthof, nahezu ganzjährig bewirtschaftet, 64 Betten, Übernachtung jedoch nur für Gruppen nach Voranmeldung, Tel. +49/8052/906 440, www.kampenwand.de
Steinlingalm: 1473 m: Ganzjährig bewirtschaftet, Montag Ruhetag, Tel. +49/8052/29 62, www.steinlingalm.de
Piesenhausener Hochalm, 1319 m: Von Mitte Mai bis Mitte Oktober bewirtschaftet, Tel. +49/8641/59 23 74, www.naderbauer.de

Der Hirschfelsen am Weg zur Steinlingalm

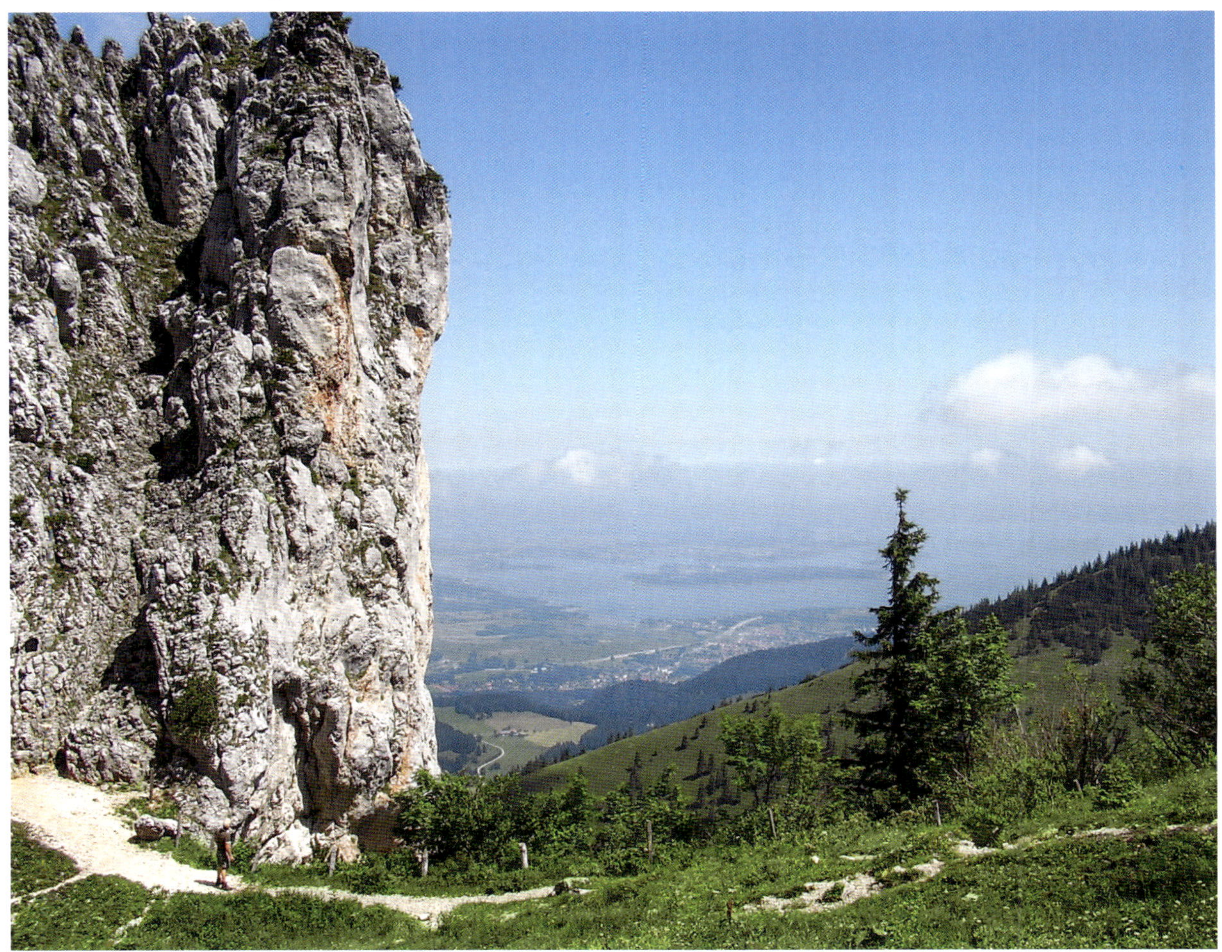

7 ZWISCHEN ZAHMEM UND WILDEM KAISER

Kufstein – Anton-Karg-Haus – Hinterkaiser – Stripsenjochhaus – Vorderkaiserfeldenhütte – Ritzaualm – Kufstein

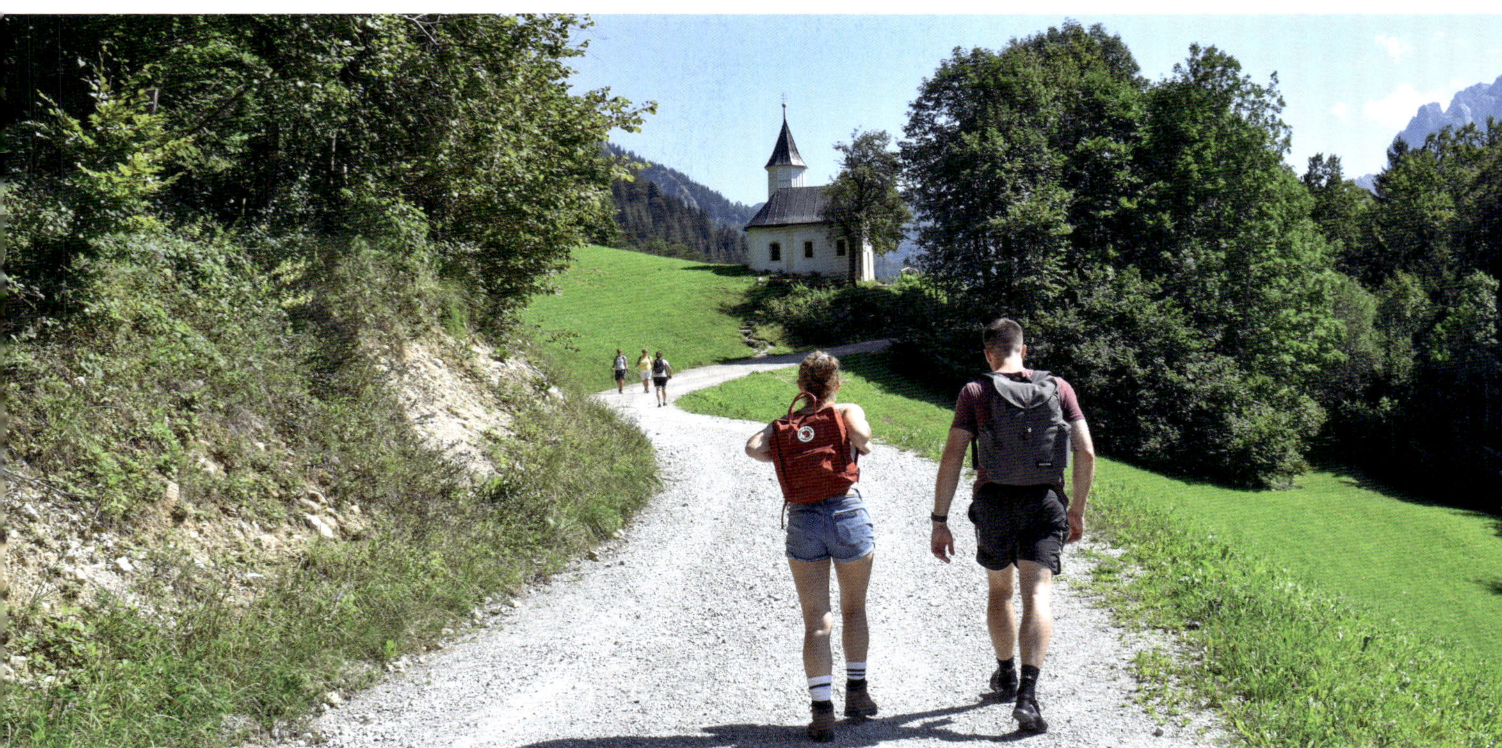

Im Kaisertal – im Hintergrund die Antonikapelle

Das Kaisergebirge gilt normalerweise als das Reich der Kletterer, denn es weist eine dichte Abfolge an Felsgipfeln auf, die für den normalen Bergsteiger tatsächlich unerreichbar sind. Doch dieses Felsenmassiv ist zweigeteilt – zwischen dem Wilden Kaiser und dem Zahmen Kaiser. Und genau zwischen diesen langen Felskämmen befindet sich das Kaisertal, das eines der schönsten Alpentäler schlechthin ist. Entlang unserer Runde in diesem wirklich beeindruckenden Hochtal finden wir auch altehrwürdige Berggasthöfe, Alpenvereinshütten und eine Unterkunftshütte des Touristenvereins „Die Naturfreunde". Wir haben also die Wahl.

Wendepunkt unserer Tour ist das große Stripsenjochhaus, wo wir gut ein paar Nächte verbringen können, denn es ist ein idealer Ausgangspunkt für einige Gipfelabstecher – in unserem Fall für die Hintere Goinger Halt, den Stripsenkopf oder auch dem Feldberg. Allein schon die Lage dieses traditionsreichen Alpenvereinshauses ist ein alpines Highlight – denn als Bergwanderer kommt man den Felsen des Wilden Kaisers selten so nah.

Den Rückweg treten wir dann durch die sonnenverwöhnte Südflanke des Zahmen Kaisers an und verspüren auch wohl noch die Verlockung, einen Abstecher zur Pyramidenspitze einzulegen. Falls uns der Sinn nach einer weiteren Hüttenübernachtung auf der Vorderkaiserfeldenhütte steht, bieten sich zusätzlich die Naunspitze und das Petersköpfl als weitere kleine Gipfel an, bevor wir wieder hinab ins Inntal steigen.

Von Kufstein über das Anton-Karg-Haus zum Stripsenjochhaus

Am Wanderparkplatz in Sparchen gehen wir zum Bergfuß und folgen den Ausschilderungen über die steile Sparchenstiege durch Wald hinauf ins Kaisertal. Dort wandern wir nunmehr auf breitem Talweg (Mark.-Nr. 801; links endet bald der neue Tunnel für Pkws), vorbei am Veitenhof (kurz danach geht es links hinauf zur Vorderkaiserfeldenhütte) und weiter zum bewirtschafteten Pfandlhof. Wir nehmen nun den alten Kaisertalweg über die Antoniuskapelle, der uns ein herrliches Bergpanorama beschert, zum altehrwürdigen Hinterkaiserhof mit seiner großen einladenden Terrasse. Durch Bergwiesen und Wald geht es weiter talein (Mark. E4); dabei kommen wir den Felskolossen des Wilden Kaisers immer näher. Nun steigen wir wieder hinab

DER SPEZIAL-TIPP

Die Heldenorgel in der Festung Kufstein ist die größte Freiorgel der Welt und wurde im Jahre 1931 vom Orgelbauer Oskar Walcker zum Gedenken an die Gefallenen des Ersten Weltkriegs erbaut. 46 Register ließen 4307 Pfeifen klingeln. Während der Generalsanierung und technischen Modernisierung der Orgel im Jahre 2009 wurde sie auf 65 Register und 4948 Pfeifen erweitert. Eine Besonderheit ist das eingebaute Glockenspiel mit 18 Röhrenglocken. Die Orgel ertönt täglich um 12 Uhr und in den Monaten Juli und August zusätzlich um 18 Uhr. Die Reichweite beträgt 10 bis 14 Kilometer; somit sind die Klänge bis zu den Spitzen des Wilden Kaisers zu hören.

KARTENHINWEIS

Freytag & Berndt-Wanderkarte 301 „Kufstein – Kaisergebirge – Kitzbühel" im Maßstab 1:50.000

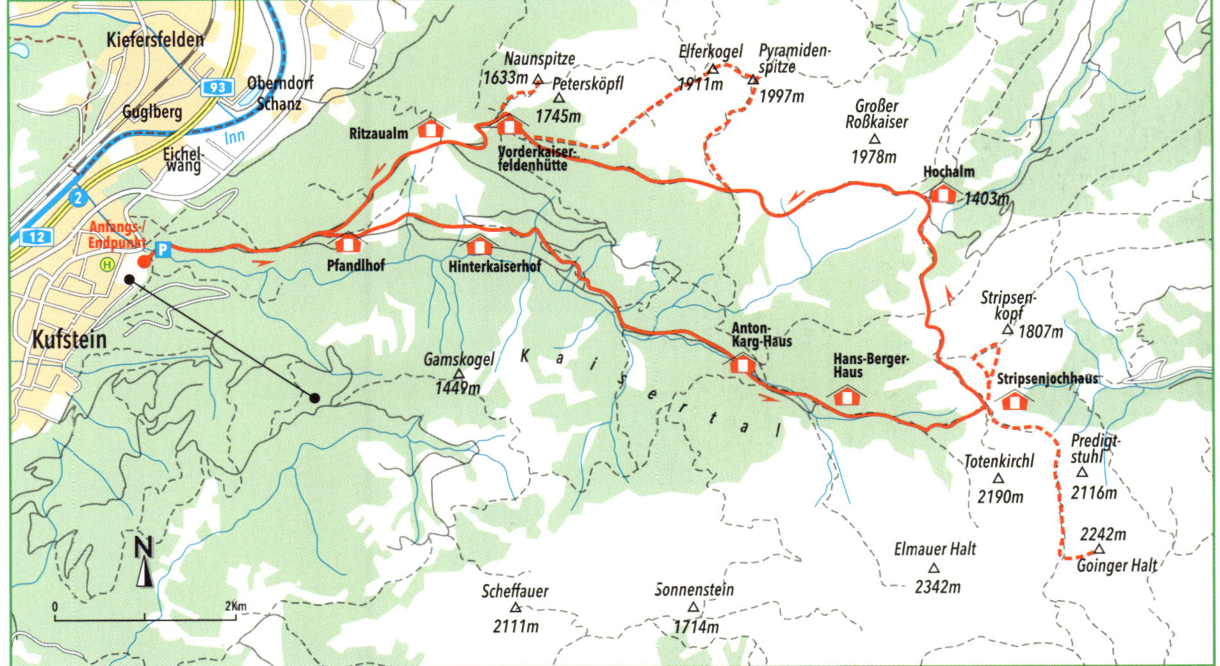

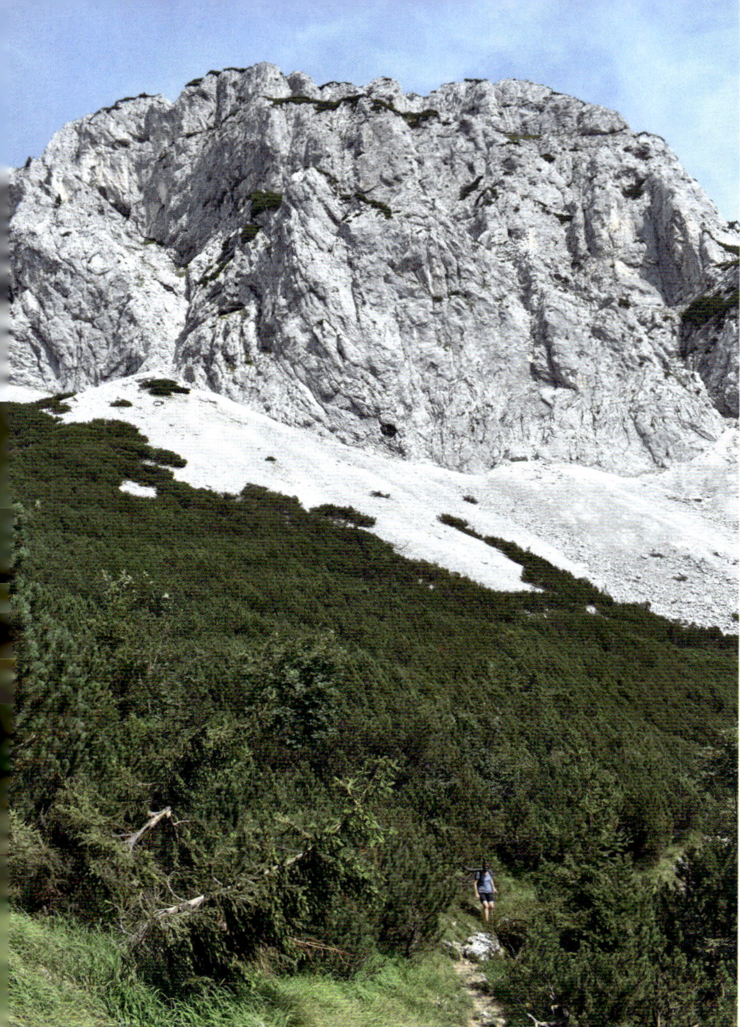

Blick auf die Kesselschneid

zum Talgrund und bald ist – nach einem leichten Anstieg – das Anton-Karg-Haus in Hinterbärenbad erreicht. Ein alter Saumweg bringt uns zum Hans-Berger-Haus (Kaisertalhaus). Der Weg wird nun zum Steig, führt weiter durch Wald bergan und windet sich zuletzt in Kehren hinauf zum Stripsenjochhaus im gleichnamigen Joch.

 Gipfelabstecher zur Hinteren Goinger Halt

Er ist der leichteste der ansonsten anspruchsvollen Gipfel des Wilden Kaisers. Der Zugang zu diesem Gipfel erfolgt über das Ellmauer Tor, das wandertechnisch schwerer zu erreichen ist als der Gipfel selbst.

Vom Stripsenjochhaus folgen wir zunächst den Kehren hinab in Richtung Griesner Alm, bis bei der untersten Serpentine rechts der Eggersteig zum Ellmauer Tor abzweigt; er leitet an die Felsen der Fleischbank heran und führt dann leicht bergan über den hier plattigen Nordfuß. Etwas absteigend erreichen wir die Steinerne Rinne. Auf der linken Seite der schmalen Rinne geht es in Serpentinen über plattige Felsstufen, die mit Seilsicherungen und künstlichen Tritten etwas entschärft sind, und zuletzt in weniger steilem Gelände hinauf ins Ellmauer Tor, das uns einen herrlichen Blick auf die andere Seite des Kaisergebirges offeriert. Vom weiten Ellmauer Tor (1995 m) führt links der steile, aber gut begehbare Steig hinauf zur Hinteren Goinger Halt (2102 m).

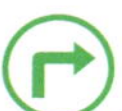 Gipfelabstecher zum Stripsenkopf

Der kleine Hüttengipfel des Stripsenjochhauses ist nur eine kleine Erhebung, bietet aber einen großartigen Blick auf die Felsgipfel des Wilden Kaisers. Ein markierter Bergwanderweg leitet uns zunächst hinauf zum Tavonarokreuz; von dort geht es weiter in Serpentinen (eine schrofige Passage mit Drahtseil gesichert) bergan. Bei der folgenden Wegverzweigung halten wir uns links und steigen hinauf zum Stripsenkopf (1807 m).

Vom Stripsenjochhaus über die Hochalm zur Vorderkaiserfeldenhütte

Bei den Wegweisern auf der Nordseite des Alpenvereinshauses folgen wir der Ausschilderung zur Vorderkaiserfeldenhütte (Mark.-Nr. 811). Zunächst geht es auf Bergwanderweg durch eine grüne Wiese, dann durch Latschengebüsch – seitlich am Stripsenkopf vorbei – und schließlich durch freies Gelände hinab zum Feldalmsattel (1433 m). Jenseits führt der Weg wieder hinauf, seitlich am Ropanzen vorbei und hinab zur bewirtschafteten Hochalm (1403 m). Vor uns erhebt sich nun der gesamte Bergkamm des Zahmen Kaisers. Nach der Hochalm biegt unser Weg nach links und steigt durch Bergweiden an; bald tauchen wir jedoch in Latschengebüsch ein und queren zahlreiche Gräben. Unser Weg wird nun streckenweise recht anstrengend, da wir zahlreiche Schotterpassagen passieren müssen und der Höhenweg zudem in einer Abfolge von kurzen An- und Abstiegen durch die Südseite des Zahmen Kaisers verläuft. Schließlich tauchen wir in ein Waldstück ein, wo uns bald ein Wegweiser den kürzesten Anstieg zur Pyramidenspitze weist. Wir folgen jedoch weiter unserem Höhenweg – im Wechsel von Latschen und schotterigen Karen –, bis wir endlich die Vorderkaiserfeldenhütte mit ihrer großartigen Aussicht über das Inntal und ihrer ebenso großartigen Südterrasse erreichen.

Gipfelabstecher zur Pyramidenspitze

Der Anstieg zum zweithöchster Gipfel (1997 m) des Zahmen Kaisers (höchster Gipfel ist die nahezu unbekannte Vordere Kesselschneid) ist nur eine Frage des Gipfelsammelns, denn die großartige Aussicht auf die Nordabstürze des Wilden Kaisers können wir bereits vom Höhenweg aus genießen. Der Anstieg vom Höhenweg beginnt in einem Waldstück, etwa 2½ Std. nachdem wir das Stripsenjochhaus verlassen haben (Wegweiser). Der Steig führt durch das mit Latschen bewachsene Ochsenweidkar links der Kesselschneid steil hinauf zu einer Einsenkung links des Gipfels, dem sogenannten Vogelbad. Dort geht es rechts über grasige Hänge hinauf zum Gipfel mit Kreuz (1997 m). Der Abstieg erfolgt westwärts wieder hinab ins Vogelbad, weiter durch eine steile Rinne hinauf zum Elferkogel. Kurz danach zweigt unser Steig (Mark.-Nr. 836) links ab und führt durch die Vordere Steingrube zurück zu unserem Hüttenweg.

Gipfelabstecher zu Naunspitze und Petersköpfl

Die der Vorderkaiserfeldenhütte nächstgelegenen Hüttengipfel erreichen wir über einen angelegten Steig. Von der Alpenvereinshütte folgen wir diesem gut markierten Weg zunächst durch lichten Wald und steigen dann über Serpentinen hinauf zu einer Scharte. Dort halten wir uns links und gelangen über den schrofigen Gipfelhang hinauf zum Gipfelkreuz (1633 m). Um das gut hundert Meter höhere Petersköpfl zu erreichen, steigen wir auf der Route in Richtung Pyramidenspitze weiter an (Mark.-Nr. 835), bis rechts der kurze Gipfelweg abzweigt.

Wildbienenhotel im Kaisertal

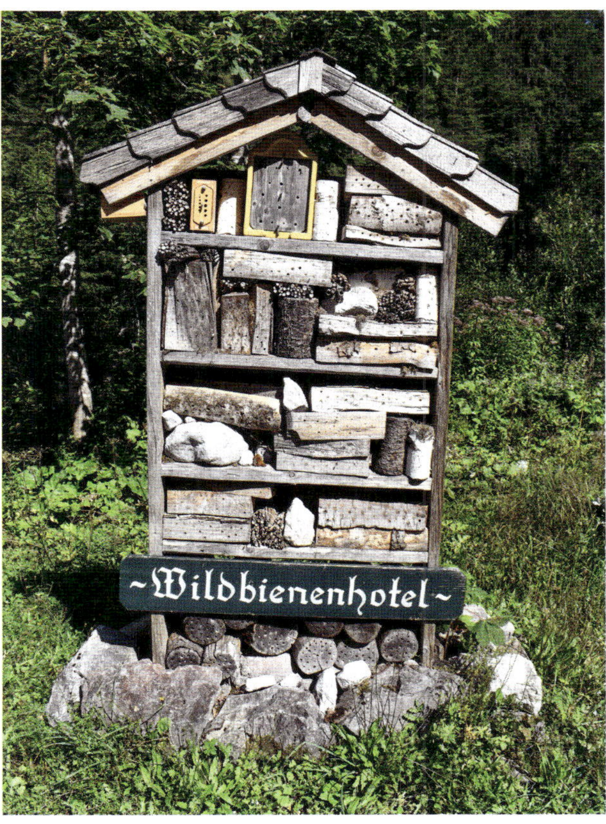

Abstieg von der Vorderkaiserfeldenhütte nach Kufstein

Vom Alpenvereinshaus folgen wir dem Wirtschaftsweg in Kehren hinab zur Ritzaualm, wo wir nochmals einkehren könnten. Dort halten wir uns rechts und gehen ein kurzes Stück auf einem Wirtschaftsweg nahezu eben nach rechts, bis linker Hand ein Steig (Mark.-Nr. 816) steil und überwiegend durch Wald hinab ins Kaisertal führt. Dieses erreichen wir bereits nach dem Pfandlhof, sodass keine Möglichkeit mehr zur Einkehr besteht. Wir wandern nun talauswärts, vorbei am Veitenhof, der zur Zeit nicht bewirtschaftet ist, und kommen dann bald zu dem Treppenweg, der uns über zahlreiche Stufen hinab zum Wanderparkplatz führt.

Übergang zur Hochalm

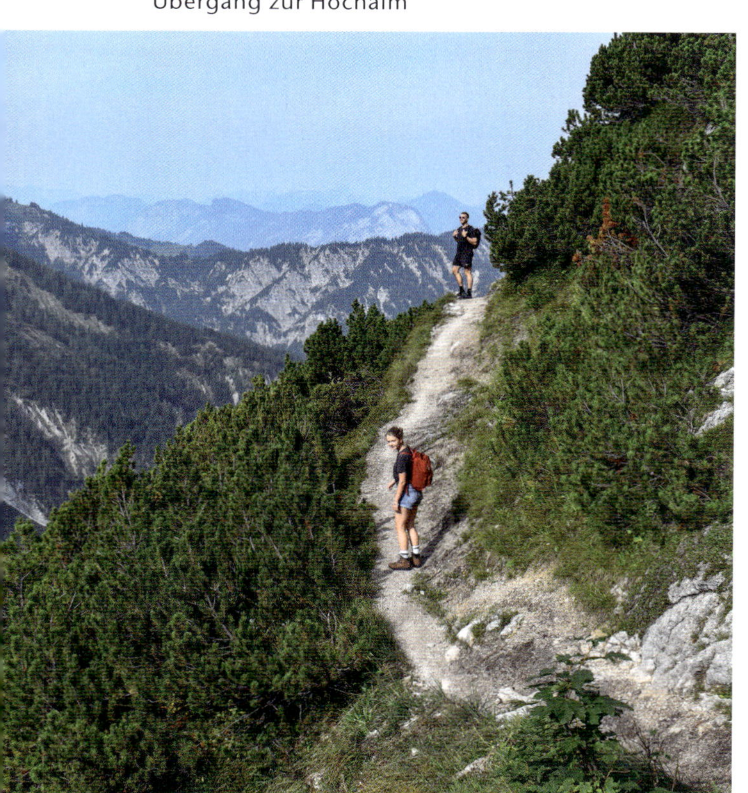

TOURISTINFO

Tourismusverband Ferienland Kufstein, Unterer Stadtplatz 8, A-6330 Kufstein, Tel. +43/5372/622 07, www.kufstein.at

AUSGANGS- UND ENDPUNKT

Kufstein (499 m)

ANFAHRT

Mit dem Auto: Auf der A 8 bis Inntaldreieck, dann weiter auf der Inntalautobahn bis Kufstein-Nord; im Kreisverkehr weiter Richtung Ebbs (B 175), nach etwa einem Kilometer Abzweigung nach rechts zum großen Wanderparkplatz Kaisertal (gebührenpflichtig).

Mit Bahn & Bus: Mit der Bahn nach Kufstein, von dort entweder weiter zu Fuß oder mit dem Stadtbus in Richtung Kaisertal zum Wanderparkplatz Sparchen.

GEHZEITEN

Von Kufstein durchs Kaisertal zum Stripsenjochhaus 4½ Std., weiter zur Vorderkaiserfeldenhütte 4½ Std., Abstieg nach Kufstein 2¼ Std.; Gesamtgehzeit: ca. 11½ Std.

Gipfelabstecher: Vom Stripsenjochhaus zur Hinteren Goinger Halt 3¾ Std.; vom Stripsenjochhaus zum Stripsenkopf 1½ Std.; von der Vorderkaiserfeldenhütte auf die Naunspitze bzw. auf das Petersköpfl 1¼ Std.; Abstecher vom Höhenweg 811 auf die Pyramidenspitze 1¼ Std., Abstieg zum Höhenweg 1½ Std.

ANFORDERUNG

Hüttenwege: Lange und konditionell fordernde Tour. Durchs Kaisertal überwiegend breite Wanderwege; der Höhenweg durch die Südseite des Zahmen Kaisers setzt Trittsicherheit voraus.

Gipfelwege: Zur Hinteren Goinger Halt (der Eggersteig ist mit Drahtseilen gesichert) anspruchsvoll,

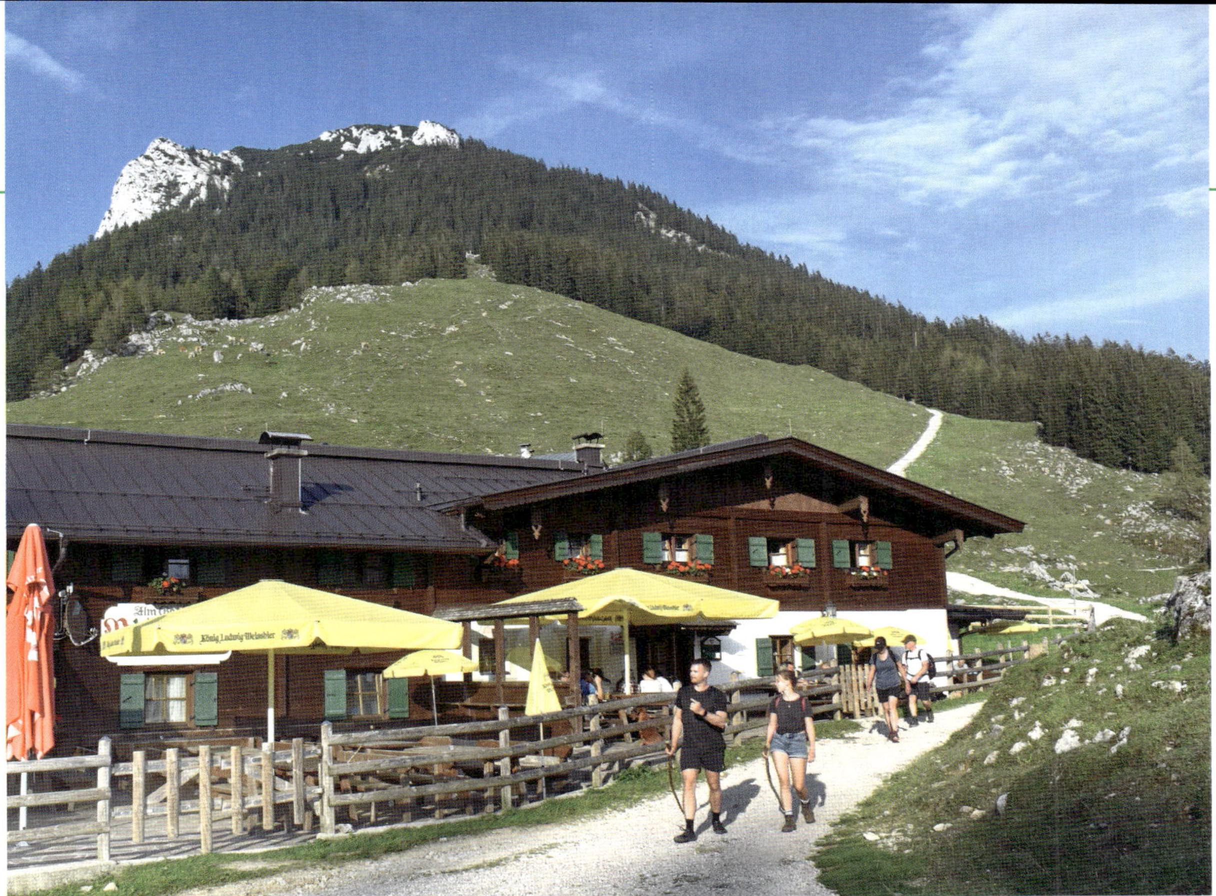

Ritzaualm mit Naunspitze

die anderen Gipfel setzen Trittsicherheit und Schwindelfreiheit voraus; der Stripsenkopf ist leicht, weist aber eine seilgesicherte Stelle auf.

AUSRÜSTUNG

Normale Wanderausrüstung; für den Eggersteig zum Ellmauer Tor (Gipfelabstecher zur Hinteren Goinger Halt) sollte man eine Klettersteigsicherung dabeihaben.

EINKEHR & ÜBERNACHTUNG

Veitenhof, 709 m: ganzjährig bewirtschaftet, Dienstag Ruhetag, 15 Betten, Tel. +43/5372/634 15, zur Zeit (2022) geschlossen
Pfandlhof, 783 m: ganzjährig bewirtschaftet, Donnerstag Ruhetag, 20 Betten, Tel. +43/5372/62118, www.pfandlhof.at
Hinterkaiserhof, 843 m: ganzjährig geöffnet, 10 Betten, Tel. +43/5372/62574
Anton-Karg-Haus, 829 m: Alpenvereinshaus der Kat. I, von Anfang Mai bis Mitte Oktober bewirtschaftet, 30 Betten, 70 Lager, Tel. +43/5372/625 78, www.hinterbaerenbad.com
Hans-Berger-Haus (Kaisertalhaus), 936 m: TVN-Hütte, von Anfang Mai bis Anfang November bewirtschaftet, 20 Betten, 45 Lager, Tel. +43/5372/625 75, www.kaisergebirge-online.de
Stripsenjochhaus, 1577 m: Alpenvereinshaus der Kat. I, von Mitte Mai bis Anfang Oktober bewirtschaftet, 50 Betten, 62 Lager, Tel. +43/664/355 90 94, www.stripsenjoch.at
Hochalm, 1403 m: Im Sommer einfach bewirtschaftet
Vorderkaiserfeldenhütte, 1388 m: Alpenvereinshütte der Kat. I, nahezu ganzjährig bewirtschaftet, von ca. Ende Januar bis Ende Februar geschlossen, 31 Betten, 56 Lager, Tel. +43/5372/634 82, www.vorderkaiserfelden.com
Ritzaualm, 1161 m: privat, nahezu ganzjährig bewirtschaftet, Montag Ruhetag, Übernachtung in DZ und Mehrbettzimmern, Tel. +43/5372/636 24, www.ritzaualm.com

8 HÖHENROUTE ÜBER DEM ACHENSEE

Maurach – Erfurter Hütte – Dalfazalm – Steinernes Tor – Kotalm – Köglalm – Achensee

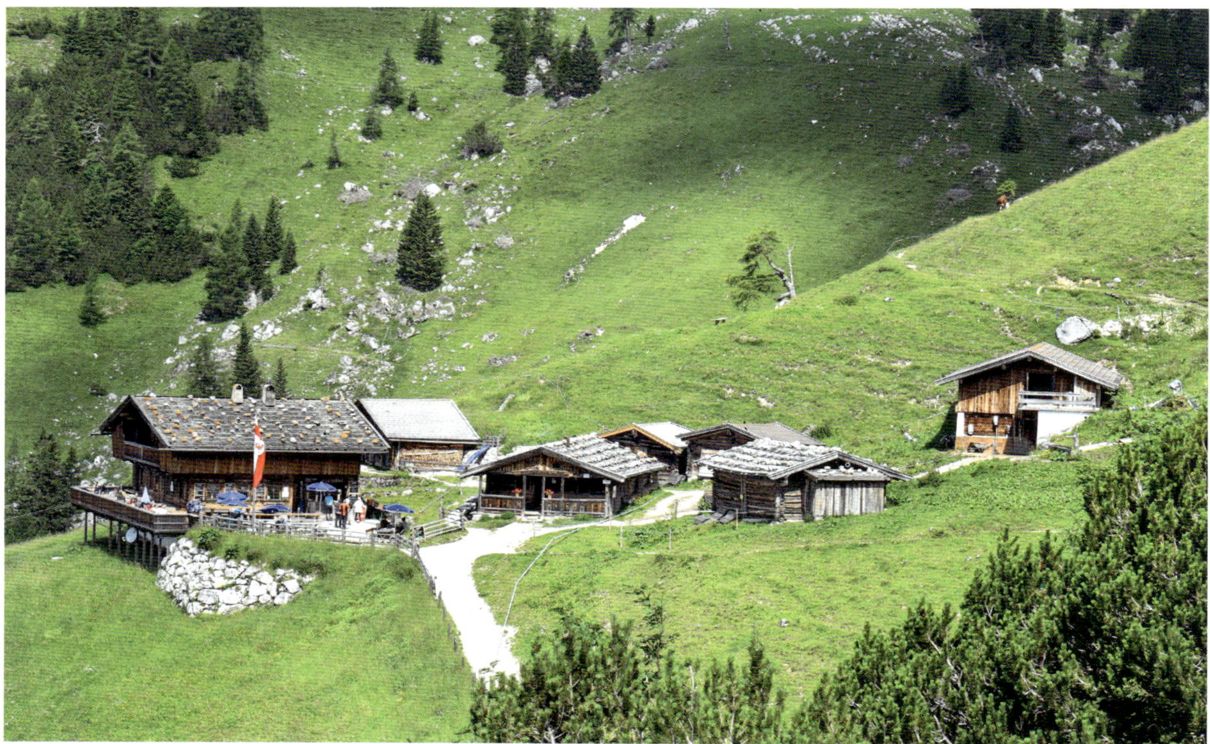

Blick auf die Dalfazalm

Das Wandergebiet rund um den Achensee bietet nicht nur aussichtsreiche Gipfel und gemütliche Alpenvereinshütten, sondern noch weitere touristische Attraktionen. So verkehrt zwischen dem Bahnhof Jenbach im Inntal und dem Achensee neben den regulären Postbussen regelmäßig ein Nostalgie-Dampfzug, der bereits die Anreise zu einem Erlebnis macht. Auf dem Achensee pendeln zudem Schiffe, sodass für Abwechslung gesorgt ist.

Der Westabfall des Rofangebirges zum Achensee zeigt, dass diese sonnigen Hänge schon seit langer Zeit landwirtschaftlich genutzt werden. Wir sollten also auf der Erfurter Hütte oder im Berggasthof Rofan für ein paar Tage Quartier beziehen. Auf der nahe gelegenen Dalfazalm können wir sogar einen Einblick bekommen, wie das Wirtschaften auf der Alm früher funktionierte, denn die alte Sennhütte aus dem Jahre 1664 steht noch (sie ist mit einer offenen Feuerstelle und einem historischen Butterkessel ausgestattet). Übernachten können wir dann im relativ neu erbauten Almgasthof, der aber schon Patina angesetzt hat und dem man auch das klassische Schindeldach nicht versagt hat. Reizend auch die im Jahre 1956 neu erbaute Köglalm, auf der es noch kuhfrische Milch gibt. Wenn wir mit dem Höhenweg nicht ausgelastet sind, haben wir die Möglichkeit zwei Gipfelabstecher einzulegen: zum Rofan-Gipfel, der auch für Normalwanderer machbar ist, und zur Hochiss, dem höchsten Gipfel des Rofangebirges, der jedoch Bergerfahrung voraussetzt.

Von der Erfurter Hütte zur Dalfazalm

Um ganz schnell die Aussicht von oben zu genießen, benutzen wir natürlich die Rofanbahn hinauf zur Erfurter Hütte. Von dort wandern wir zuerst die wenigen Meter hinab zur Wegverzweigung mit der großen Infotafel (nur wenige Meter oberhalb liegt die reizvolle kleine, bewirtschaftete Mauritzalm). Dort links haltend geht es auf dem breiten und aussichtsreichen Wanderweg (Mark.-Nr. 413) über Bergwiesen hinab in ein bewaldetes Hochtal, das sich zwischen Gschöllkopf und der Rotspitze hinauf zu den Dalfazer Wänden zieht. Bald sehen wir einen Wegweiser, der uns zu einem Familienklettersteig leiten will. Wir steigen wieder leicht an, und im Auf und Ab durch Wald und freie Hänge erreichen wir einen Aussichtspunkt oberhalb der Durrawand mit herrlichem Tiefblick auf den Achensee. Zuletzt geht es leicht fallend hinab zum kleinen Alm-Ensemble der Dalfazalm, die in einem schönen Wiesenhang liegt. Dort können wir rustikales Almleben genießen und uns vom Klang der Kuhglocken in den Schlaf bimmeln lassen.

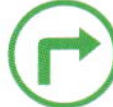

Gipfelabstecher zum Rofan

Der namengebende Gipfel ist nur 40 Meter niedriger als die Hochiss, aber deutlich leichter zu ersteigen. Ein Gipfelerlebnis für den Normalwanderer. Von der Erfurter Hütte steigen wir hinab in die Senke jenseits der Bergstation der Rofanbahn, wo uns zahlreiche Wegweiser erwarten. Wir folgen dem AV-Weg 401, passieren die Mauritzalm und gelangen über die Mauritzsteige in ein Hochtal. Dort geht es weiter zur Grubalacke und Grubascharte (2100 m). Wir halten uns geradeaus (nicht links hoch zum Westgipfel), bis linker Hand ein ausgeschilderter Steig zum Hauptgipfel abzweigt. Über Serpentinen steigen wir den grasigen Hang bergan und erreichen dann über eine leichte Felsstufe das Gipfelkreuz.

KARTENHINWEIS Freytag & Berndt-Wanderkarte WK 321 „Achensee – Rofan – Unterinntal“ im Maßstab 1:50.000

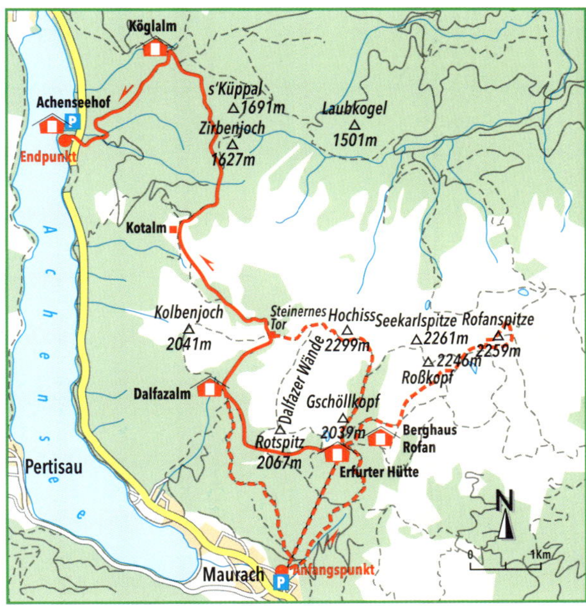

DER SPEZIAL-TIPP

Wer die Hüttenwanderung mit einem Erlebniskick würzen will, kann mit dem neuen AIR-ROFAN-Skyglider vom Gschöllkopf (2040 m) mit einer Geschwindigkeit von 80 km/h in die Tiefe stürzen. Wie ein Adler kann man auf einer Länge von 800 Metern 200 Höhenmeter nach unten gleiten. Manchem wird allerdings bereits beim Zuschauen schwindelig werden.

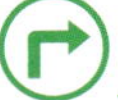

Gipfelabstecher zur Hochiss

Mit 2399 Metern Höhe ist die Hochiss die höchste Erhebung des Rofangebirges. Von der Erfurter Hütte bzw. der Bergstation der Rofanbahn wandern wir zunächst auf breitem Weg in Richtung

Gschöllkopf – links an der Mauritzalm vorbei – und folgen dabei durchgehend der Mark.-Nr. 413. Oberhalb der Ostflanke halten wir uns links und steigen hinauf in die Einsenkung zwischen Gschöllkopf und Spieljoch. Zunächst eben weiter, dann links durch die Südflanke der Hochiss (durch das Rote Klamml; Seilsicherungen) und hinauf zur Kammhöhe westlich des Gipfels; sodann rechts weiter zum Gipfel der Hochiss. Anschließend steigen wir über den Streichkopf zum Kotalmtörl ab, wo wir über die Dalfazalm zur Erfurter Hütte zurückkehren.

Von der Dalfazalm über das Steinerne Tor zur Köglalm

Von der Dalfazalm folgen wir dem Steig (Mark.-Nr. 413) bergan, der sich in einem Rechtsbogen durch eine Hochtalmulde über karge Bergmatten hinauf an den Fuß des Klobenjochkamms zieht. Den Durchlass durch den hier gespaltenen felsigen Klobenjochkamm vermittelt das schmale sogenannte Steinerne Tor (1976 m). Jenseits geht es auf einem Wanderweg hinab in ein Kar und ein weites Hochtal, das neben den großen Latschenhängen auch weite Bergweiden aufweist. Vorbei am verfallenen Kotalm-Hochleger führt der Weg hinab zum Mittelleger (1608 m), der zwar landwirtschaftlich genutzt wird, aber keine Einkehr anbietet. Wir gehen rechts weiter auf dem Almfahrweg. Bald zweigen wir rechts ab und folgen einem Bergsteig hinab in den Labschlaggraben. Dort müssen wir aufpassen. Gleich nachdem wir den kleinen Bach gequert haben, nehmen wir den rechts leicht ansteigenden Bergsteig (rotweiß markiert) und erreichen nach einer langen Querung der Oberen Köglgräben den Bereich der Köglalm mit einigen Hütten. Das letzte Stück wandern wir auf einem Almweg hinab zur eigentlichen Köglalm, die bewirtschaftet ist. Hier kehren wir noch mal ein, bevor wir den Abstieg zum Achensee beginnen.

Von der Köglalm zum Achenseehof

Von der Köglalm führt ein Wirtschaftsweg zum Ort Achensee. Interessanter ist jedoch der Steig, der die weiten Kehren des Almweges abkürzt. Wir gehen von der Alm wieder ein Stück auf unserem Herweg hinauf und folgen dort rechts zunächst einem Almfahrweg. Bald zweigt dann unser Steig rechts ab (Ausschilderung; rotweiße Markierung) und führt zunächst mäßig steil durch schönen Nadelwald hinab. Dann allerdings wird der Weg etwas rauer. Unser Steig mündet das letzte Stück in einen Wirtschaftsweg ein, dem wir rechts hinab zum Achensee folgen. Beim Hotel Achenseehof gibt es eine Schiffsanlegestelle und an der Bundesstraße eine Bushaltestelle (letzter Bus ca. 19 Uhr), von der wir nach Maurach zurückkehren.

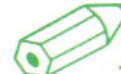

TOURISTINFO

Welcome-CENTER Achensee, Achenseestraße 63, A-6212 Achensee, Tel. +43/595 30 00, www.achensee.com

AUSGANGSPUNKT

Talstation der Rofanbahn (980 m) in Maurach am Achensee

ENDPUNKT

Achenseehof (936 m); Rückkehr nach Maurach mit dem Bus (Haltestelle direkt an der Straße) oder mit dem Schiff

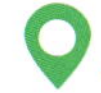

ANFAHRT

Mit dem Auto: Auf der A 8 bis zur Ausfahrt Holzkirchen, dann über Gmund nach Maurach am Achensee zur Talstation der Rofanseilbahn; dort gebührenpflichtiger Parkplatz (wird bei Kauf des Bergbahntickets angerechnet). Oder über die Inntalautobahn (A 93/E 60) bis Ausfahrt Achensee/ Zillertal, dann weiter nach Maurach zur Talstation.

Mit Bahn & Bus: Mit der Bahn nach Jenbach, von dort mit dem ÖBB-Bus nach Maurach. Oder mit der Bayerischen Regiobahn (BRB) nach Tegernsee und von dort mit dem RVO-Bus bis Maurach.

BERGBAHN

Rofanbahn: Großkabinenbahn von Maurach am Achensee zur Erfurter Hütte (Talstation 980 m, Bergstation 1840 m), Betriebszeiten zur Wandersaison ab Anfang Mai bis ca. Mitte Juni und ab Anfang September bis Ende Oktober/ Anfang November von 8.30–17 Uhr, im Hochsommer von 8–17.30 Uhr; Tel. +43/5243/529 20, www.rofanseilbahn.at

GEHZEITEN

Erfurter Hütte zur Dalfazalm 1 Std., weiter zur Köglalm 4 Std., weiter zum Achenseehof 1 Std.; Gesamtgehzeit: 6 Std.
Gipfelabstecher: Erfurter Hütte zur Rofanspitze 2 Std., Rückweg 1½ Std.; gesamt 3½ Std. Gipfelrunde über die Hochiss von der Erfurter Hütte 4 Std.

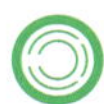

ANFORDERUNG

Hüttenwege: Übergang zur Dalfazalm: leichter Wanderweg, Anstieg zum Steinernen Tor und Übergang zur Köglalm: abwechselnd auf Bergwanderweg, streckenweise auf einem Bergsteig (Trittsicherheit empfehlenswert). Der Abstieg zum Achensee zu Beginn auf Almfahrweg, dann auf steilem, aber gut zu begehendem Bergsteig.
Gipfelwege: Anstieg auf den Rofan-Gipfel: überwiegend auf leichtem Bergwanderweg, einige Abschnitte erfordern Trittsicherheit.
Runde über die Hochiss: Trittsicherheit und Schwindelfreiheit nötig; einige Abschnitte sind mit Drahtseilen gesichert.

AUSRÜSTUNG

Gutes Schuhwerk ist unabdingbar, Teleskopstöcke sind empfehlenswert.

EINKEHR & ÜBERNACHTUNG

Erfurter Hütte, 1834 m: Alpenvereinshütte der Kat. II, bewirtschaftet von Pfingsten bis Mitte Oktober, 36 Betten, 50 Lager, Tel. +43/5243/55 17, www.erfurterhuette.at
Berggasthof Rofan, 1850 m: privat, während der Betriebszeiten der Bergbahn bewirtschaftet, Übernachtung möglich, Tel. +43/5243/50 58, https://berggasthof-rofan.com
Dalfazalm, 1693 m: privat, von Mitte Mai bis Allerheiligen bewirtschaftet, 36 Übernachtungsplätze in Zimmern und Lager, Tel. +43/5243/52 24, www.dalfazalm.at
Köglalm, 1431 m: privat, von Mitte Mai bis Ende Oktober bewirtschaftet, Übernachtung auf Anfrage, Tel. +43/5246/611 14 oder 65 62

Kuhidyll am verfallenen Kotalm-Hochleger

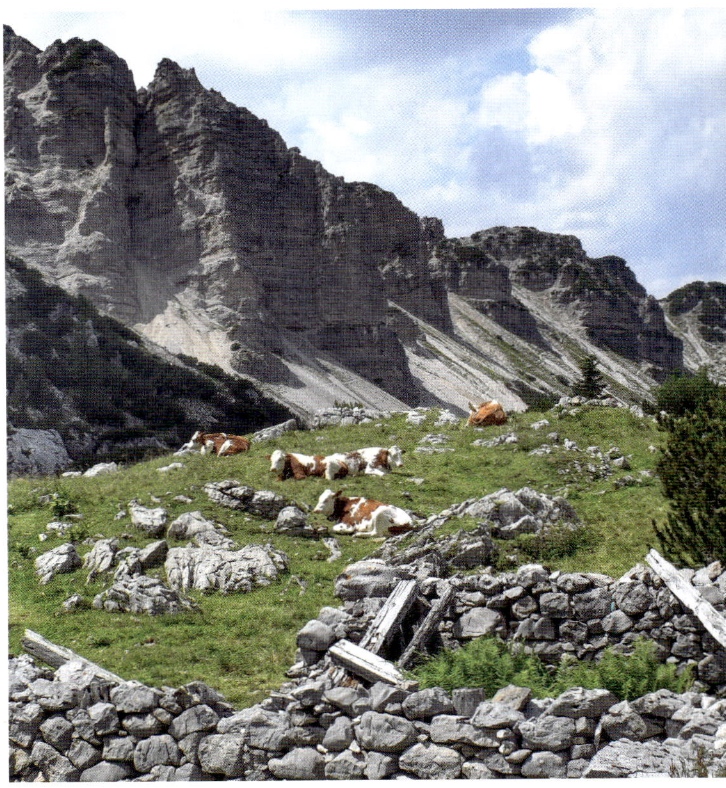

9 AUS DEM LEITZACHTAL INS ROTWANDGEBIET

Geitau – Soinsee – Rotwandhaus – Taubensteinhaus – Jägerbauernalm – Aurach

Die Berge südlich von Schliersee und Wendelstein locken die Genusswanderer in ausgedehnte Almgebiete, deren sanfte Matten letztlich in größeren und kleineren Felsaufbauten gipfeln, die schöne Ausblicke bieten. Auf unserer Wanderung treffen wir Almen an, die schon seit dem 19. Jahrhundert bestehen und bei denen man teilweise auch einkehren kann.

Denkmalgeschützt ist der Kaser (Hütte) unserer ersten Einkehrstation auf der Schellenbergalm. Als „urig“ wird die Jägerbauernalm gern bezeichnet, zu der die Sennerin die Verpflegung für sich und die Gäste zu Fuß von der Spitzingstraße herauftragen muss. Etwas komfortabler ist die Verpflegung auf den beiden Alpenvereinshütten. Wer dort keinen Schlafplatz mehr bekommt, kann mit der Taubensteinbahn hinunterfahren zu einem Quartier am Spitzingsee und am nächsten Tag die Tour ab der Bergstation fortsetzen.

Von Geitau zum Rotwandhaus

Wir starten am westlichen Ende von Geitau (oder alternativ vom Haltepunkt Geitau der Regiobahn), gehen vorbei am Segelflugplatz und erreichen einen weiteren Parkplatz (von Osterhofen her anfahrbar), dort rechts über die Bachbrücke und hinter dem Forsthaus links bergan. Die Schilder „Soinsee“, „Rotwandhaus“ leiten uns hinauf ins Almgelände, und nach etwa 1½ Stunden ist die Schellenbergalm erreicht. Nun geht es steil hinauf zum Soinsee und am rechten Ufer entlang weiter

Die Rotwand von Osten

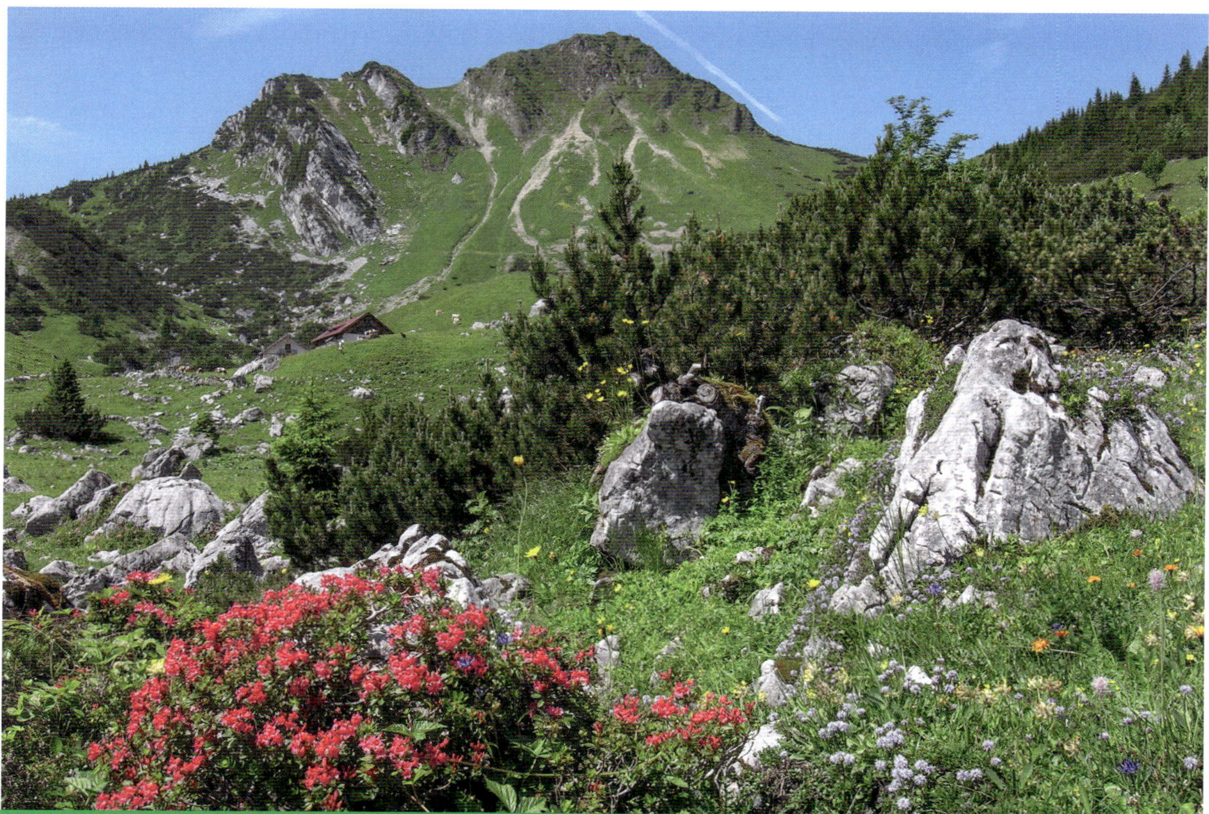

zur Großtiefentalalm. Dort nehmen wir links den Steig zur Kümpflscharte, durch die es das letzte Stück steil und schrofig hinauf und rechts haltend in wenigen Minuten zum Rotwandhaus geht.

Gipfelabstecher auf die Rotwand

Vom Rotwandhaus nehmen wir den nördlich liegenden Gipfel ins Visier und steigen auf dem rechten der drei Wege bequem, zuletzt über ein paar Schrofen hinauf zum höchsten Punkt. Dort reicht die Sicht an klaren Tagen bis zum Tauernhauptkamm. Eine Panoramakarte erleichtert uns die Identifizierung der umliegenden Gipfel.

Weiter zum Taubensteinhaus

Beim Rotwandhaus folgen wir dem mittleren der drei Wege in Richtung Taubenstein-Bergstation. Gemütlich und aussichtsreich wandern wir hinauf ins Joch oberhalb, queren hinüber zur Westseite und gehen dann auf dem schönen Panoramaweg unter dem Lempersberg entlang – überwiegend bergab. Der Weg wird zum Steig, der hinabführt in die Senke vor dem Taubenstein. An einer kurzen, schmalen Stelle ist ein Seil gespannt, dann erreichen wir den Taubenstein und die Bergstation der gleichnamigen Gondelbahn. (Hier könnten wir unsere Tour bequem abbrechen und mit der Bergbahn zum Spitzingsee hinabgondeln.) Noch gerade hinab ins Joch, dort rechts, und kurz darauf sind wir beim Taubensteinhaus.

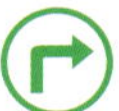

Gipfelabstecher auf den Taubenstein

Direkt von unserem Wanderweg zweigt ein felsiger Steig ab, über den wir in wenigen Minuten dem Felsklotz unsere Aufwartung machen. Fährt die Seilbahn, kann hier Hochbetrieb herrschen.

KARTENHINWEIS **Topographische Karte 1:50.000 „Mangfallgebirge" (LDBV)**

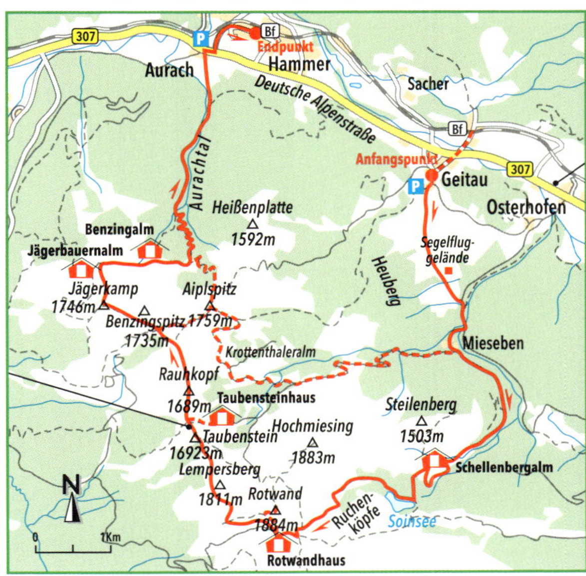

Über den Jägerkamp nach Aurach

Zurück ins Joch unterhalb der Bergbahn; dort halten wir uns rechts in Richtung zum Jägerkamp, gehen an der Westflanke des Rauhkopfs ab-, dann wieder aufwärts (oder auch mit weniger Höhenverlust über den 1687 m hohen, einfachen Gipfel) und an der Kreuzung geradeaus bergan zu einer weiteren Kreuzung, an der es rechts zum Tanzeck und zur Aiplspitz geht. Nach der Gipfeleinlage kehren wir zurück zur Wegverzweigung und steigen rechts über Bergwiesen und oberhalb durch Latschengelände zum leicht erreichbaren Jägerkamp mit großartiger Aussicht. Außerdem gibt dieser Gipfel auch einen guten Rastplatz ab, was man von der Aiplspitz nicht gerade sagen kann. Vom Gipfel des Jägerkamp folgen wir nun dem rechts führenden Steig (Mark.-Nr. SB 2), der auf dem Nordgrat durch Latschen abwärts führt. Bald sehen wir linker Hand die Jägerbauernalm, bei der wir einkehren könnten. Bald zweigt rechts ein Steig (Mark.-Nr. 641a) ab, der uns durch Latschen und dann durch Weidegelände hinab zur Benzingalm leitet. Dort queren wir rechts haltend hinüber zu einer Jagdhütte; von dieser geht es auf einem Wirtschaftsweg in steilen Kehren durch Wald hinab ins Aurachtal und gemütlich durch das nun sanft abfallende Tal hinaus nach Aurach.

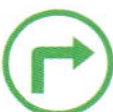

Gipfelabstecher auf die Aiplspitz

Am Abzweig beim Tanzeck halten wir uns rechts, wandern hinauf in den Sattel oberhalb und steuern gerade auf die formschöne Aiplspitz zu. Vor dem Latschenfeld bleiben wir links, folgen dem schmalen Pfad nordseitig entlang der Felsen, bewältigen eine kurze gesicherte Passage und erreichen zuletzt über einen felsigen Steig den Gipfel. Zurück zum Abzweig von der Wanderroute.
Hier könnten wir unsere Tour abbrechen und vom Gipfel (leichter Bergsteig) zur Krottenthaler Alm absteigen; von dort leitet uns ein Wirtschaftsweg über Mieseben hinaus zum Ausgangspunkt in Geitau (2 Std.).
Der direkte Abstieg von der Aiplspitz ins Aurachtal ist nur versierten Berggehern zu empfehlen (Trittsicherheit und Schwindelfreiheit nötig).

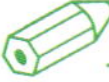

TOURISTINFO

Tourist-Info Bayrischzell, Kirchplatz 2, 83735 Bayrischzell, Tel. +49/8023/648, www.bayrischzell.de

AUSGANGSPUNKT

Geitau (676 m), Parkplatz nahe dem Gasthaus Rote Wand

ENDPUNKT

Aurach (775 m); mit Bus zurück nach Geitau oder zum Bahnhof Schliersee-Fischhausen

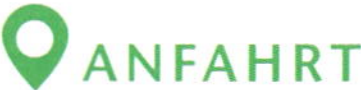

ANFAHRT

Mit dem Auto: Auf der A 8 bis Weyarn, weiter auf der B 307 über Miesbach und Schliersee Richtung Bayrischzell, dann rechts ab nach Geitau und vor dem Gasthaus rechts zum gebührenpflichtigen Parkplatz.
Mit Bahn & Bus: Mit der Bayerischen Regiobahn (BRB) bis Geitau. Zu Fuß der Straße über die B 307 nach Geitau folgen, weiter zum Gasthaus und in Richtung Segelflugplatz zum Parkplatz (20–30 Minuten). RVO-Bus oder Wendelstein-Ringlinie, Haltestelle Gasthaus Rote Wand.

BERGBAHN

Taubensteinbahn (Talstation 1100 m, Bergstation 1613 m), Kleingondeln, nur Sommerbetrieb von Mai bis Anfang November, täglich 9–16.30 Uhr, Tel. +49/8026/929 22 90

GEHZEITEN

Von Geitau zum Rotwandhaus 3 Std., Übergang zum Taubensteinhaus 1 ¾ Std., weiter auf den

DER SPEZIAL-TIPP

Östlich von Geitau, in Osterhofen, kann man mit der Kabinenbahn einen Ausflug auf den Wendelstein (1838 m) unternehmen. Er ist einer der bekanntesten Aussichtsberge im Bayerischen Oberland, den auch eine Sternwarte nutzt. Vom Wendelsteinhaus geht es teils über Stufen und gesichert auf den Gipfelrundweg. Ferner ist das 1890 erbaute Wendelsteinkirchlein einen Besuch wert oder die Wendelsteinhöhle, in der ein 200 m langer Stollen bis zum sogenannten Dom begehbar ist. Wendelsteinseilbahn Mai bis Anfang November täglich 9.15–16 Uhr, Juni bis September bis 17 Uhr, Tel. +49/8023/782, www.wendelsteinbahn.de

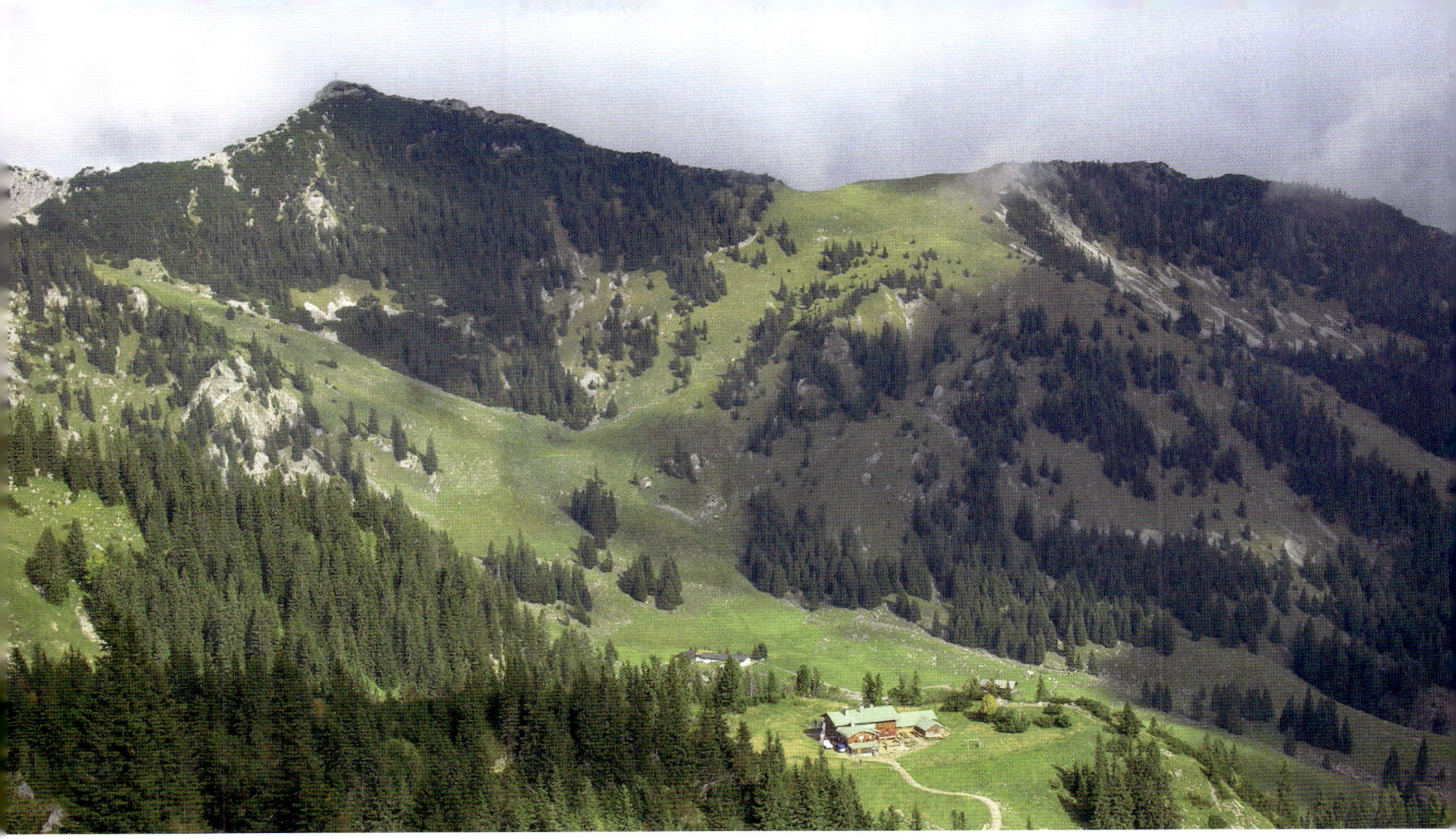

Taubensteinhaus und Aiplspitz

Jägerkamp 2 Std., Abstieg über die Benzingalm nach Aurach 2½ Std.; Gesamtgehzeit 9¼ Std.
Gipfelabstecher: Rotwand (1884 m) ½ Std. vom Rotwandhaus; Taubenstein (1692 m) 5 bis 10 Min. vom Weg; Aiplspitz (1759 m) ½ Std. vom Abzweig zum Tanzeck; der Jägerkamp (1746 m) wird auf unserer Route überschritten.

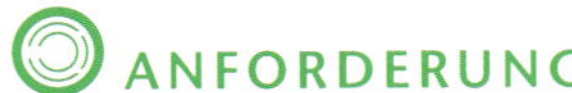

ANFORDERUNG

Hüttenwege: Gute Forst- und Wanderwege sowie Bergsteige. Steil und schrofig über die kurze Kümpflscharte vor dem Rotwandhaus, schmale gesicherte Stelle vor dem Taubenstein. Sonst leichte Bergsteige, im Aurachtal Wirtschaftsweg.
Gipfelwege: Rotwand: breiter Bergweg vom Rotwandhaus zum Gipfelfels, oben Vorsicht, steile Abstürze nach Norden und Osten; Taubenstein: steiler Steig mit Seilsicherung, Trittsicherheit und Schwindelfreiheit angebracht, ebenso auf einem Teilstück zur Aiplspitz, hier ist alpine Erfahrung nötig. Die Überschreitung des Jägerkamp ist leicht.

AUSRÜSTUNG

Wanderausrüstung, Teleskopstöcke sind empfehlenswert.

EINKEHR & ÜBERNACHTUNG

Schellenbergalm, 1348 m: privat, Mitte Juni bis Mitte September almtypisch bewirtschaftet
Rotwandhaus, 1737 m: Alpenverein DAV, Anfang November bis Mitte/Ende Dezember geschlossen, 30 Betten, 38 Lager, Tel. +49/8026/395 98 80, https://rotwandhaus.de
Berggaststätte Taubensteinbahn, 1613 m: Sommer bis Anfang November bei Betrieb der Taubensteinbahn
Taubensteinhaus, 1567 m: Alpenverein DAV, Öffnungszeiten voraussichtlich erst 2022 bekannt, 49 Betten und Lager, Tel. +49/8026/7070
Jägerbauernalm, 1500 m: private Alm einige Meter unterhalb der Hüttenroute, Anfang Juni bis Ende September almtypisch bewirtschaftet, Tel. +49/160/761 09 04

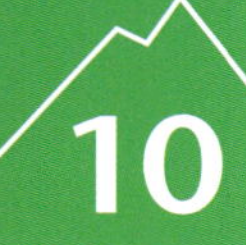

10 IM SPITZINGSEEGEBIET

Fischhausen/Neuhaus – Bodenschneidhaus – Obere Firstalm – Albert-Link-Hütte – Blecksteinhaus – Spitzingsee

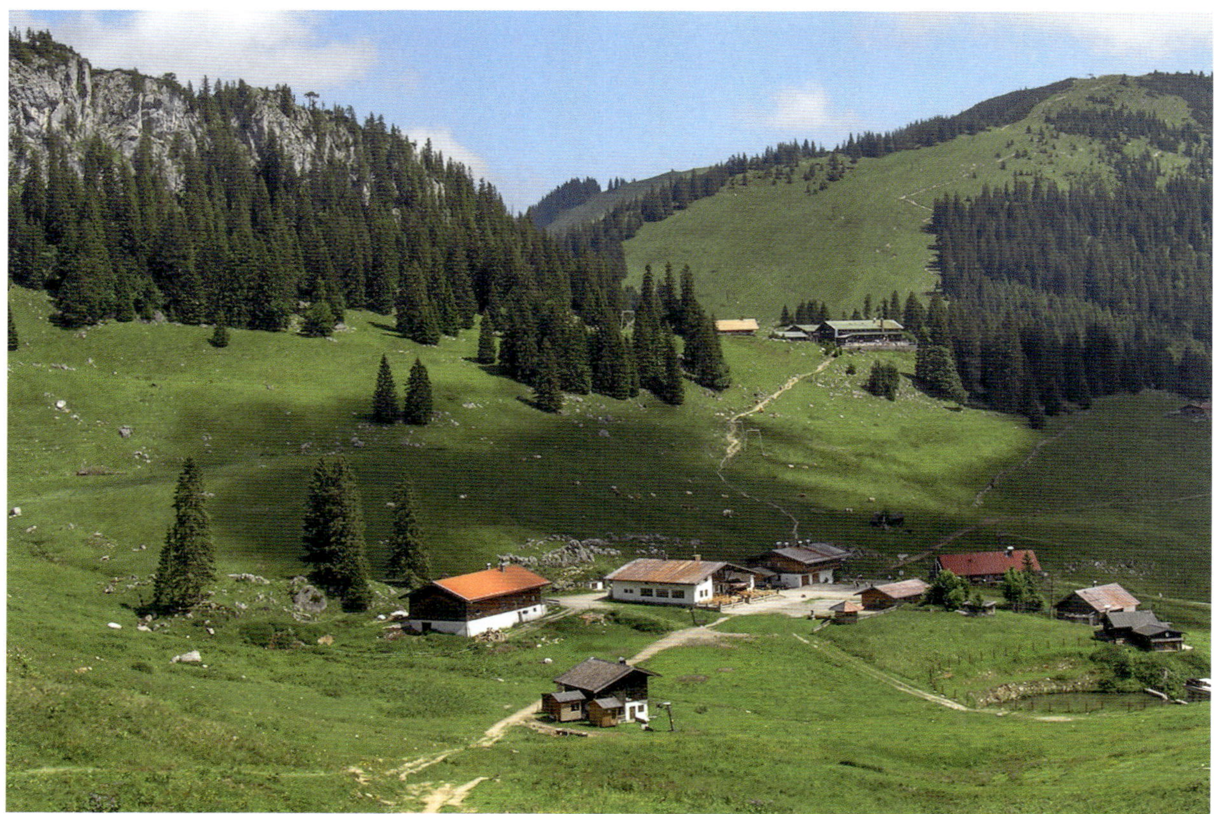

Untere und Obere Firstalm

Bis vor rund 100 Jahren war das Gebiet rund um den Spitzingsee vorwiegend das Revier der Jäger und Holzknechte. Beispiel dafür ist die Geschichte vom „Wildschütz Jennerwein", der an der Bodenschneid sein Ende und auf dem Friedhof von Rottach-Egern sein Grab fand. Dann setzte ein kleiner Boom ein und Hotels, Gasthäuser und Unterkunftshütten wurden gebaut. Das letzte Stück der öffentlichen Straße entstand erst im Jahre 1952. Später kamen noch zwei Bergbahnen und eine Kirche hinzu. Somit hat sich auf kleinem Gebiet wohl die größte Dichte an Alpenvereinshütten und privaten Unterkunftshäusern entwickelt. Und es wurde ein dichtes Wegenetz gebaut, das allen Ansprüchen genügt. Die umliegenden Gipfel sind alle – mit Ausnahme der Brecherspitze – leicht zu erreichen und bieten großartige Aussichten. Mit der hier vorgestellten Hüttenrunde können wir also eines der schönsten Wanderreviere Oberbayerns erleben. Die Wege sind gut ausgeschildert und leicht zu begehen; und in den Hütten erwarten uns sogar einige kulinarische Leckerbissen. Alle vorgestellten Hütten sind natürlich auch ideal für eine oder mehrere Übernachtungen geeignet. Ja, selbst eine ganze Wanderwoche könnten wir mit den hier gebotenen Möglichkeiten locker füllen, vor allem, wenn wir die umliegenden Gipfel besteigen wollen.

Von Fischhausen-Neuhaus zur Oberen Firstalm

Vom Bahnhof gehen wir kurz nach links und dann in einem Linksbogen um den Ort herum, bis wir auf den Wanderparkplatz am südwestlichen Ortsrand stoßen. Hier starten dann auch die Wanderer, die mit dem Auto angereist sind. Wir folgen nun der unbefestigten Forststraße ins Dürnbachtal hinein. Wir bewegen uns durch Wald, queren zweimal eine Forststraße und treffen dann auf den direkten Hüttenweg zum Bodenschneidhaus, dem wir nach links folgen. Vorbei an der Rettenböckalm stehen wir nach etwa 1½ Std. Gehzeit vor dem Alpenvereinshaus. Hier könnten wir bereits in idyllischer Umgebung unser erstes Nachtquartier beziehen.

Oder wir wandern weiter zur Oberen Firstalm. Dafür folgen wir dem breiten Wirtschaftsweg weiter bis zum Ende und wandern seitlich an der Bodenschneid entlang (Mark.-Nr. SB 1; etwas wurzeliger Steig), steigen kurz an zum Sattel zwischen Bodenschneid und Krettenburg und jenseits hinab zur Oberen Firstalm, die eigentlich ein Berggasthaus ist. Auf der großen Südterrasse können wir uns durch die Tageskarte schlemmen, die so einiges bietet – unter anderem auch Kaiserschmarrn und Germknödel.

Gipfelabstecher zur Bodenschneid

Vom Alpenvereinshaus wandern wir geradeaus weiter zum Ende des Wirtschaftsweges, bis rechts die Wegweiser bergwärts zeigen. Nun geht es steil über Pfade hinauf, dann links haltend zum Gipfel mit Kreuz. Wir können nun den Berg überschreiten und weiter über den Suttenstein zum Stümpfling auf leichten Bergwanderwegen wandern. Dort gibt es mit der Jaga-Hütte auch die Möglichkeit einzukehren. Dann schweben wir mit dem Sessellift hinab zum Spitzingsee und setzen dort unsere Wanderung zur Albert-Link-Hütte oder zum Blecksteinhaus fort (siehe Seite 64).

Alternativ können wir auch kurz nach dem Gipfelkreuz auf steilem Pfad hinabsteigen zu unserem Verbindungsweg zur Oberen Firstalm.

Gipfelabstecher zur Brecherspitze

Von der Oberen Firstalm gehen wir ein Stück in Richtung Spitzingsattel, bis links der Anstiegsweg zum Gipfel abzweigt. Auf markierten Pfaden steigen wir nun hinauf zum Freudenreichsattel, dann rechts haltend auf Serpentinen über den freien Berghang steil hinauf zum Gipfelgrat. Hier halten wir uns rechts, steigen kurz in eine Scharte ab und gehen jenseits weiter auf dem Grat. Unser Weg führt uns durch Latschen hinauf zum Gipfelkreuz, wo wir einen großartigen Rundblick genießen können.

KARTENHINWEIS Topographische Karte 1:50.000 Blatt „Mangfallgebirge" (LDBV)

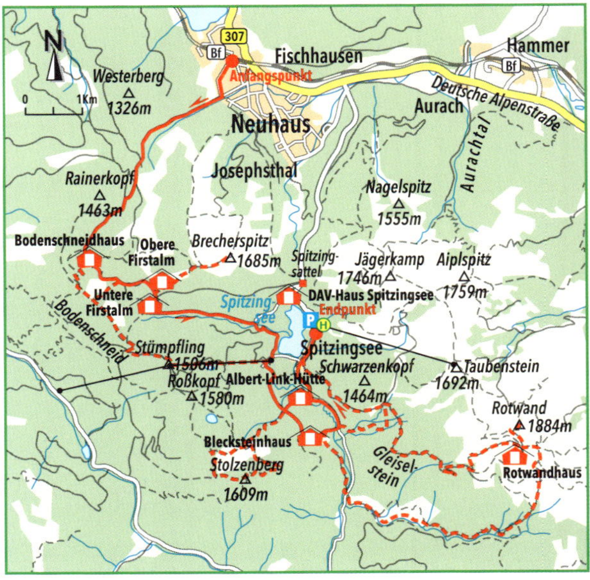

Über die Untere Firstalm zum Blecksteinhaus

Direkt hinter der privaten Übernachtungshütte führt links ein Treppenweg hinab zur Unteren Firstalm, die nicht so idyllisch liegt wie die Obere Firstalm, da sie mit dem Auto angefahren werden kann. Von dort folgen wir links dem gesperrten Fahrweg (Mark.-Nr. W 21) oberhalb des Firstgrabens durch Bergwiesen und Wald hinab zu einer kleinen Hotelsiedlung (dort liegt auch das DAV-Haus Spitzingsee, das sich ideal für Selbstversorger eignet), queren eine Straße und folgen dem Wanderweg zum Spitzingsee (falls wir hier abkürzen wollen, können wir auf direktem Weg zum Spitzingsattel hinaufwandern). Wir halten uns rechts, gehen kurz am Seeufer entlang auf schmalem Wanderweg und dann auf die Talstation der Stümpflingbahn zu, wo wir kurz entlang der Zufahrtsstraße wandern. Dort folgen wir der Ausschilderung zur Valeppalm, zunächst auf Wanderweg, bis wir auf einen Almweg stoßen; wir halten uns kurz rechts und folgen nun dem Zufahrtsweg zu den Unteren Haushamer Almen. Wir queren den Haushamer Bach und erreichen eine Wegkreuzung (links geht es zur Albert-Link-Hütte); wir gehen geradeaus (WW Blecksteinhaus), ein Stück durch Wald, und treffen dann auf einen quer führenden Forstweg. Auf diesem geht es links weiter, bei der nächsten Verzweigung rechts, und unvermittelt stehen wir vor dem Blecksteinhaus, das sich auf einer Lichtung mitten im Wald befindet.

Übernachtungs- oder Raststation:
das Blecksteinhaus

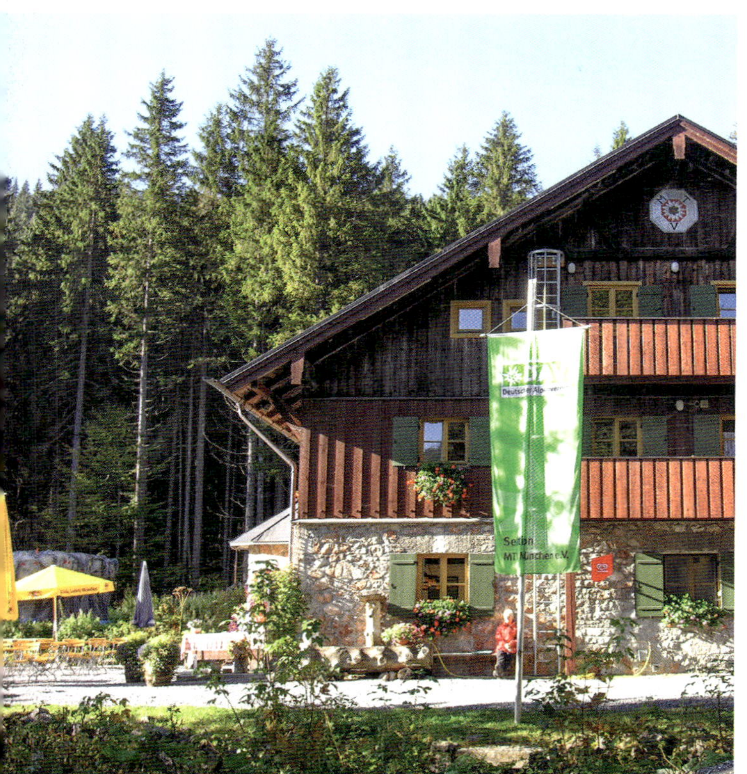

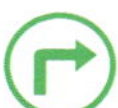

Gipfelabstecher zur Rotwand

Die Rotwand ist natürlich das klassische Ziel im Spitzingseegebiet. Liegt doch auch am Weg das beliebte Rotwandhaus. Falls wir von der Albert-Link-Hütte starten, gehen wir hinab zur Verbindungsstraße Spitzingsee – Valepp, dann links weiter bis zur Schranke. Dort beginnt rechts der Wirtschaftsweg hinauf zum Rotwandhaus. Starten wir vom Blecksteinhaus gehen wir ebenfalls vor zur Verbindungsstraße, kurz in Richtung Spitzingsee und nehmen dann den rechts abzweigenden Forstweg, der den Hüttenweg abkürzt. Beide Wege treffen sich etwas oberhalb wieder. Vom Rotwandhaus leitet ein breiter, leichter Wanderweg in Serpentinen hinauf zum aussichtreichen Gipfel. Falls wir für den Abstieg nicht den Anstiegsweg nehmen wollen, steigen wir vom Rotwandhaus hinab in die Kümpflscharte und folgen dort dem rechts abzweigenden Steig (Mark.-Nr. 646), der uns durch den Pfanngraben hinab zum Verbindungssträßchen leitet. Dort geht es rechts weiter zu den beiden Alpenvereinshütten.

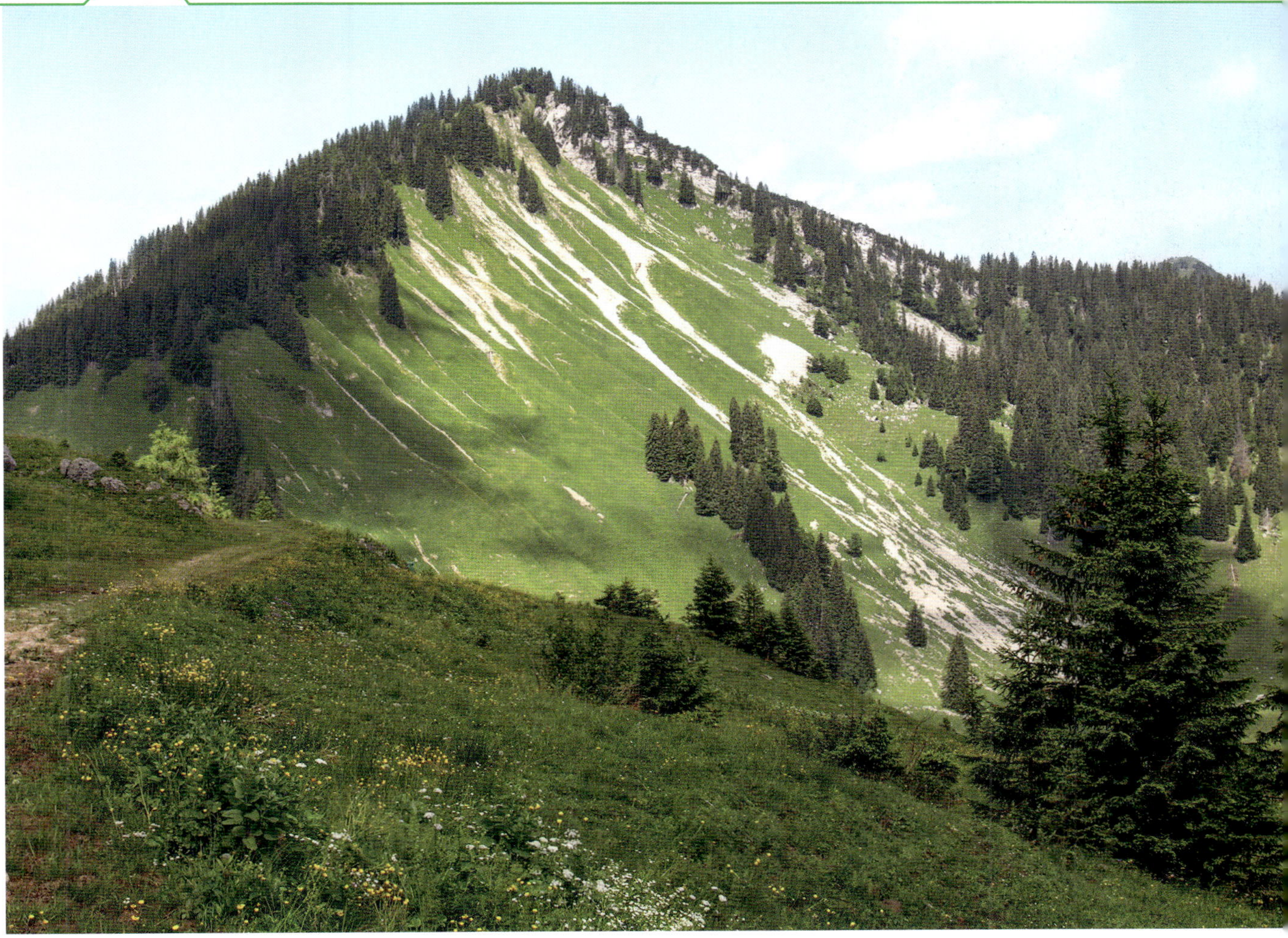

Bodenschneid vom Stümpflingweg aus

Gipfelabstecher zum Stolzenberg

Vom Blecksteinhaus gehen wir ein Stück unseres Hüttenwegs zurück bis zur Wegkreuzung. Wir halten uns links und wandern auf einem Almweg hinauf zu den Unteren Haushammer Almen. Dort beginnt rechts ein Pfad, der uns hinauf zur Kammhöhe leitet; links führt ein markierter Pfad in Serpentinen hinauf zum bewaldeten Stolzenberg. Wir überschreiten diesen wenig ausgeprägten Gipfel, dann geht es links wieder auf schmalem und steilem Steig hinab zu den Unteren Haushammer Almen.

Vom Blecksteinhaus zurück zum Spitzingsee

Spätestens auf dem Rückweg sollten wir einen kurzen Abstecher zur Albert-Link-Hütte machen, liegt sie doch nur einen „Hupfer“ entfernt von unserer Hauptroute. Je nach Jahreszeit können wir dort im Freien sitzen oder in den sehr gemütlichen Stuben sitzen. Natürlich sollten wir uns einen Kaiserschmarrn gönnen, der auf dieser Hütte besonders gut zubereitet wird. Und da wir es nun nicht mehr so weit zum Auto oder zum Bus haben, können wir unseren Rucksack ein paar zusätzliche Kilos hinzufügen. Auf dieser Alpenvereinshütte wird nämlich in einem Backofen außerhalb der Hütte frisches Brot gebacken, das wir kaufen können; und dazu noch etwas Speck oder ein paar Gamswürste.

Wir verlassen also das Blecksteinhaus, gehen wenige Minuten zurück zur Weggabelung und halten uns rechts. Bald erreichen wir die alte Valepper Straße, der wir links haltend zum Spitzingsee folgen. Kurz davor wandern wir rechts hinauf zum Wanderparkplatz, wo auch die Busse nach Fischhausen-Neuhaus abfahren.

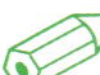

TOURISTINFO

Gäste-Information Schliersee, Bahnhofstr. 11a, 83727 Schliersee, Tel. +49/8026/606 50, www.schliersee.de

DER SPEZIAL-TIPP

Der Spitzingsee liegt etwa 6 km südlich des Schliersees – eine schöne Strecke, die zu Fuß in ca. 1½ Stunden bewältigt werden kann. Das Wasser des Spitzingsees ist sehr sauber und lädt unerschrockene Gemüter auch zum Baden ein. Aufgrund der Höhenlage braucht der See sehr lange, bis er sich halbwegs erwärmt, dazu trägt auch seine maximale Tiefe von 16 Metern bei. Also müssen wir Geduld bis zum Hochsommer haben. Als Ersatz gibt es einen Bootsverleih, falls wir die Neigung verspüren, dem See etwas näher zu kommen. Am ruhigsten geht es am Spitzingsee sicherlich an seinem Westufer zu, der Badebereich befindet sich am Südufer.

Heuhocken im Wasmeier-Museum

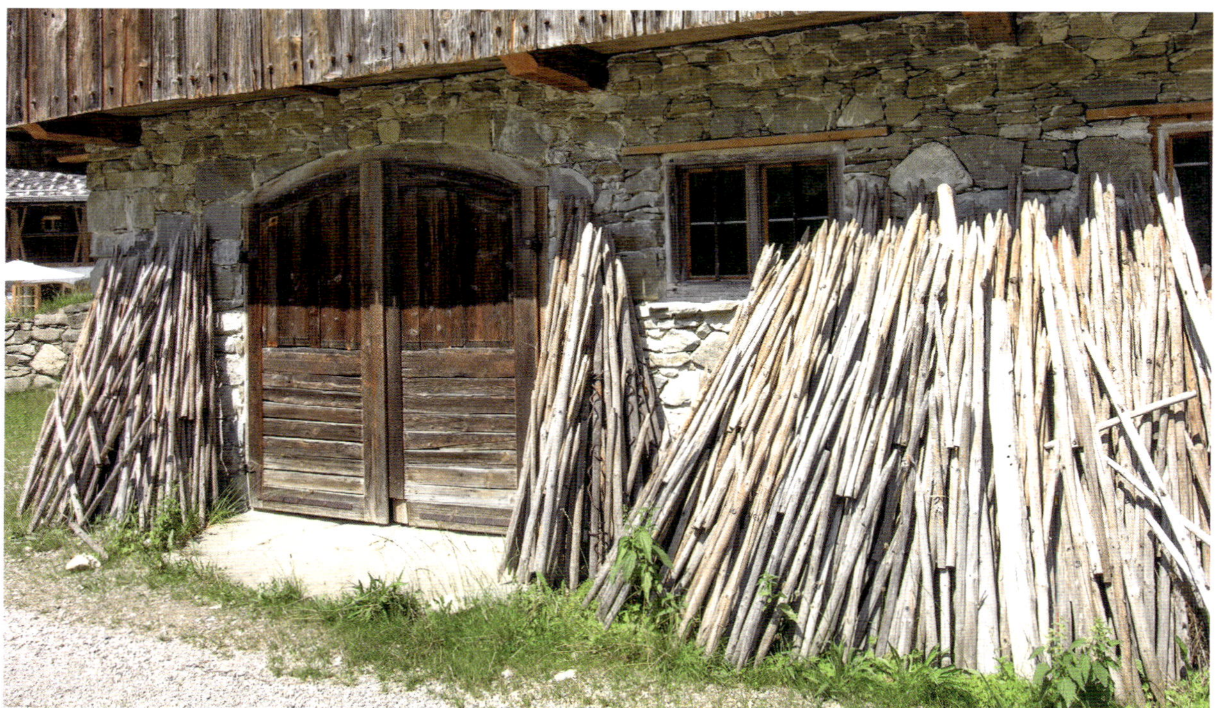

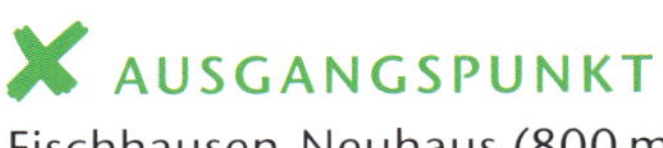

AUSGANGSPUNKT
Fischhausen-Neuhaus (800 m)

ENDPUNKT
Wanderparkplatz Spitzingsee (1075 m); mit dem Bus zum Ausgangspunkt

ANFAHRT
Mit dem Auto: Auf der A8 bis Weyarn, dann über Miesbach und Schliersee nach Fischenhausen-Neuhaus; dort rechts durch den Ort bis zum südwestlichen Ortsrand zum Wanderparkplatz.
Mit Bahn & Bus: Mit der Bayerischen Regiobahn (BRB) nach Fischhausen-Neuhaus.

GEHZEITEN
Von Fischhausen-Neuhaus über das Bodenschneidhaus zur Oberen Firstalm 2¼ Std., über die Untere Firstalm zum Blecksteinhaus 2 Std., Rückweg über die Albert-Link-Hütte zum Spitzingsee 1 Std.; Gesamtgehzeit: ca. 5½ Std.
Gipfelabstecher: Bodenschneid-Überschreitung 1¾ Std.; Abstecher auf die Brecherspitz von der Oberen Firstalm 1½ Std.; Anstieg auf den Stümpfling, Abfahrt mit dem Sessellift zum Spitzingsee 1 Std.; Gipfelrunde über den Stolzenberg von der Albert-Link-Hütte 2 Std.; Runde über die Rotwand und Rückweg durch den Pfanngraben 5¾ Std.

ANFORDERUNG
Hüttenwege: Leichte Wanderung auf breiten Wanderwegen bzw. Wirtschaftswegen; einige Passagen verlaufen auf Bergsteig.
Gipfelwege: Überschreitung der Bodenschneid: auf Bergsteig, Trittsicherheit Voraussetzung; Abstecher zur Brecherspitze: zusätzlich Schwindelfreiheit an einer längeren Passage (Seilsicherungen). Die Überschreitung des Stümpfling ist leicht, ebenso die Runde über den Stolzenberg (Orientierungssinn gefragt). Der Aufstieg zum Rotwandhaus erfolgt auf Wirtschaftsweg, der Gipfelanstieg zur Rotwand auf leichtem Bergwanderweg.

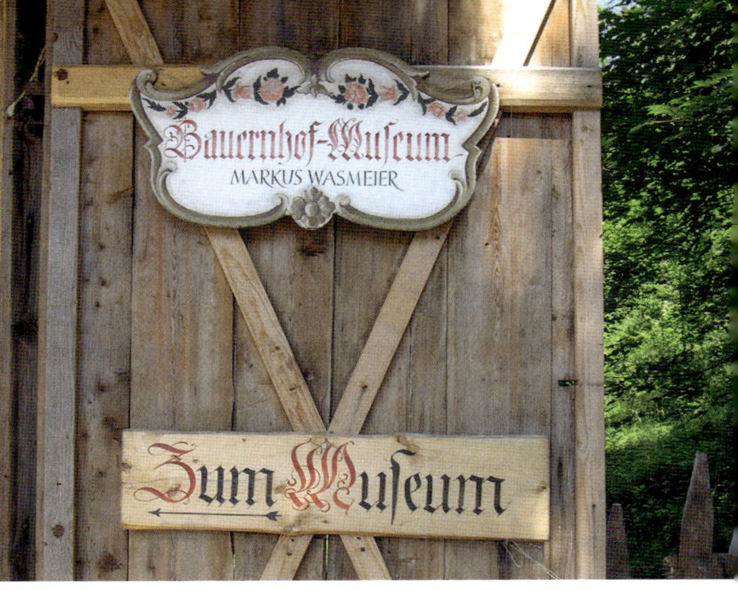

Im Wasmeier-Museum

AUSRÜSTUNG
Normale Wanderausrüstung

EINKEHR & ÜBERNACHTUNG
Bodenschneidhaus, 1353 m: Alpenvereinshaus der Kat. II, nahezu ganzjährig bewirtschaftet, 17 Betten und 31 Lager, Tel. +49/8026/ 4692, Reservierung auch über das Buchungsportal des DAV, www.bodenschneidhaus.de
Obere Firstalm, 1375 m: privat, ganzjährig bewirtschaftet, 42 Betten, Tel. +49/8026/7302, www.firstalm.de
Untere Firstalm, 1317 m: ganzjährig bewirtschaftet, nur Einkehr, Freitag Ruhetag
DAV-Haus Spitzingsee, 1124 m: bewartetes Selbstversorgerhaus für DAV-Mitglieder, Semmel- bzw. Verpflegungsservice möglich, ganzjährig geöffnet, 91 Bettenlager in Zwei- bis Sechsbettzimmern, Tel. +49/8026/925 33 62, mit Pkw vom Spitzingsattel zu erreichen
Blecksteinhaus, 1060 m: Alpenvereinshaus der Kat. II, nahezu ganzjährig bewirtschaftet, Dienstag Ruhetag, 22 Betten, 22 Lager, Tel. +49/8026/924 67 92, www.blecksteinhaus.de
Albert-Link-Hütte, 1000 m: Alpenvereinshütte der Kat. II, nahezu ganzjährig bewirtschaftet, von Mitte November bis Mitte Dezember sowie im April Betriebsruhe, 41 Betten, 24 Lager, Tel. +49/8026/ 712 64 www.albert-link-huette.de
Gaststätten am Südufer des Spitzingsees

11 ÜBER DIE BLAUBERGE

Wildbad Kreuth – Siebenhüttenalm – Wolfsschlucht – Blaubergalm – Gufferthütte – Durch die Lange Au – Wildbad Kreuth

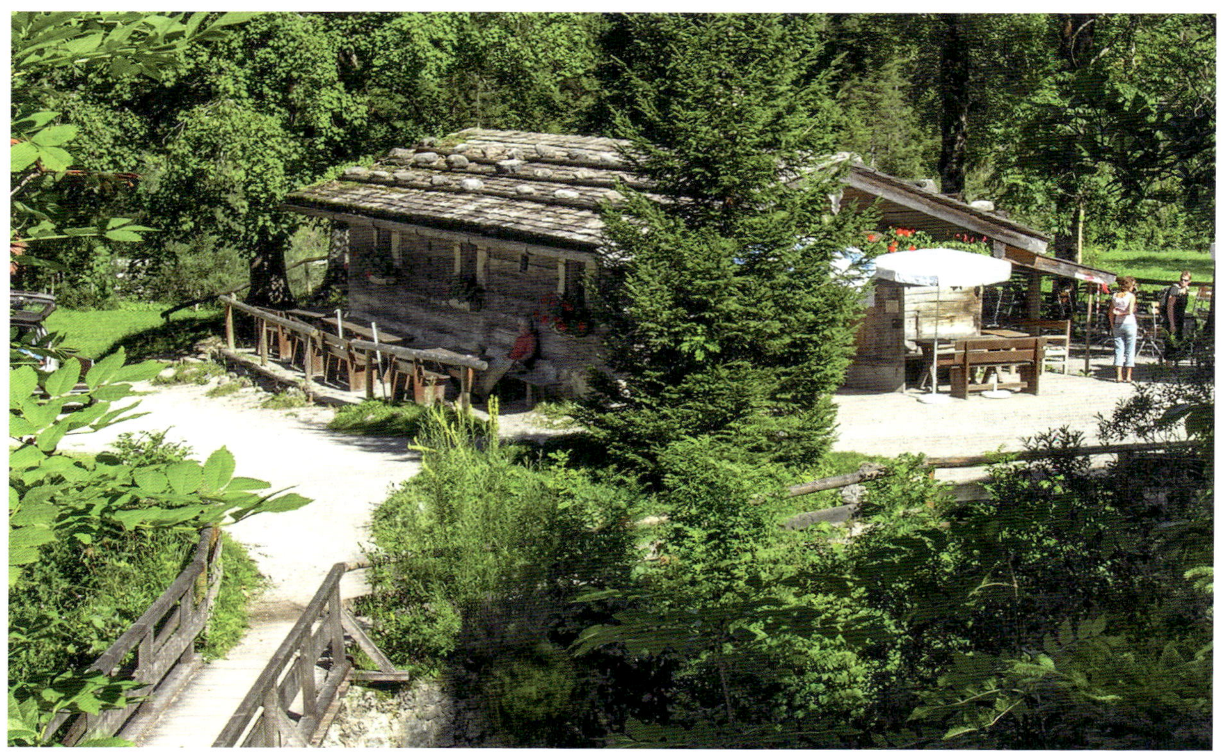

Die Siebenhüttenalm am Eingang der Wolfsschlucht

Der Übergang durch die Wolfsschlucht zur Gufferthütte, also vom Bayerischen ins Tirolerische, bietet für geübte Bergwanderer keine große Herausforderung. Die Route ist nicht nur sehr abwechslungs-, sondern auch aussichtsreich. Im Wesentlichen ist nur der Aufstieg durch die großartige Wolfschlucht anspruchsvoll. Wer diese scheut, kann auch über die Königsalm auf ausgeschilderten Bergwegen zur Blaubergalm gelangen. Diese kleine Almhütte bietet sich als erste Übernachtungsstation an. Nach dem anstrengenden Aufstieg haben wir eine Pause verdient. Wir können uns auf dieser urigen Alm eine Auszeit gönnen und uns am nächsten Morgen von Kuhglockengeläut wecken lassen. – An unserem Anstiegsweg sind zwei bekannte Gipfel: der Schildenstein und der Halserspitz. Beide sind leicht zu erreichen. Dann geht es hinab zur Gufferthütte, eine Alpenvereinshütte mit deutlich mehr Platz. Für Bergerfahrene wäre dann der Guffert drin, dann müssen wir aber eine weitere Nacht bleiben.

Von Wildbad Kreuth durch die Große Wolfschlucht zur Blaubergalm

Am Wanderparkplatz queren wir die Brücke, folgen dem Teersträßchen nach Wildbad Kreuth und wandern vorbei am Gasthaus Altes Bad. Unser breiter Weg ist nun unbefestigt. Wir gehen in den Wald hinein und verlassen den Forstweg bald nach rechts. Auf Bergwanderweg erreichen wir so die Siebenhüttenalm. Jenseits folgen wir der Ausschilderung zur Wolfschlucht und steigen über eine etwas ausgesetzte Weganlage steil hinauf durch eine zerklüftete Felslandschaft, bis wir einen grasigen Sattel erreichen, auf denen auch Kühe weiden. Dort halten wir uns links und steigen über eine paar Geländestufen zur Blaubergalm hinauf.

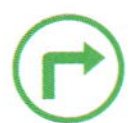

Gipfelabstecher zum Schildenstein

Unser Anstiegsweg zur Blaubergalm führt direkt am Gipfel vorbei. Vom Sattel oberhalb der Wolfschlucht gehen wir rechts zum Gipfelfuß und folgen dem steilen, felsigen Steig hinauf zum Gipfelkreuz (1613 m).

Von der Blaubergalm zur Gufferthütte

Die Fortsetzung unseres Weges verläuft nun immer auf der Grathöhe (Mark. BB2) – mit großartiger Aussicht nach Süden wie nach Norden – und führt im Auf und Ab über die Blaubergschneid (1787 m) und den Blaubergkopf (1787 m) an den Gipfelfuß der Halserspitz, die wir natürlich „mitnehmen". Anschließend nehmen wir den abwärts führenden Steig zur Gufferthütte.

DER SPEZIAL-TIPP

Auf der Blaubergalm kann man nicht nur übernachten, sie ist auch eine Bioalm. Dort werden Käse, Butter und Schnaps hergestellt und verkauft. Der Duft von frischen Brot und Kaminwurzen umgibt uns auch beim Eintritt in die gemütliche Stube. Grund genug, um eine Nacht zu bleiben. Doch nur nach Anmeldung, denn der Platz dort oben in der kleinen Almhütte ist knapp.

Alternativroute: Falls wir nicht die Gratroute begehen wollen, können wir von der Blaubergalm den rechts abzweigenden Höhenweg hinüber zur Schönleitenalm einschlagen und über diesen direkt die Gufferthütte erreichen.

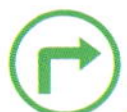

Gipfelabstecher zum Halserspitz

Der höchste Gipfel der Blauberge fällt nach Norden steil ab, von unserem Hüttenweg zwischen Blaubergalm und Gufferthütte ist er aber leicht erreichbar. Der Gipfelweg zweigt direkt von der Grathöhe ab und führt durch Latschen und zuletzt über freies Gelände zum höchsten Punkt (1826 m).

KARTENHINWEIS Topographische Karte 1:50.000 „Mangfallgebirge" (LDBV); für den Guffertanstieg zusätzlich: amtliche österreichische Karte 1:50.000 „Achenkirch"

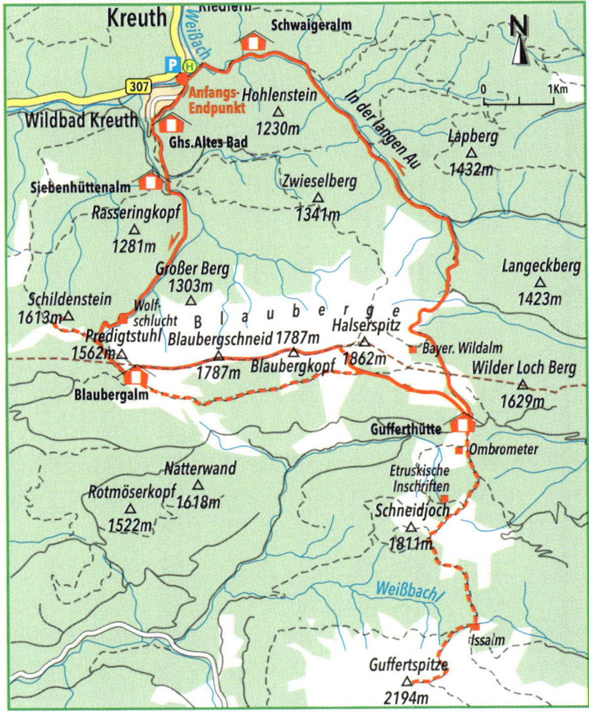

Gipfelabstecher zum Guffert

Der Guffert (2195 m) ist neben dem Halserspitz der eigentliche Hüttengipfel der Gufferthütte. Er liegt jedoch deutlich abseits und gehört bereits zum Rofangebirge. Seine Besteigung setzt jedoch Bergerfahrung voraus.
Von der Gufferthütte folgen wir kurz dem Weg zum Köglboden, dann geradeaus der Ausschilderung in Richtung zum Schneidjoch; bei einer Jagdhütte verzweigt sich der Weg; wir halten uns rechts. Am Sattel des Schneidjochs (1810 m) treffen wir erneut auf eine Wegverzweigung. Dort nehmen wir links den Weg hinab zur Issalm (1466 m) und bei dieser erneut links den Weg zur Oberen Bergalm unter die Nordabstürze des Gufferts. Bereits nach einer Viertelstunde zweigt links der Pfad ab, der uns zum rot markierten Einstieg leitet. Gleich bei den ersten Felsen beginnt der schwierigste Teil des Nordanstiegs. Er führt über ein steil ansteigendes Band (Drahtseile und Eisenstifte) etwa 15 Meter hinauf, dann durch eine Rinne, bis es leichter wird. Der weitere Aufstieg führt durch schrofiges und mit Latschen durchsetztes Gelände hinauf zum breiten Kamm zwischen Guffertstein und Guffert. Rechts haltend erreichen wir den Gipfel über felsiges Gelände (Drahtseile).
Der Abstieg führt auf dem ausgeschilderten Steig über den Guffertstein hinab zur Breitlahneralm, wo uns ein Steig zurück zur Issalm leitet.

Von der Gufferthütte durch die Lange Au zurück zum Ausgangspunkt

Wir nehmen den ausgeschilderten Bergwanderweg in nördlicher Richtung und wandern über die Staatsgrenze hinüber zu den Böden der Bayerischen Wildalm (1450 m), dann seitlich vorbei an den etwas sumpfigen Almböden und über steile Almwiesen und durch Wald hinab zur verfallenen Bayerbachalm. Bei der Wegverzweigung halten wir uns links und steigen durch steiles Gelände hinab ins Tal der langen Au, das wir beim „Steinernen Kreuz“ (884 m) erreichen. Dort wandern wir links haltend auf einem Alm- und Forstweg hinaus zu unserem Ausgangspunkt.

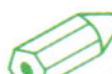

TOURISTINFO

Touristinformation Kreuth, Nördl. Hauptstraße 3, 83708 Kreuth, Tel. +49/8029/997 90 80, www.kreuth.de

AUSGANGS- UND ENDPUNKT

Wanderparkplatz vor Wildbad Kreuth (793 m)

ANFAHRT

Mit dem Auto: Auf der A 8 bis zur Ausfahrt Holzkirchen, dann über Gmund und Bad Wiessee nach Kreuth. Weiter auf der B 307 bis zum großen Wanderparkplatz kurz vor Wildbad Kreuth (etwa 2 km nach Kreuth).
Mit Bahn & Bus: Mit der Bayerischen Regiobahn (BRB) bis Tegernsee; weiter mit RVO-Bus bis Haltestelle Wildbad Kreuth.

GEHZEITEN

Vom Wanderparkplatz durch die Wolfsschlucht zur Blaubergalm 2¾ Std., auf der Blaubergschneid weiter zur Halserspitz 1½ Std., Abstieg zur Gufferthütte 1 Std., weiter ins „Tal der langen Au“ und zum Ausgangspunkt 3 Std.; Gesamtgehzeit ca. 8 Std.
Gipfelabstecher: zum Schildenstein 1 Std.; Halserspitz ½ Std. (wird beim Übergang zur Gufferthütte nahezu berührt); zur Guffertspitze über die Issalm 5 Std.

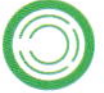

ANFORDERUNG

Hüttenwege: Zu Beginn Wirtschaftsweg, dann Bergwanderweg bis ins Tal der Felsweißach; der Anstieg durch die Wolfschlucht erfordert neben

Trittsicherheit auch Schwindelfreiheit (einige Drahtseile). Übergang zur Blaubergalm und zur Gufferthütte auf leichten Bergwanderwegen, auf denen abschnittsweise Trittsicherheit benötigt wird. Rückweg durch das „Tal der langen Au“ auf einem Wirtschaftsweg.

Gipfelwege: Die Steige auf den Schildenstein und den Halserspitz sind zwar leicht, erfordern jedoch Trittsicherheit. Der Übergang zum Bergfuß des Gufferts von der Gufferthütte ist leicht, der Aufstieg zum Gipfel über den Nordanstieg ist ein leichter Klettersteig, der jedoch Trittsicherheit und Schwindelfreiheit voraussetzt (einige Drahtseile und Eisenbügel); nur für erfahrene Berggeher.

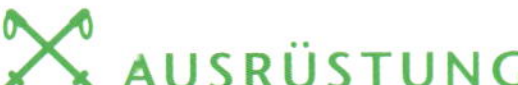

AUSRÜSTUNG

Normale Wanderausrüstung. Warme Kleidung ist auf alle Fälle sinnvoll, besonders am Guffert.

EINKEHR & ÜBERNACHTUNG

Gasthaus Altes Bad, 830 m: in Wildbad Kreuth, bewirtschaftet von Mittwoch bis Sonntag (warme Küche bis 18 Uhr), Tel. +49/8029/304, www.altesbad.de

Siebenhüttenalm, 836 m: von Mai bis Oktober bewirtschaftet, Dienstag Ruhetag, Tel. +49/151/120 43 909, www.tegernseer-gastro.de

Blaubergalm, 1540 m: privat, von Mitte Mai bis Anfang November durchgehend bewirtschaftet, ab Oktober jedoch nur am Wochenende, 16 Lager, Voranmeldung erwünscht, Tel. +43/664/230 67 19

Gufferthütte, 1475 m: Alpenvereinshütte der Kat. I, von Mitte Mai bis Mitte Oktober bewirtschaftet, 38 Betten, 30 Lager, Tel. +43/676/629 24 04, www.gufferthuette.at

Schwaigeralm, 800 m: nahezu ganzjährig bewirtschaftet, Mittwoch Ruhetag, 3 DZ, Tel. +49/8029/272, www.schwaigeralm.de

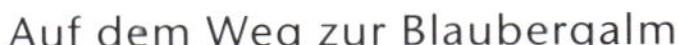

Auf dem Weg zur Blaubergalm

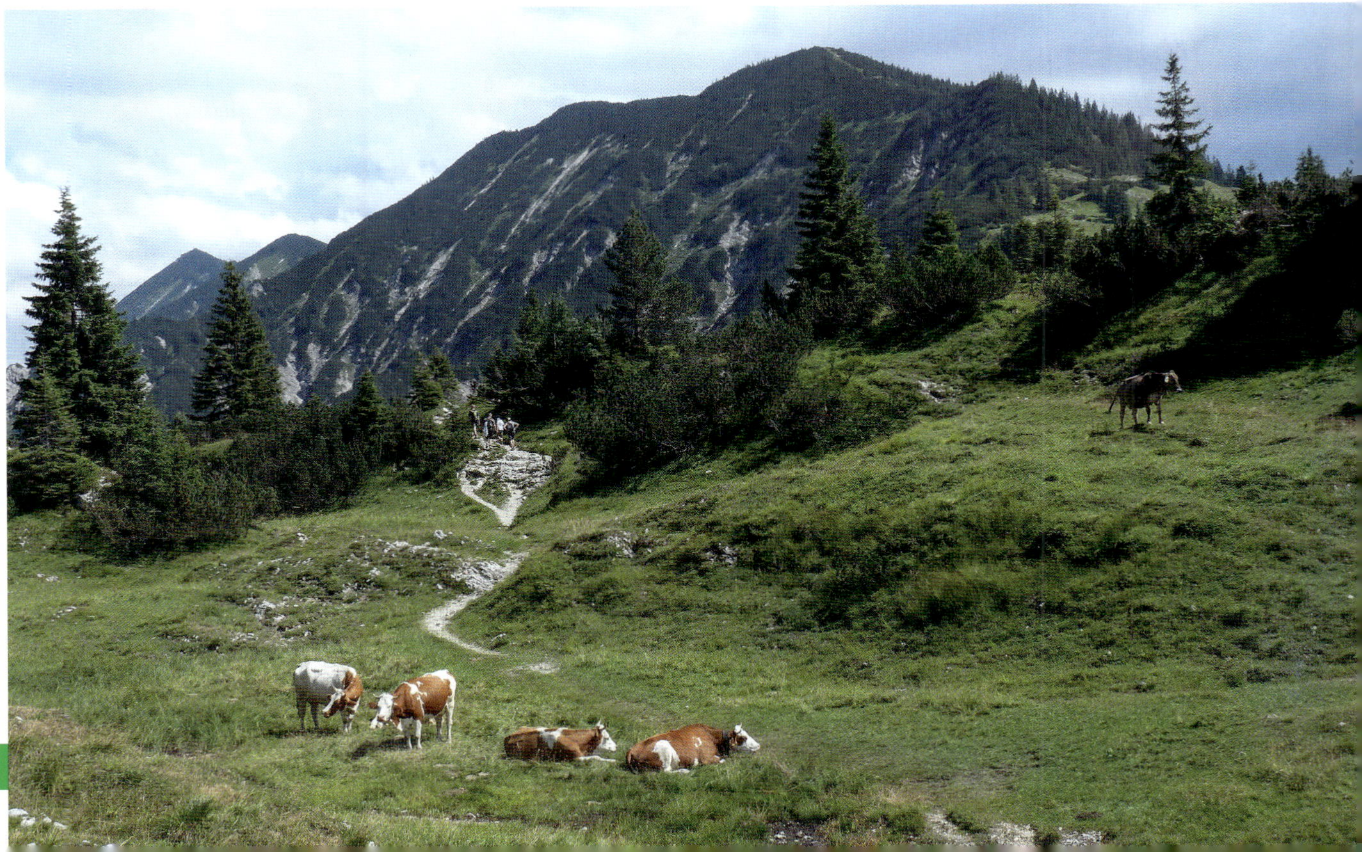

12 GIPFELRUNDE ÜBER DEM SÖLLBACHTAL

Bad Wiessee – Hirschberghaus – Schwarzentennalm – Buchsteinhütte – Tegernseer Hütte – Lenggrieser Hütte – Aueralm – Bad Wiessee

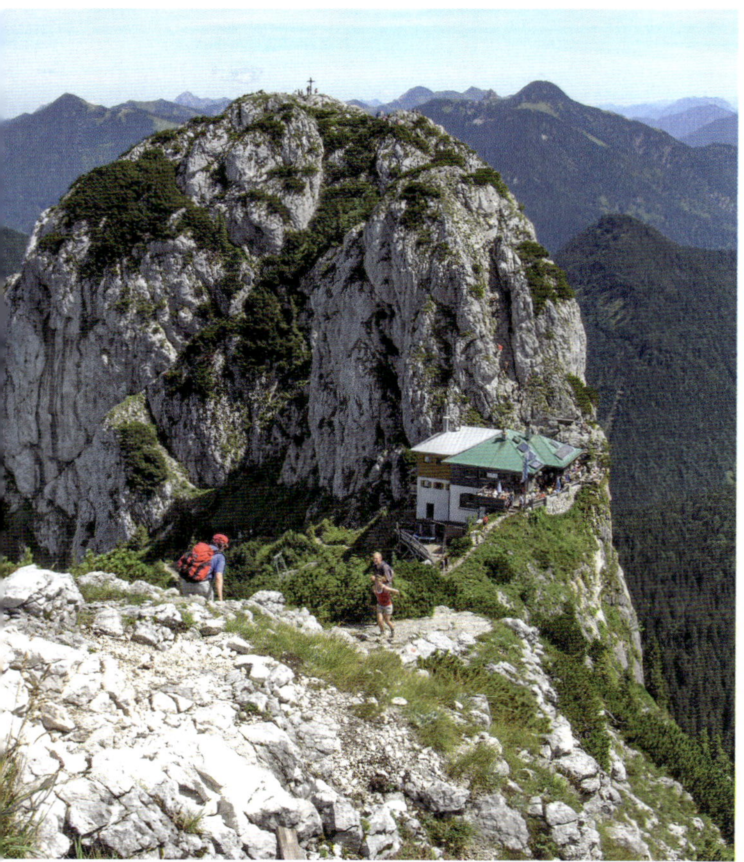

Blick auf die Tegernseer Hütte und den Buchstein

In den Bergen westlich des Tegernsees verstecken sich vier Unterkunftshütten, zwei Alpenvereinshütten und zwei Privathütten, außerdem zwei sehr beliebte Einkehralmen – Grund genug, alle Stationen auf einer Höhenroute miteinander zu verbinden.

Außerdem bietet sich entlang der Hüttenroute die Gelegenheit, einige schnell erreichbare und auch sehr beliebte Aussichtsgipfel zu besteigen. Ausgangspunkt und Endpunkt dieser abwechslungsreichen Höhenrunde mit schönen Aussichten ist Bad Wiessee am Tegernsee.

Von Bad Wiessee zum Hirschberghaus

Vom Wanderparkplatz Söllbachtal nehmen wir zunächst den Wirtschaftsweg, dann nach etwa 250 Metern hinter der ehemaligen Söllbachklause den Abzweig nach links zum Bauer in der Au (904 m). Wir folgen dem Wirtschaftsweg noch ein Stück in Richtung Schwarzentennalm, bis links der Weg zum Hirschberghaus abzweigt. Zunächst gehen wir eine kurze Passage auf einem Forstweg, dann rechts ab auf einen Bergsteig (Mark. H 1) und durch Wald hinauf zur sogenannten Hirschlacke. Von dort wandern wir entweder auf dem Sommer- oder Winterweg zum Hirschberghaus.

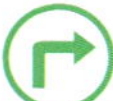

Gipfelabstecher zum Hirschberg

Vom Hirschberghaus geht es in einem weiten Rechtsbogen zunächst durch freies Gelände, dann durch lichten Wald auf ausgeschildertem Bergweg zu einem kleinen Hochplateau hinauf. Dort halten wir uns rechts und steigen über den freien Osthang hinauf zum Gipfelkreuz (1670 m).

Vom Hirschberghau zur Buchsteinhütte

Vom Anstiegsweg zum Hirschberg zweigt am Beginn der Bewaldung links der Abstiegsweg zur Rauheckalm ab (Wegweiser und Mark. H2). Bei der Alm nehmen wir den Wanderweg nach rechts zur Weidbergalm; von dort leitet uns ein Almweg über freies Gelände hinab zu einer Forststraße. Dieser folgen wir rechts durch Wald hinab ins Söllbachtal; dort geht es links zur bewirtschafteten Schwarzentennalm. Nur knapp eine Viertelstunde weiter durch das Hochtal zweigt rechts der Zufahrtsweg zur Buchsteinhütte ab. Etwas oberhalb gelangen wir auf etwas schmäleren Weg zur idyllisch gelegenen Buchsteinhütte.

Variante über die Tegernseer Hütte

Von der Buchsteinhütte führt ein ausgeschilderter Bergwanderweg ins Hochtal, zweigt dann links ab und führt über Serpentinen durch den steilen Nordhang des Roßsteins hinauf zur Tegernseer Hütte. Anschließend steigen wir auf dem gesicherten Steig nach Süden ab zum sogenannten Brotzeitfelsen, einem erratischen Felsblock, der normalerweise beim Anstieg nochmal zu einer Rast einlädt, bevor die Wanderer das letzte, steile Stück hinauf zur Tegernseer Hütte in Angriff nehmen. Dort geht es rechts um den Roßstein herum zu den Roßsteinalmen.

Gipfelabstecher zum Roßstein

Da der Buchstein für den normalen Wanderer nicht empfehlenswert ist, wandern wir zum leichteren Hausberg der Tegernseer Hütte, dem Roßstein, den auch ein Gipfelkreuz schmückt. Der nach drei Seiten steil abfallende Gipfel vermittelt uns einen guten Überblick über die noch vor uns liegende Route.

Weiterweg zur Lenggrieser Hütte

Von der Buchsteinhütte folgen wir dem schmalen, ausgeschilderten Steig etwas oberhalb des Talgrundes hinauf zu den Roßsteinalmen. Dort stoßen wir auf einen Almfahrweg (Mark.-Nr. 621), der uns nahezu eben durch Bergwiesen in Richtung Westen leitet, vorbei an der Hochplatte (1596 m). Unser Wanderweg zweigt dann rechts vom Almfahrweg ab und führt links am Plattel und rechts am Schönberg vorbei zu einer Scharte. Jenseits eines kleinen Felsenkammes wandern wir leicht ansteigend weiter zum Mariaeck (1469 m). Wir folgen dann rechts dem felsigen Grat leicht ansteigend zum Vorgipfel des Seekarkreuzes. Durch lichten Wald geht es auf etwas morastigem Pfad hinab zur Lenggrieser Hütte.

Gipfelabstecher zum Seekarkreuz

Der Grasberg mit schöner Aussicht und großem, schlichtem Gipfelkreuz ist der Hausberg der Lenggrieser Hütte. Der Anstieg erfolgt vom Vorgipfel aus, den wir beim Anstieg vom Mariaeck überschreiten; rechts geht es über den grasigen Südostkamm hinauf zum höchsten Punkt (1601 m).

Von der Lenggrieser Hütte über die Aueralm zurück nach Bad Wiessee

Von der Alpenvereinshütte führt ein Wirtschaftsweg (Mark._Nr. 601) durch die bewaldete Nordwestflanke der drei Kampen – wobei wir einige Bergtäler ausgehen müssen – leicht fallend hinüber zum Hirschtalsattel (1224 m). Bei diesem Wegestern folgen wir dem Bergwanderweg (Mark.-Nr. SK), der geradeaus durch Wald und zuletzt durch Bergwiesen zur Neuhüttenalm führt (1329 m). Dort leitet uns ein Almweg rechts

KARTENHINWEIS Topographische Karte 1:50.000 „Tölzer Land – Starnberger See" (LDBV)

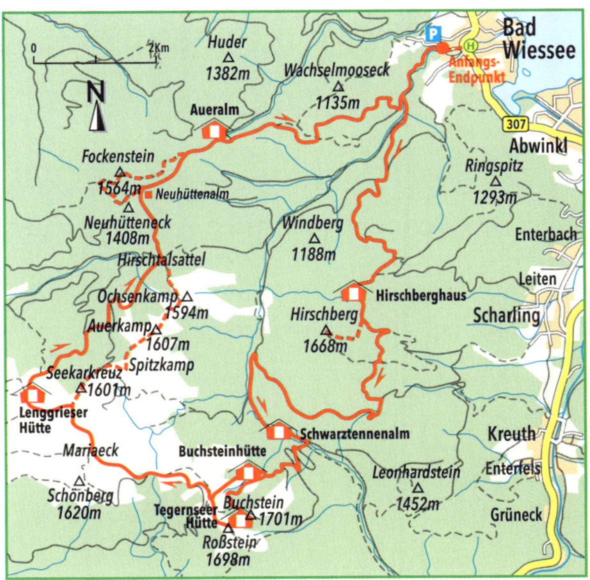

weiter zur bewirtschafteten Aueralm. Nach einer letzten Einkehr folgen wir dann dem breiten Wirtschaftsweg talwärts, halten uns bald rechts und wandern auf dem breiten Weg durch die bewaldete Südflanke des Söllbergs hinab ins Söllbachtal und links hinaus zu unserem Ausgangspunkt.

Höhenwegvariante über die drei Kampen

Von der Lenggriesser Hütte gehen wir zurück zum Sattel auf der Südseite des Seekarkreuzes und steigen links zu dessen Gipfel hinauf. Anschließend wandern wir hinab in einen Sattel. Auf einem Forstweg gelangen wir zu einer Verzweigung, dort rechts, bald links steil hinab durch Wald zu einem weiteren Sattel und jenseits auf Steig (Mark.-Nr. 622) hinauf zum Spitzkamp (Drahtseile und eine kleine Leiter). Auf der Grathöhe geht es weiter zum Auerkamp. Den letzten Gipfel erreichen wir im Auf und Ab, wobei der Gipfel rechts vom Weg liegt. Durch Latschen und freie Hänge steigen wir dann hinab zum Hirschtalsattel.

Die Schwarzentennalm, eine beliebte Einkehrstation

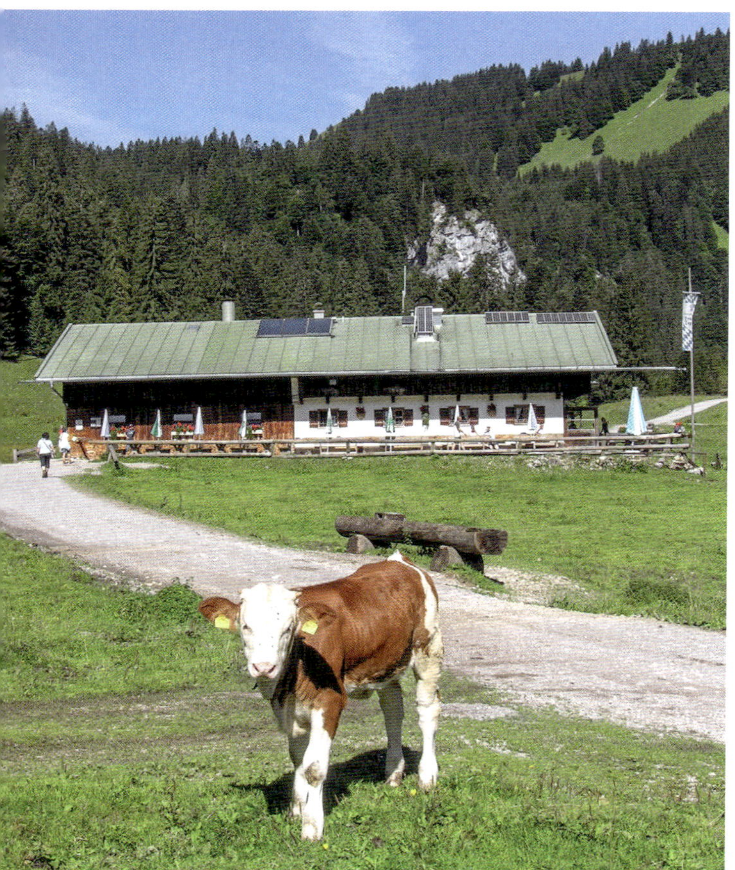

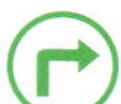

Gipfelabstecher zum Fockenstein

Bei der Neuhüttenalm halten wir uns links und folgen dem Wirtschaftsweg hinauf zu einem Sattel. Dort zweigt rechts der Gipfelweg ab. Über überwiegend freies, aber steiles Gelände steigen wir hinauf zum Gipfel des Fockensteins (1564 m). Für den Abstieg nehmen wir rechts den walddurchsetzten und schrofigen Kamm zum Almfahrweg.

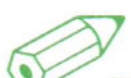

TOURISTINFO

Tourist-Information Bad Wiessee, Lindenplatz 6, 83707 Bad Wiessee, Tel. +49/8022/92 73 80, www.tegernsee.com

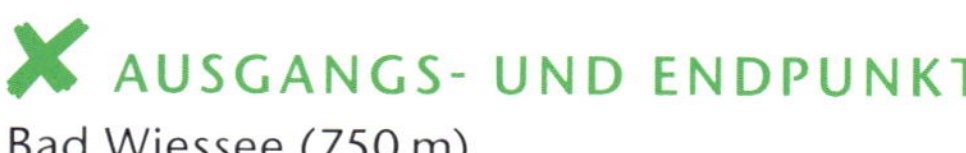

AUSGANGS- UND ENDPUNKT

Bad Wiessee (750 m)

ANFAHRT

Mit dem Auto: Auf der A 8 bis zur Ausfahrt Holzkirchen, dann über Gmund nach Bad Wiessee. Vor der Brücke über den Söllbach rechts in die Söllbachstraße, bei der Straßengabelung links zum gebührenpflichtigen Wanderparkplatz Söllbach.
Mit Bahn & Bus: Mit der Bayerischen Regiobahn (BRB) nach Gmund, von dort mit dem RVO-Bus nach Bad Wiessee bis zur Haltestelle Söllbach.

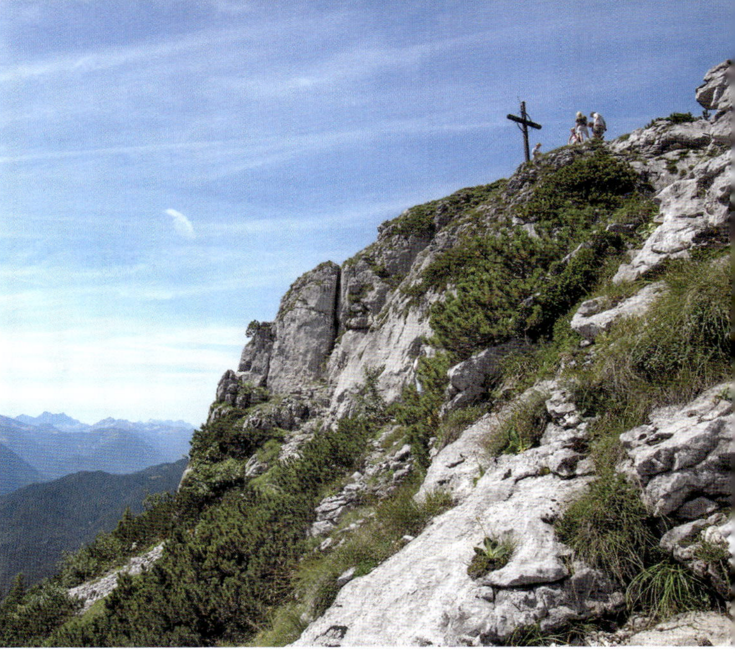

Roßstein mit Gipfelkreuz

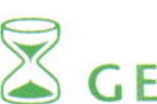 GEHZEITEN

Von Bad Wiessee zum Hirschberghaus 2¼ Std., von der Schwarzentennalm über die Buchsteinhütte zur Tegernseer Hütte 2 Std., weiter zur Lenggrieser Hütte 1½ Std., weiter über den Hirschtalsattel zu Aueralm 2½ Std., Abstieg nach Bad Wiessee 2 Std.; Gesamtgehzeit ca. 10 Std.
Gipfelabstecher: Zum Hirschberg 1 Std.; zum Roßstein 20 Min.; Gipfelüberschreitung der drei Kampen 2½ Std.; zum Fockenstein 1 Std.

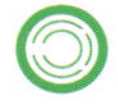 ANFORDERUNG

Hüttenwege: Bergwanderwege und zum Teil Wirtschaftswege; beim Abstieg von der Tegernseer Hütte zum „Brotzeitfelsen" ist Trittsicherheit und Schwindelfreiheit erforderlich (Drahtseilsicherungen); diese Passage kann über die Nordseite umgangen werden.
Gipfelwege: Hirschberg, Roßberg und Seekarkreuz: leichte Wandergipfel; für die Überschreitung der drei Kampen benötigt es Trittsicherheit und Schwindelfreiheit, ebenso für den Fockenstein.

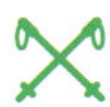 AUSRÜSTUNG

Normale Wanderausrüstung

 EINKEHR & ÜBERNACHTUNG

Hirschberghaus, 1511 m: nahezu ganzjährig geöffnet, Dienstag Ruhetag, 30 Betten, 25 Lager, Übernachtung nur nach Voranmeldung, Tel. +49/8029/465, www.hirschberghaus.de
Schwarzentennalm, 1027 m: privat, während der Almsaison täglich, im übrigen Jahr an Wochenenden und Feiertagen bewirtschaftet, Tel. +49/8029/386
Buchsteinhütte, 1260 m: nahezu ganzjährig bewirtschaftet, von Mitte November bis Anfang Dezember geschlossen, im Sommer Montag Ruhetag, 34 Betten, Tel. +49/8029/244, www.buchsteinhuette.com
Tegernseer Hütte, 1650 m: AV-Hütte, Kat. I, bewirtschaftet von Mitte Mai bis Anfang November, 25 Lager Tel. +49/175/411 58 13 oder +49/8042/91 73 78, www.tegernseerhuette.de
Lenggrieser Hütte, 1338 m: AV-Hütte der Kat. I, ganzjährig bewirtschaftet, im Frühjahr und im Spätherbst jeweils ca. drei Wochen geschlossen, 48 Betten und Lager, es existiert ein Selbstversorgerraum, Tel. +49/8042/563 30 96 oder +49/171/484 93 49, www.lenggrieserhuette.de
Aueralm, 1266 m: privat nahezu ganzjährig bewirtschaftet, Montag Ruhetag, Tel. +49/8022/836 00, www.aueralm.de

DER SPEZIAL-TIPP

Die ehemals private Böck'sche Kutschensammlung gehört heute der Gemeinde Rottach-Egern und ist im Gsotthaberhof (Feldstraße 16, Tel. +49/8022/70 44 38) untergebracht, ursprünglich ein Lehen des Benediktinerklosters Tegernsee. Auf 700 m² Ausstellungsfläche begeben wir uns auf eine Zeitreise in die Vergangenheit vor der Motorisierung. Einkehrmöglichkeit dort im „Café Gäuwagerl". Öffnungszeiten: Vom 1. Mai bis 31. Oktober von Dienstag bis Sonntag von 11–17 Uhr.

13 EINE GROSSARTIGE HÖHENROUTE IM ISARWINKEL

Lenggries – Brauneck-Gipfelhaus – Stiealm – Rotöhrsattel – Tutzinger Hütte – Benediktenwand – Jachenau

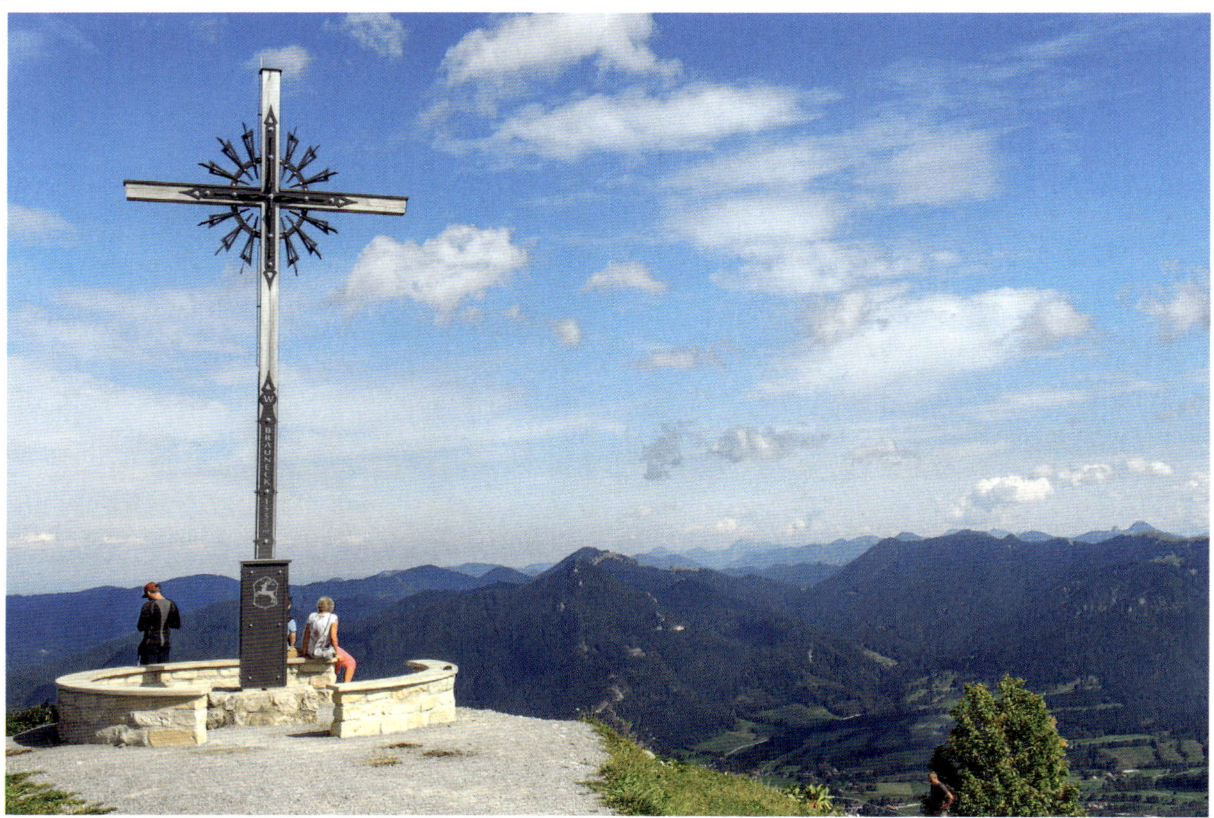

Auf dem Brauneck-Gipfel – Blick auf den Geierstein

Auch im Isarwinkel finden wir einen aussichtsreichen Kammweg, der uns vom Brauneck hinüber zur Benediktenwand leitet. Je nachdem, ob wir bereits im Brauneck-Gipfelhaus übernachten wollen oder erst auf der Stiealm: Auf jeden Fall sollten wir uns für den schönen Kammweg und die Besteigung der Benediktenwand einen ganzen Tag Zeit lassen. Die Brauneckbahn kann eine wertvolle Aufstiegshilfe sein, insbesondere wenn wir von auswärts anreisen und nicht im Tal übernachten wollen. Am nächsten Tag geht es dann im leichten Auf und Ab immer in Richtung Westen. Erst kurz vor der Tutzinger Hütte müssen wir einige hundert Höhenmeter absteigen, um zu unserer letzten Übernachtungsmöglichkeit zu gelangen, bevor wir am folgenden Tag über den Glaswandsattel hinab in die Jachenau wandern, einem der stillen Alpentäler in den bayerischen Bergen. Am Brauneck selbst haben wir einige gute Möglichkeiten zum Übernachten. Knapp unterhalb des Gipfels liegt das ganzjährig bewirtschaftete Brauneck-Gipfelhaus. Ebenfalls auf der Höhe bieten sich dann noch die Quengeralm und die Stiealm an, die ebenfalls an unserer Höhenroute liegen. Aber Achtung: Auf der Stiealm ist der Mindestaufenthalt zwei Nächte. Aber das ist kein Problem, denn dort oben könnten wir es locker eine ganze Woche aushalten. Einige der

Gipfel am Weg werden wir dann überschreiten bzw. mit einem kurzen Schlenker ansteuern, um die Panoramaaussichten noch zu optimieren – so da sind: das Brauneck, der Vordere Kirchstein und die Benediktenwand. Alles in allem eine Route, die uns drei oder vier schöne Bergtage bietet.

Von Lenggries zum Brauneck-Gipfelhaus

Vom Bahnhof der Regiobahn in Lenggries ist es eine knappe halbe Stunde Fußweg hinüber zur Talstation der Brauneckbahn (es geht natürlich auch ein Bus dorthin). Am großen Wanderparkplatz halten wir uns rechts – falls wir nicht das Angebot der Bergbahn in Anspruch nehmen wollen – und folgen dem Sträßchen bis zum Bergfuß. Dort leitet uns ein ausgeschilderter Wirtschaftsweg (Mark.-Nr. 451 und „M" = Maximiliansweg) in einigen Kehren durch Wald hinauf zur Reiseralm, wo man seit einigen Jahren leider nicht mehr übernachten kann, aber von der Terrasse einen schönen Talblick hat. Weiter geht es nun am Fuß des Kogelbergs entlang, der auf der rechten Seite des Hochtals aufragt, und hinauf zur Garlandalm, wo der Wirtschaftsweg endet. Ein breiter Bergwanderweg – nun jedoch recht steil – führt uns hinauf zur Bergstation der Bergbahn und dann auf gemütlichem, breiten Weg zum Brauneck-Gipfelhaus, von dessen Terrasse wir einen freien Blick hinüber zum Karwendelgebirge genießen.

Gipfelabstecher zum Brauneck

Der Hausberg der Alpenvereinshütte ist nur einen Katzensprung entfernt. Vom Unterkunftshaus geht es in wenigen Minuten hinauf zum eigentlichen Gipfel, den ein schönes Kreuz schmückt. Dank seiner vorgeschobenen Lage stellt er einen großartigen Aussichtspunkt dar. Tief unten liegt das Isartal mit seinen reizvollen Dörfern. Nebenbei schauen wir dem Treiben der Drachen- und Gleitschirmflieger zu, die hier ihr bevorzugtes Revier haben.

Höhenwegvariante mit Gipfeleinlagen

Am Brauneck-Gipfel halten wir uns an die Beschilderung „Benediktenwand" und folgen dem gut markierten Höhenweg in Richtung Westen, dann hinauf zum Schrödelstein und zum Stangeneck und weiter zum Vorderen Kirchstein, der einen ausgeprägten Gipfel darstellt und mit einem Kreuz geschmückt ist. Er liegt etwas abseits des Höhenwegs und fällt nach Norden steil ab.
Anschließend nehmen wir noch den Latschenkopf mit und stoßen dann auf den Probstsattel (1610 m), wo sich diese Variante wieder mit unserem Hauptweg vereinigt. Wir können aber auch nach diesem kleinen Gipfelparcour zur Stiealm absteigen und dort übernachten und am nächsten Tag zum Probstsattel zurückwandern.

KARTENHINWEIS Topographische Karte 1:50.000 „Tölzer Land – Starnberger See" (LDBV)

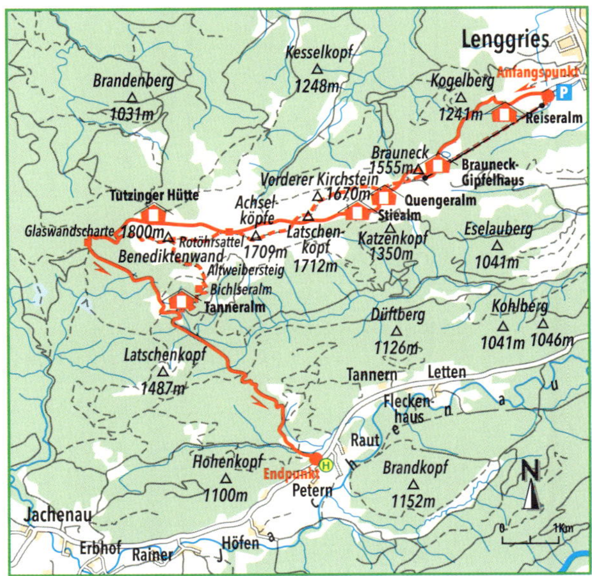

Vom Brauneck-Gipfelhaus zur Stiealm

Vom Alpenvereinshaus steigen wir entweder wieder kurz ab zur Bergstation und folgen dann rechts dem Kleinen Höhenweg hinab zur Tölzer Hütte. Oder wir bleiben kurz auf der Kammhöhe und nehmen denn den links hinabführenden Verbindungsweg, der wieder auf den Kleinen Panoramaweg stößt. Ab hier gibt es einen Einkehrparcours: Drei Hütten hintereinander - die Tölzer Hütte, die Quengeralm und die Strasseralm - hindern uns, auf flotte Weise die Stiealm zu erreichen. Von der Tölzer Hütte geht es jedenfalls auf breitem Wirtschaftsweg in Kehren steil hinab zu den beiden anderen Almen. Dann halten wir uns rechts, wandern weiter auf einem Wirtschaftsweg - aber nun relativ steil hinauf -, bis er wieder abflacht und wir bequem die Stiealm mit den Nebengebäuden erreichen. Hier ist wahrlich ein Platz zum Bleiben - auch weil wir ein schönes Stück von der Bergstation der Brauneckbahn entfernt sind.

Die letzten Meter zum Brauneck-Gipfelhaus

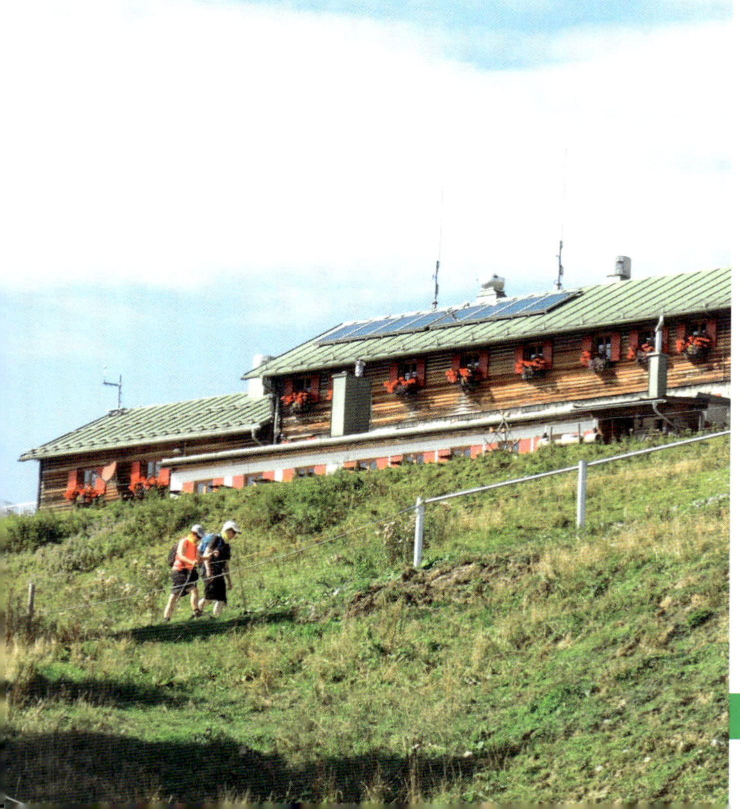

DER SPEZIAL-TIPP

Wo eine Alm ist, das gibt es Almkäse. So sollte es sein. Aber nur noch wenige Almen produzieren ihren eigenen Käse. Bei der Stiealm ist das anders. In einem Nebengebäude ist eine Almkäserei untergebracht. Dort wird Butter und vor allem Alm- und Bergkäse hergestellt und auch vor Ort verkauft. So gibt es z.B. Stie-Graukas und Brauneck-Bergkas. Wenn wir zur richtigen Zeit kommen, können wir sogar bei der Herstellung zuschauen.

Von der Stiealm zur Tutzinger Hütte

Von der bewirtschafteten Alm folgen wir dem breiten Wirtschaftsweg, der jenseits in südlicher Richtung steil hinauf führt; er verengt sich zu einem Bergweg und trifft am Probstsattel (1610 m) auf die Höhenroute, die direkt vom Brauneckgipfel herüberführt. Wegweiser zeigen uns hier eindeutig, wo es langgeht. Wir befinden uns nun wieder auf dem „Maximiliansweg" (der bis zum Bodensee führt, mit den Mark.-Nr. 451 und „M"). Dieser Weg umgeht das Achselhorn und führt direkt zum Rotöhrsattel (1620 m), den wir nach drei Stunden Gehzeit erreicht haben. Hier legen wir eine Rast ein, bevor wir zur Tutzinger Hütte absteigen. Den Gipfel heben wir uns für später auf. Rechts haltend geht es nun in steilen Serpentinen hinab in den Hochtalkessel, in dem sich die Tutzinger Hütte befindet, unser nächstes Übernachtungsziel. Diese bemerkenswerte Alpenvereinshütte wurde nach neuesten ökologischen Kriterien errichtet und bietet allen Komfort. Gleich in der Nähe befindet sich sogar ein Klettergarten. Wenn wir hier mehrere Tage verbringen, könnten wir zur Staffelalm am Rabenkopf hinaufwandern, wo sich Franz Marc mit einer Zeichnung verewigt hat.

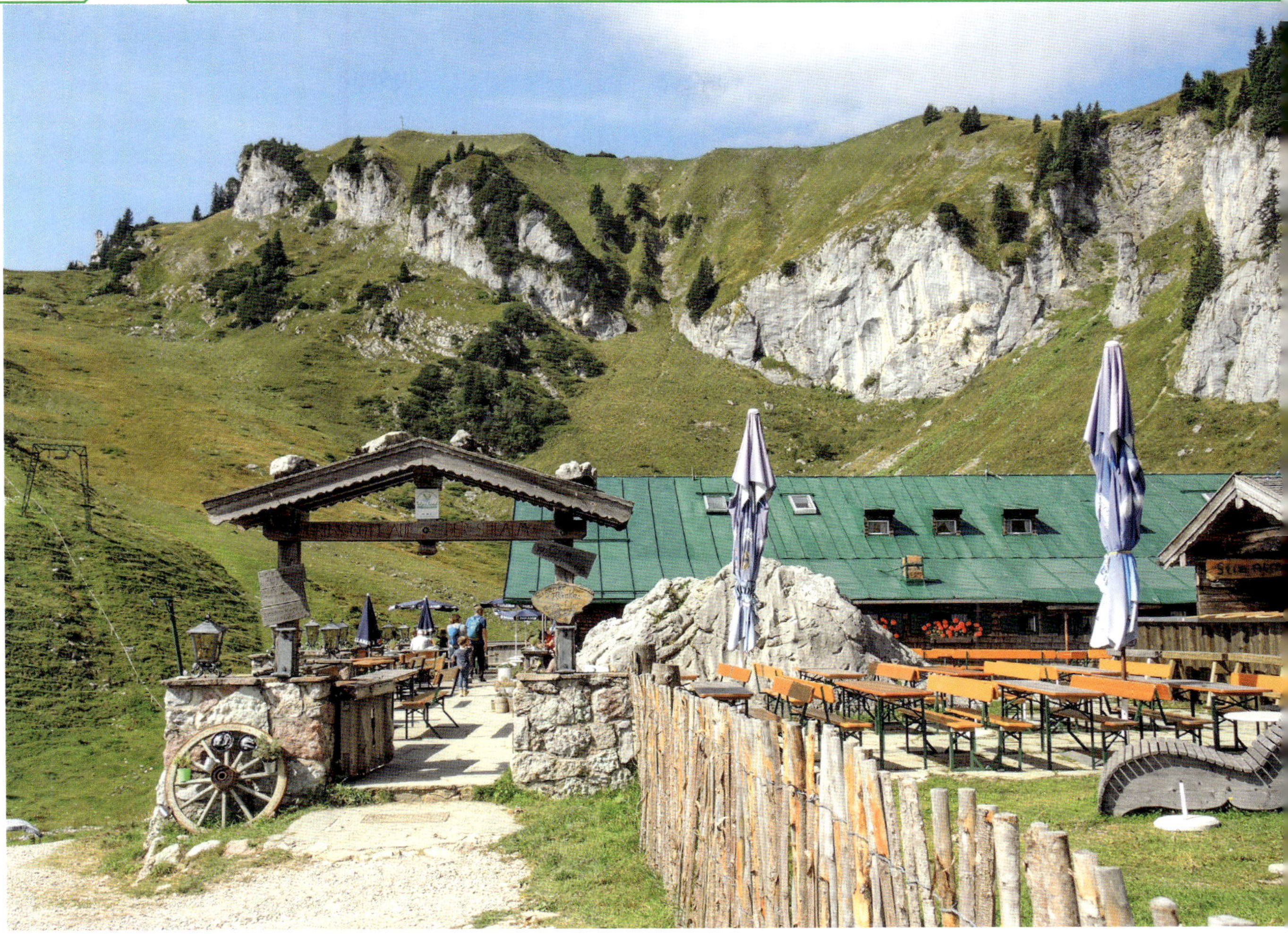

Die Stiealm unterhalb vom Latschenkopf

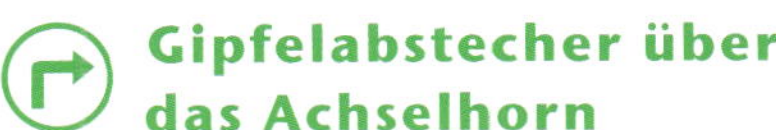

Gipfelabstecher über das Achselhorn

Wer die Herausforderung sucht, darf natürlich das Achselhorn nicht links liegen lassen. Bei der Überschreitung, die am Probstsattel beginnt, bekommen wir einen Begriff für die stellenweise Ausgesetztheit des langen Grates. In ständigem Auf und Ab und unter Zuhilfenahme der hier angebrachten Drahtseile überschreiten wir diesen. Und an manchen Stellen wundern wir uns schon über die geschickte Umgehung der schwierigen Stellen mittels eines Steiges.

Von der Tutzinger Hütte in die Jachenau

Von der Tutzinger Hütte folgen wir rechts haltend dem guten und ausgeschilderten Steig (AV-Weg 455) steil hinauf auf einen Absatz auf der Westseite des Gipfels. Bei der Wegverzweigung halten wir uns rechts (links geht es zum Gipfel der Benediktenwand) und folgen dem gut zu begehenden Steig durch Latschen hinab zum Glaswandsattel (1374 m). Auf diesem wandern wir nun links hinab durch eine bewaldete seichte Rinne zu einem quer führenden Weg. Wir halten uns hier links und wandern den ausgeschilderten

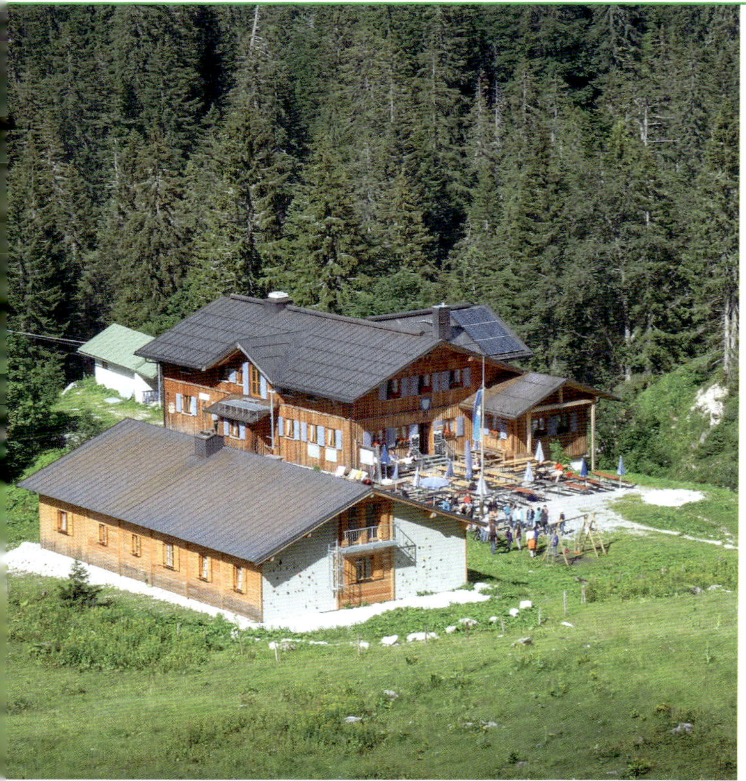

Blick auf die Tutzinger Hütte

Steig (Mark.-Nr. 477) durch Wald hinab zur Tanneralm (1340 m). Rechts haltend an dieser vorbei führt uns der Wirtschaftsweg (Mark.-Nr. 477 und 480) teils eben, dann wieder über Kehren in direkter Linie immer durch Wald hinab in die Jachenau, die wir in Nähe des Weilers Petern erreichen. Dort befindet sich eine Bushaltestelle.

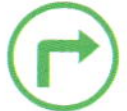

Gipfelabstecher zur Benediktenwand

Von der Tutzinger Hütte folgen wir rechts haltend dem guten und ausgeschilderten Steig (AV-Weg 455) hinauf zu einem Absatz auf der Westseite des Gipfels. Bei der Wegverzweigung geht es links auf dem zunächst noch steilen, dann flacher werdenden Steig durch Latschen hinauf zum Gipfel mit Kreuz und Unterstandshütte. Von dort wandern wir in östlicher Richtung hinab zum Rotöhrsattel, wo wir wieder auf unseren Höhenweg stoßen. Dieser Abschnitt ist mit einigen Drahtseilen und Eisenstiften gesichert, der Fels aber recht abgespeckt.

Direkter Abstieg von der Benediktenwand in die Jachenau

Vom Gipfel führt ein anspruchsvoller Steig (Mark.-Nr. 417) direkt nach Süden hinab zur Bichleralm; er ist im oberen Teil stark ausgesetzt und nicht gesichert. Von der Alm leitet uns dann ein Almweg (Mark.-Nr 480) immer durch Wald und unterhalb der Tanneralm vorbei – wo er dann auf unseren „normalen" Hüttenweg trifft – hinab in die Jachenau.

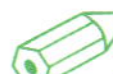

TOURISTINFO

Tourist-Information, Rathausplatz 2, 83661 Lenggries, Tel. +49/8042/500 88 00, www.lenggries.de

AUSGANGSPUNKT

Lenggries, Talstation der Brauneckbahn (700 m)

ENDPUNKT

Jachenau/Petern (727 m); von Petern mit dem Oberbayernbus zurück nach Lenggries

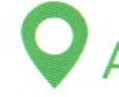

ANFAHRT

Mit dem Auto: Auf der A 95 bis Ausfahrt Sindelsdorf, dann auf der B 472 nach Bad Tölz und auf der B 13 weiter nach Lenggries. Bei der Ausfahrt rechts über die Isarbrücke zur Talstation der Brauneckbahn; dort gebührenfreier Wanderparkplatz.
Mit Bahn & Bus: Mit der Bayerischen Regiobahn (BRB) nach Lenggries. Von dort mit dem Bus zur Talstation der Brauneckbahn; zu Fuß: 20 Minuten.

GEHZEITEN

Von der Talstation der Brauneckbahn zum Brauneck-Gipfelhaus 2½ Std. (bzw. mit der Brauneckbahn 15 Minuten), Übergang zur Stiealm 1 Std., weiter zur Tutzinger Hütte 2½ Std., Aufstieg zur Glaswandscharte 1 Std., Abstieg nach Petern in der Jachenau 2½ Std.; Gesamtgehzeit ca. 10 Std.
Gipfelabstecher: direkte Route vom Brauneck über Vorderen Kirchstein und Rotöhrlsattel zur Tutzinger Hütte 3 Std.; die kleinen Gipfel am Wege wenige Minuten; Überschreitung der Benediktenwand 2½ Std.

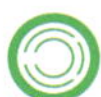

ANFORDERUNG

Hüttenwege: Anspruchsvolle Höhenwanderung, an einigen Stellen Trittsicherheit und Schwindelfreiheit erforderlich, objektiv aber nicht wirklich schwierig. Einige Drahtseilsicherungen.
Gipfelwege: Der Anstieg auf den Vorderen Kirchstein ist leicht, die anderen kleinen Gipfelabstecher setzen Trittsicherheit voraus; die Passagen über das Achselhorn können umgangen werden, ansonsten sind Trittsicherheit und Schwindelfreiheit nötig; der Anstieg auf die Benediktenwand über den Westweg ist leicht; der Ausstieg direkt vom Rotöhrlsattel setzt Trittsicherheit und Schwindelfreiheit voraus (einige Drahtseilsicherungen).

AUSRÜSTUNG

Normale Wanderausrüstung; Mütze oder Hut gegen Sonne und Wind.

EINKEHR & ÜBERNACHTUNG

Reiseralm, 920 m: privat, nahezu ganzjährig bewirtschaftet, im Sommer Montag und Dienstag Ruhetag, Tel. +49/8042/83 02, www.reiseralm.de
Brauneck-Gipfelhaus, 1540 m: Alpenvereinshütte der Kat. II, bewirtschaftet von Mitte Dezember bis Mitte April und von Mitte Mai bis Mitte November, im Sommer Dienstag Ruhetag, 80 Betten und Lager, Tel. +49/8042/87 86, www.brauneckgipfelhaus.de
Quengeralm, 1440 m: privat, nahezu ganzjährig bewirtschaftet, Donnerstag Ruhetag, 27 Betten, Übernachtung nur nach Voranmeldung, Tel. +49/8042/507 92 05, www.quengeralm-brauneck.de
Stiealm, 1520 m: privat, Betriebsferien von Ostern bis Pfingsten sowie im November, im Sommer Dienstag und Mittwoch Ruhetag, 100 Plätze in Zweibettzimmern, Mehrbettzimmern und Lager, Mindestaufenthalt zwei Nächte, bei Gruppen Voranmeldung nötig, Tel. +49/8042/23 36, www.stie-alm.de
Tutzinger Hütte, 1327 m: Alpenvereinshütte der Kat. II, bewirtschaftet von Mitte April bis Anfang November sowie über die Weihnachts- und Osterferien, 64 Betten, 34 Lager, Tel. +49/175/164 11 690, www.dav-tutzinger-huette.de
Gaststätten in der Jachenau

Kaspressknödel, ein Schmankerl auf der Stiealm

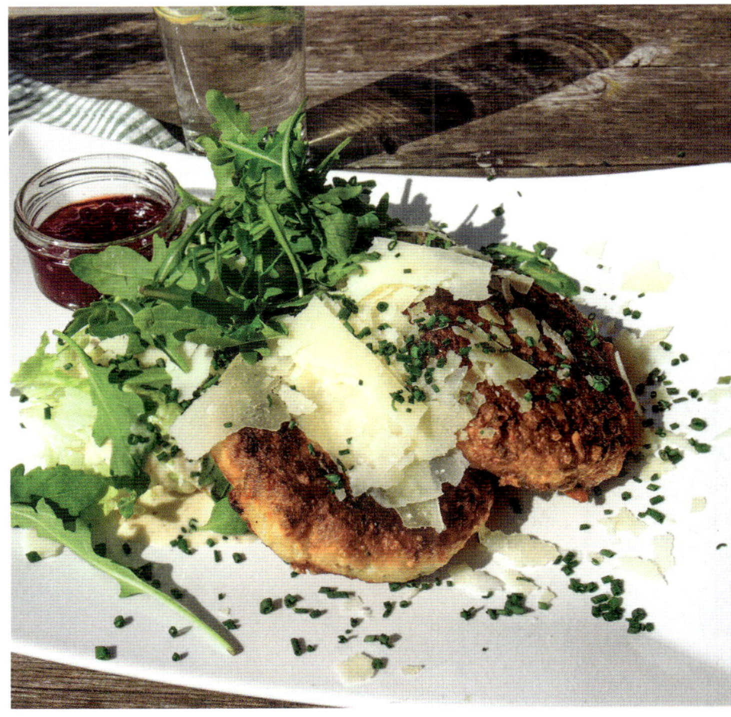

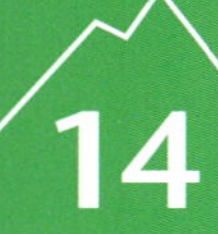

14 UNTERWEGS IN EINEM LANDSCHAFTLICHEN JUWEL

Krün – Soiernhaus – Jägersruh – Fereinalm – Seinsbachtal – Krün

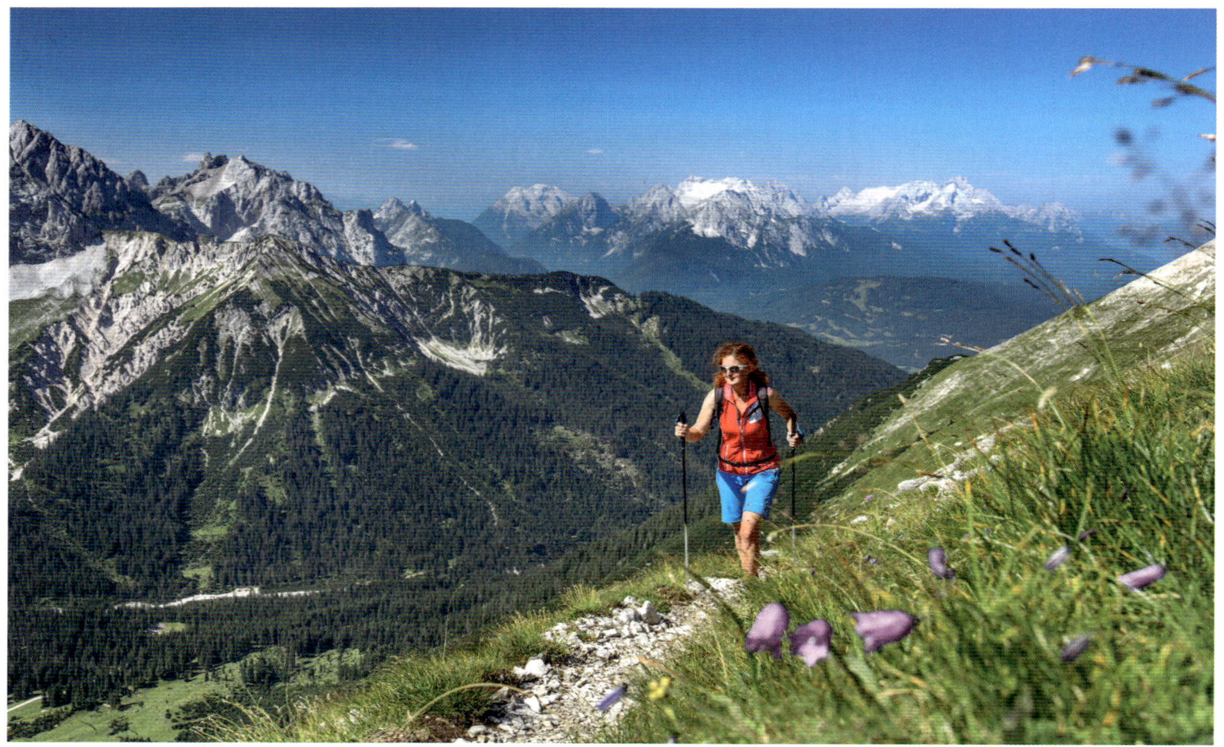

Soiernumrundung; links das Massiv der Östlichen Karwendelspitze, im Hintergrund das Wettersteingebirge

Orte, an denen die bayerischen Herrscher ihre (Jagd-)Hütten errichteten, mussten besonders schön sein. Diesen Anspruch erfüllte auch der Soiernkessel mit den Soiernseen inmitten einer fast geschlossenen Felsumrahmung. 1866 ließ König Ludwig II. in diesem landschaftlichen Kleinod das Soiernhaus errichten. Dort plante er Aufführungen von Richard Wagners Rheingold, für die er angeblich am Seeufer einen Pavillon und eine Seebühne errichten und ein Drachenboot bauen ließ, in dem ihn Lakaien im Dunkeln übers Wasser rudern mussten. Auf der Schöttelkarspitze entstand, nachdem man 14 Meter des Gipfels abgetragen hatte, ein später abgebrannter Pavillon, in dem der König seinen Tee trank. Einziger Rest dieses „Belvedere" ist eine etwa drei Meter lange Eisenstange am Gipfel. Die Hans-Mertel-Hütte (Bergwacht) war der frühere Pferdestall, und auf dem Hundstallboden waren die Jagdhunde untergebracht. Den Lakaiensteig – den wir für unseren Aufstieg von Krün eingeplant haben – nutzten die Bediensteten als Abkürzung, um vor dem König auf dem Soiernhaus zu sein. So wandern wir zum Teil auf geschichtsträchtigen Wegen und genießen wie Ludwig II. dieses landschaftliche Juwel im Vorkarwendel.

Von Krün zum Soiernhaus

Wir starten von der Isarbrücke in nördlicher Richtung und gehen den langen Forstweg ausdauernd bergan zur nicht mehr bewirtschafteten Fischbachalm. Dort nehmen wir nach rechts den wesentlich schöneren Lakaiensteig, der uns durch sämtliche Schrunden von Ochsenstaffel und Schöttelkarspitze direkt zum Soiernhaus bringt, das auf einem Felssporn über den beiden dunkelgrünen Seen thront. Alternativ und etwas einfacher geht es geradeaus abwärts zum Hundstallboden und über den Reitsteig hinauf zum Tagesziel.

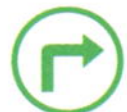

Gipfelabstecher auf die Schöttelkarspitze

Ab dem Soiernhaus geht es auf dem ehemaligen Reitsteig des Königs zunächst gemächlich, dann in steileren Serpentinen problemlos hinauf zum Grat und Gipfel, von dem man an klaren Tagen 14 Seen sehen kann.

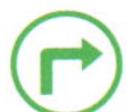

Gipfelabstecher auf die Soiernspitze

Vom Soiernhaus hinab in den Kessel und zwischen den beiden Seen hindurch, jenseits führt dann ein steilerer Steig durch grüne Matten hinauf in den Schotterkessel mit der Soiernlacke. Weiter durch rutschiges Geröll erreichen wir die Soiernscharte und gelangen links haltend über die Westflanke auf den höchsten Gipfel der Soierngruppe, den ein großes Kreuz schmückt. Vom Hirzeneck aus geht es auf der Südseite ebenfalls steil und steinig hinauf zum Gipfel, dafür ist der Weg etwas kürzer.

Runde um den Soiernkessel

Ob man die Runde über Jägersruh oder die Schöttelkarspitze startet, macht nur an warmen Sommertagen einen Unterschied, da der Aufstieg zur Schöttelkarspitze bereits am Morgen in der Sonne liegt. Wer sich nicht ganz sicher ist, ob er die luftige Schneide zwischen Schöttelkarspitze und dem Feldernkreuz (vor allem bei Restschnee) bewältigen kann, sollte hier beginnen, damit eine rechtzeitige Umkehr möglich ist. Vom Feldernkreuz folgt man dem schmalen Pfad hinauf zur Soiernspitze, hinab zum Hirzeneck und dort über Jägersruh zurück zum Soiernhaus. Umgekehrt geht es auf der Hauptroute zum Hirzeneck, dort hinauf zur Soiernspitze und wie die Variante zum Feldernkreuz, zuletzt über die schmale Schneide zur Schöttelkarspitze und hinab zur Hütte.

Über Jägersruh und Hirzeneck zur Fereinalm

Vom Soiernhaus gehen wir in Richtung Jägersruh hinab in die Senke und wenden uns dort nach rechts. Mit immer schöneren Ausblicken auf die beiden Seen und das Felshalbrund wandern wir stetig aufwärts zum 1894 m hohen Joch Jägers-

KARTENHINWEIS Topographische Karte 1:50.000 „Karwendel" (LDBV)

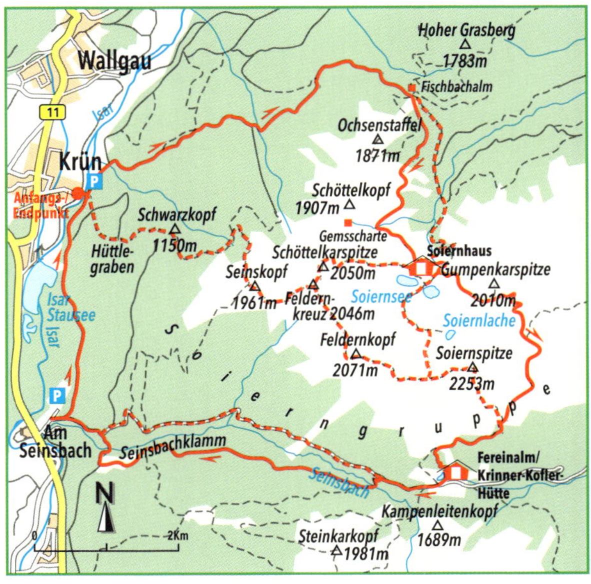

ruh. Auf der anderen Seite geht es etwas bergab, das Karwendelmassiv mit dem Wörner präsentiert sich dabei in voller Pracht. Wir halten uns stets rechts Richtung Hirzeneck, Fereinalm, laufen fast eben dahin und nochmal bergan zum Hirzeneck (Variante nach Krün). Hier steigen wir ab zur Fereinalm nahe der Krinner-Kofler-Hütte.

Auf dem Jägersteig ins Tal und nach Krün

Von unserer zweiten Übernachtungsstelle wandern wir dann auf dem Fahrweg talwärts. Am Abzweig halten wir uns jedoch links in Richtung Jägersteig (die leichte Variante folgt dem Fahrweg) und bleiben auf dem breiten Weg, bis er endet. Nun beginnt der spannende, aber auch etwas anspruchsvolle Steig durch den Seinsgraben, teils am steil abfallenden Hang entlang und seitliche Bäche und Wasserfälle querend, schließlich hinab zur Aschauer Alm. Von deren Zufahrtsweg zweigen wir kurz darauf rechts ab, queren den Seinsbach und kommen zum Wirtschaftsweg der Fereinalm. Zunächst links, dann rechts geht es auf dem Talweg zurück zur Isarbrücke in Krün.

DER SPEZIAL-TIPP

Nach viel Natur ein wenig Kultur: Das Geigenbaumuseum in Mittenwald, Ballenhausgasse 3, befindet sich in unmittelbarer Nähe der Pfarrkirche und lädt zu einem Besuch ein. Seit 1685 gilt der sehenswerte Ort mit seinen schönen alten Häusern und Lüftlmalereien als Zentrum des Geigenbaus. Das Museum dokumentiert dieses Handwerk und seine Entwicklung bis in die heutige Zeit anhand vieler interessanter Exponate und historischer Filme. Geöffnet Dienstag bis Sonntag von 10–17 Uhr, www.geigenbaumuseum-mittenwald.de

Einkehr am Soiernhaus

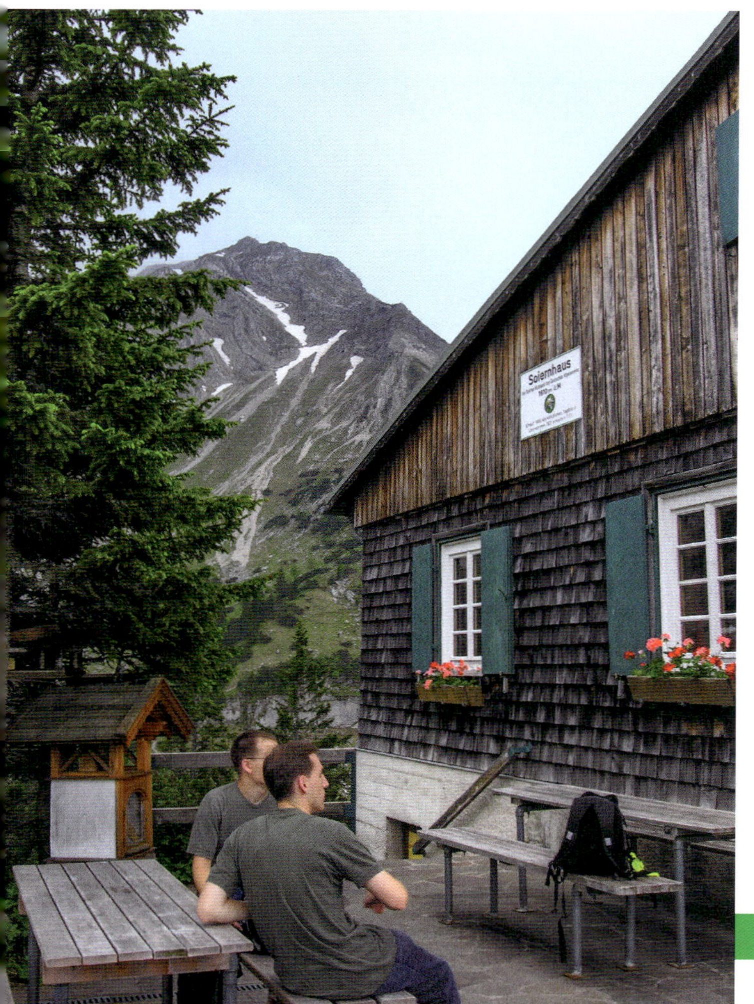

Variante übers Feldernkreuz nach Krün

Vom Hirzeneck steigen wir auf zum Gipfel der Soiernspitze, verlassen diesen nach links und laufen Richtung Schöttelkarspitze auf einem schmalen Steig überwiegend abwärts, schauen in die abgrundtiefe Rinne der Reißenden Lahnspitze, auf der anderen Seite in den Soiernkessel mit den Seen und kommen zum Feldernkopf und Feldernkreuz. Links ab auf den vorgeschobenen Seinskopf zu, dessen Nordseite wir rechts haltend queren. Immer Richtung Krün geht es nun stetig bergab, am Felsenköpfl entlang, dann zu einem Querweg. Auf diesem links, über zwei Bacheinschnitte und zu einem neuerlichen Wegetreff. Nochmals links zum oberen Ende des Hüttlegrabens und durch die kleine Klamm gelangen wir hinab ins Tal, dort rechts weiter zur Isarbrücke.

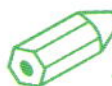

TOURISTINFO

Tourist-Information Krün, Rathausplatz 1, 82494 Krün, Tel. 08825/10 94, www.alpenwelt-karwendel.de

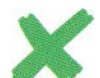

AUSGANGS- UND ENDPUNKT

Krün (874 m), Wanderparkplatz an der Isarbrücke

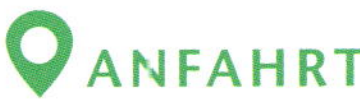

ANFAHRT

Mit dem Auto: Auf der A 95 zum Autobahnende, über Garmisch-Partenkirchen Richtung Mittenwald, abfahren nach Wallgau und weiter nach Krün. Oder über die A 95 bis Ausfahrt Sindelsdorf und über Benediktbeuern, Kochel und Walchensee nach Krün. Gebührenpflichtiger Parkplatz im Gries (ausgeschildert). Von dort südöstlich zur Isarbrücke, etwa 5 Minuten.
Mit Bahn & Bus: Mit der Bahn nach Garmisch-Partenkirchen, Klais oder Kochel am See, mit RVO-Oberbayern Bus 9608 oder 9618 nach Krün, Haltestelle Post/Café Kranzbach, dann durch die Schöttelkarspitz- und Soiernstraße in etwa ¼ Std. zur Isarbrücke.

GEHZEITEN

Von Krün/Isarbrücke zur Fischbachalm 2 Std., weiter zum Soiernhaus 1½ Std. (durch den Hundstallboden plus ½ Std.), weiter zum Hirzeneck 1¾ Std., weiter zur Fereinalm ¾ Std., Abstieg über den Jägersteig nach Krün 3 Std. (von Fereinalm über Fahrweg ½ Std. weniger); Gesamtgehzeit 9 Std.

Variante: von der Soiernspitze übers Feldernkreuz nach Krün 3½ Std.
Gipfelabstecher: Schöttelkarspitze (2049 m) vom Soiernhaus 1½ Std.; Soiernspitze (2257 m) vom Soiernhaus über die Soiernseen 2½ Std.; südseitig vom Hirzeneck 1¼ Std; ganze Kesselrunde von/bis Soiernhaus 5–6 Std.

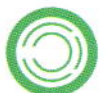

ANFORDERUNG

Hüttenwege: ohne Lakaien- und Jägersteig leichte Berg- und Fahrwege, sonst Trittsicherheit und Schwindelfreiheit nötig. Lakaiensteig kurzzeitig Seilsicherung, Jägersteig schmaler Steig bis Pfad, oft nass und rutschig.
Gipfelwege: Schöttelkarspitze vom Soiernhaus: guter Bergweg, Trittsicherheit nötig; Soiernspitze: Nordanstieg über einen teils steilen Bergsteig mit rutschigem Geröllkar, Vorsicht bei Altschneefeldern, Südanstieg steil und steinig, aber problemlos. Für die Kesselrunde Trittsicherheit, Schwindelfreiheit und Bergerfahrung sowie gute Verhältnisse Voraussetzung, teils schmale Steige, luftiger Übergang zwischen Schöttelkarspitze und Feldernkreuz.

AUSRÜSTUNG

Komplette Bergwanderausrüstung, am besten mit Stöcken.

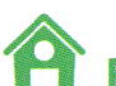

EINKEHR & ÜBERNACHTUNG

Soiernhaus, 1616 m: Alpenvereinshütte der Kat. I, von Mitte Mai bis Mitte Oktober bewirtschaftet, 60 Lager, Tel. +49/171/546 58 58, www.sektion-hochland.de/huetten/soiernhaus
Fereinalm (auch Vereiner Alm), 1400 m: private Alm, geöffnet von Juni bis Mitte September, Almverpflegung, Tel. +49/170/317 36 74
Krinner-Kofler-Hütte, 1407 m: Selbstversorgerhütte des DAV, von Anfang Juni bis Mitte September bewartet, 30 Lager, Hüttenwart, Tel. +49/8823/55 84 , https://dav-mittenwald.de/de/Hütten

15 DURCHS KARWENDEL ZUR GRÖSSTEN ALM IN TIROL

Scharnitz – Karwendelhaus – Kleiner Ahornboden – Falkenhütte – Hohljoch – Engalmen

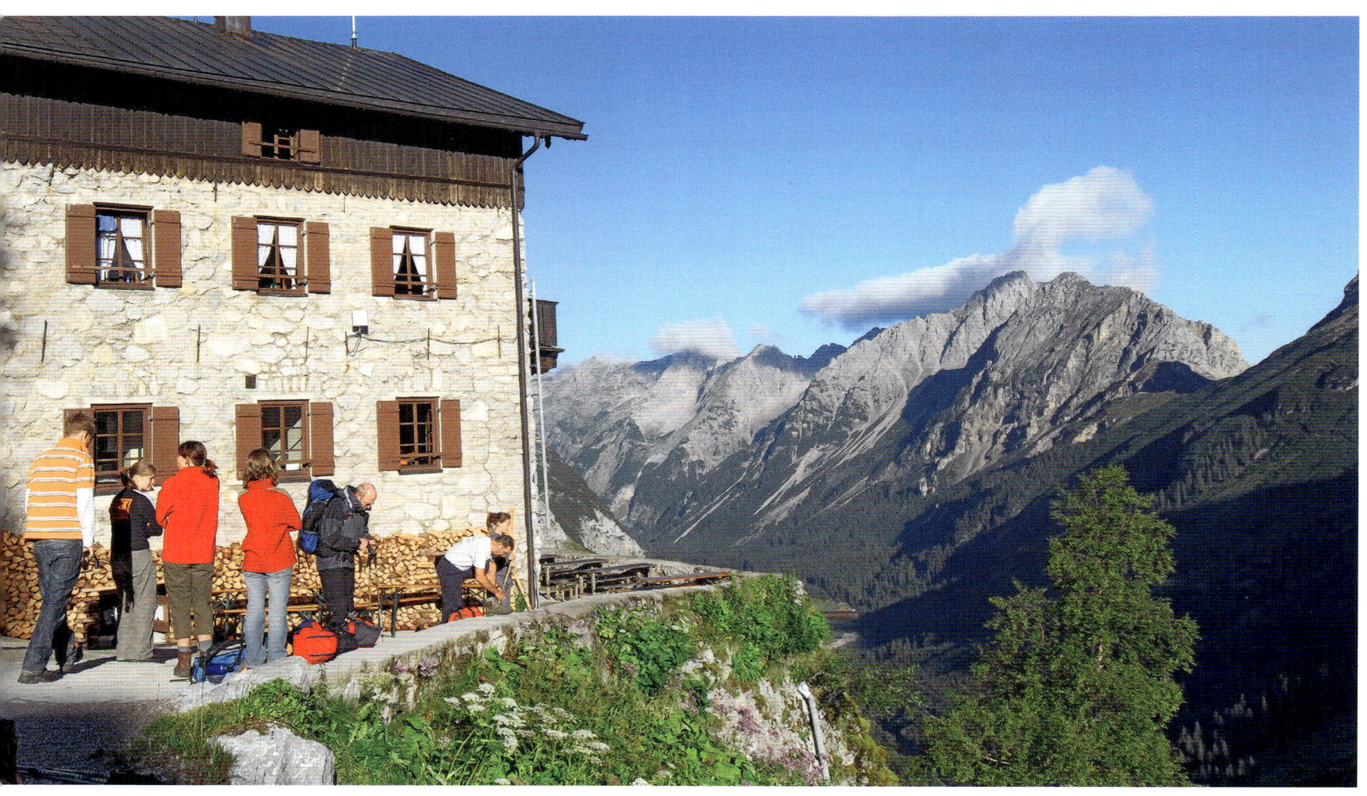

Am Karwendelhaus

Das Karwendelgebirge zeichnet sich auf seiner Nordseite durch großartige Täler aus. In Scharnitz, unserem Ausgangsort, nehmen gleich drei ihren Ausgang: das Karwendeltal, das Hinterautal und das Gleirschtal. Bei unserer langen Querung vor der großartigen Kulisse des Karwendelhauptkamms von Scharnitz hinüber in die Eng mit dem größten Almdorf Tirols machen wir Station auf zwei der berühmtesten Berghütten der Alpen: dem Karwendelhaus und der kürzlich umfassend renovierten Falkenhütte. Großartiges Gipfelziel an dieser Route ist der höchste Karwendelgipfel, die Birkkarspitze, die uns mit einer Höhe von 2749 Meter Höhe und einem großartigen Panorama beeindruckt. Aber es liegen noch weitere Gipfelziele entlang der Route. Je nach Zeit und Gusto werden wir den einen oder anderen „mitnehmen" – der Mahnkopf und das Gamsjoch. Da die Alpenvereinshütten relativ früh schließen, können wir im Herbst die farbige Prachtentfaltung der imposanten Ahornbäume auf dem Großen Ahornboden nur zu Beginn der Laubfärbung genießen. Dafür entschädigt uns das große Almdorf Eng, wo wir sogar noch einen Tag dranhängen und entweder rustikal in einer der Almhütten oder im Naturhotel Eng übernachten können. Als Dreingabe bieten sich dann am nächsten Tag noch der Anstieg auf das Sonnjoch oder der Besuch des bewirtschafteten Binsalm-Niederlegers an, bevor wir in Richtung Heimat ziehen.

Von Scharnitz zum Karwendelhaus

Vom Bahnhof in Scharnitz folgen wir kurz der Hauptstraße in Richtung Süden und biegen dann noch vor der Isarbrücke links ab. Dort zeigen uns Wegweiser die Richtung hinauf zur Pürzlkapelle und weiter ins Karwendeltal. – Falls wir mit dem Auto gekommen sind, parken wir beim großen Wanderparkplatz Karwendeltäler und folgen dann zunächst der Teerstraße vor zur Isar, queren links hinüber und steigen auf dem Pürzlweg hinauf zur Pürzlkapelle (1128 m), wo wir auf den vorher genannten Anstiegsweg stoßen. Von dort geht es weiter mit der Mark.-Nr. 201 ins Karwendeltal hinein. Bald mündet von rechts der breite Wirtschaftsweg ein, den wir bis zur Hochalm nicht mehr verlassen. Bewegen wir uns zu Beginn noch hoch über dem Karwendelbach, kommen wir diesem allmählich immer näher. Auch wenn der Wanderweg ein bisschen eintönig ist, genießen wir doch auf beiden Seiten eine imposante alpine Kulisse: rechts erhebt sich bald die Pleisenspitze, links die Brunnensteinspitze, dann die Westliche

DER SPEZIAL-TIPP

Am Ausgangspunkt unserer Tour in Scharnitz befindet sich das neue Naturpark-Infozentrum, das uns vielfältige Eindrücke und Informationen über den „Naturpark Karwendel“ und seine Bewohner gibt. Neben der Dauerausstellung werden auch Vorträge und Naturexkursionen angeboten. Ein besonderes Exponat der Ausstellung ist das Skelett eines Elches, der vor ca. 2000 Jahren im Karwendel gelebt hat. Das daneben liegende Museum Holzerhütte bietet Informationen zum Wald und zur Holzwirtschaft im Karwendel. Der Eintritt ist kostenlos. Infozentrum und Museum sind im Sommerhalbjahr geöffnet.
Adresse: Naturpark-Infozentrum Scharnitz, Hinterautalstraße 555b, A-6108 Scharnitz, Tel. +43/50 88 05 40, www.karwendel.org/infozentrum

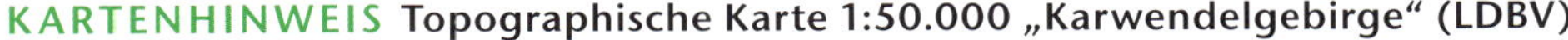
KARTENHINWEIS Topographische Karte 1:50.000 „Karwendelgebirge“ (LDBV)

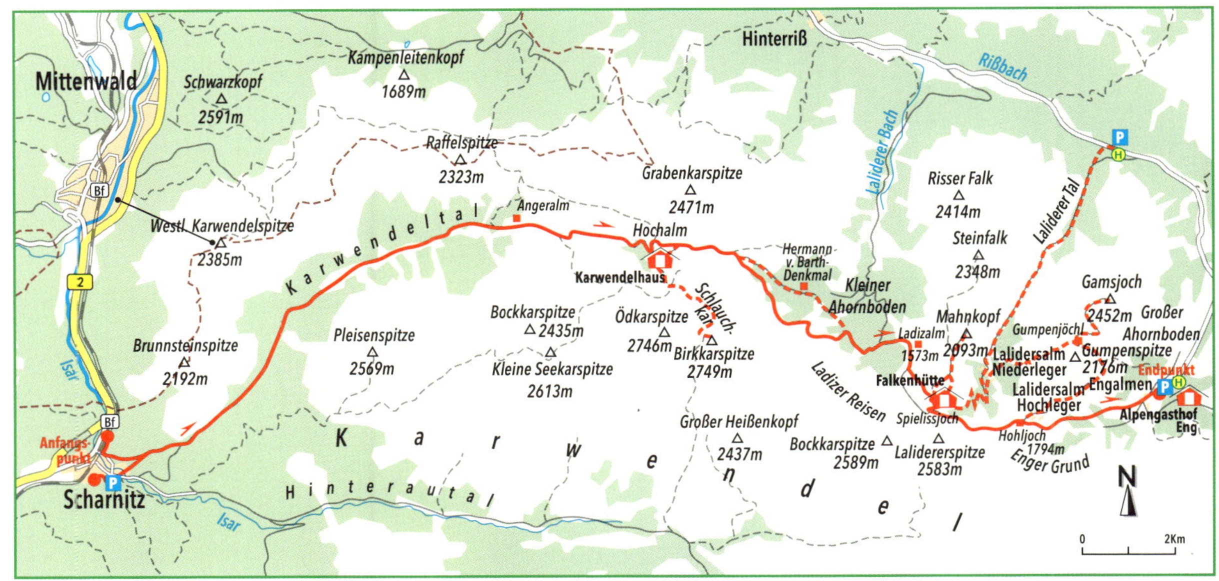

Karwendelspitze. Bald sehen wir vor uns den Wörner. Nach einige Zeit erreichen wir die Larchetalm und den Großen Schafstallboden. Leider gibt es hier keine Einkehr mehr; die Larchetalm wurde abgetragen. Also ist für diesen langen Weg zum Karwendelhaus Rucksackverpflegung angesagt. Wir passieren die Angeralm und steigen dann in Kehren zur Hochalm an. Dort schwenken wir nach rechts und steigen zum bereits sichtbaren großen Karwendelhaus hinauf.

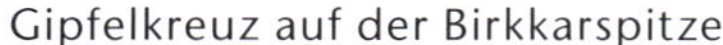

Gipfelkreuz auf der Birkkarspitze

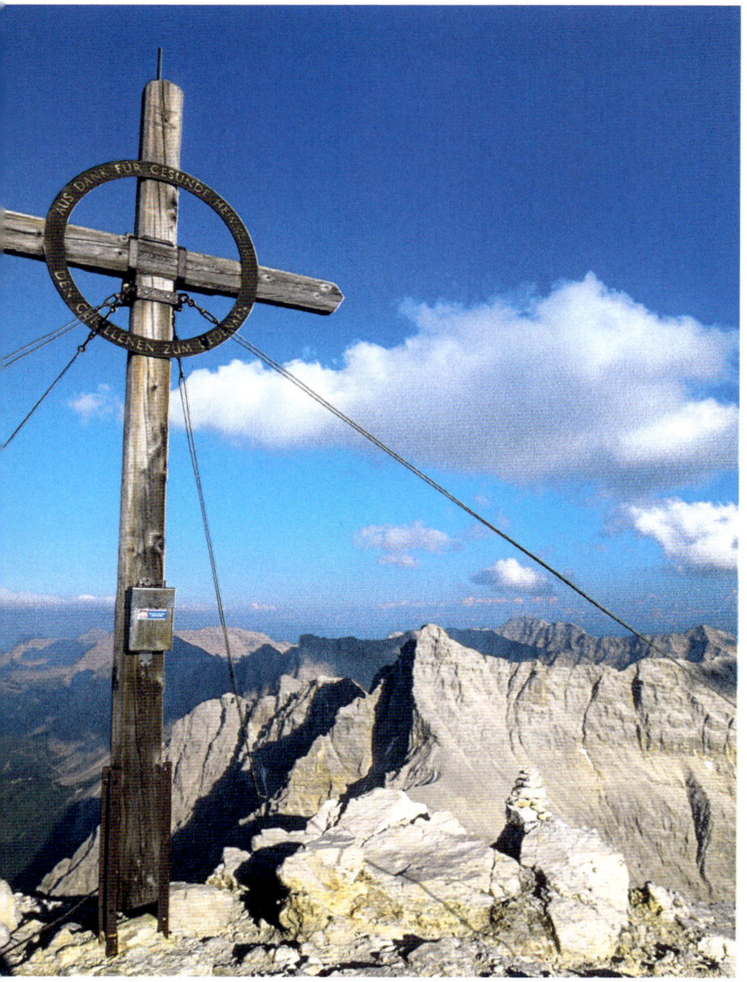

Gipfelabstecher zur Birkkarspitze

Der höchste Gipfel des gesamten Karwendelgebirges, die Birkkarspitze, ist zugleich der Hüttengipfel des Karwendelhauses. Der Ersteigung ist durchaus ein anspruchsvolles alpines Unternehmen. Auf der Nordseite können bis in den Sommer hinein Altschneefelder liegen, der Gipfelweg selbst führt über ausgesetzte, mit Geröll bedeckte Felsbänder. Vom Alpenvereinshaus folgen wir dem markierten Steig einige Meter in Richtung Hochalmsattel, dann gleich hinter dem Unterkunftshaus über steile Serpentinen ins Schlauchkar hinauf, wobei wir uns bei der Wegverzweigung links halten. In Serpentinen winden wir uns mühsam und steil hinauf zum Schlauchkarsattel (2635 m). Links davon befindet sich die kleine Birkkarhütte, die uns einen Unterstand bietet. Eine großartige Aussicht erwartet uns oben. Der Blick reicht im Süden bis in die Hohen Tauern. Jetzt sind es nur noch gut 100 Meter bis zum höchsten Punkt. Über schotterige Bänder zieht sich unsere Route hinauf zum Westgrat, dann weiter über die plattige Südwestflanke zum Gipfel der Birkkarspitze (2749 m).

Vom Karwendelhaus über die Ladizalm zur Falkenhütte

Vom Alpenvereinshaus folgen wir dem Höhenweg (Nr. 201) direkt hinüber zum Hochalmsattel (1803 m) und steigen dann etwa 50 Höhenmeter ab, bis zu einer Wegverzweigung (alternativ könnten wir auch durch das Untere Filztal hinab zum Kleinen Ahornboden mit dem Hermann-von-Barth-Denkmal wandern; von dort geht es ebenfalls hinauf zur Ladizalm); dort halten wir uns rechts und folgen der „Karwendel-Route“, die auch von Mountainbikern frequentiert wird. Durch den Sauisswald wandern wir hinauf zur Ladizalm (1573 m). Anschließend steigen wir über freies Gelände zur Falkenhütte hinauf, wobei wir den direkten Anstieg nehmen. Hier genießen wir

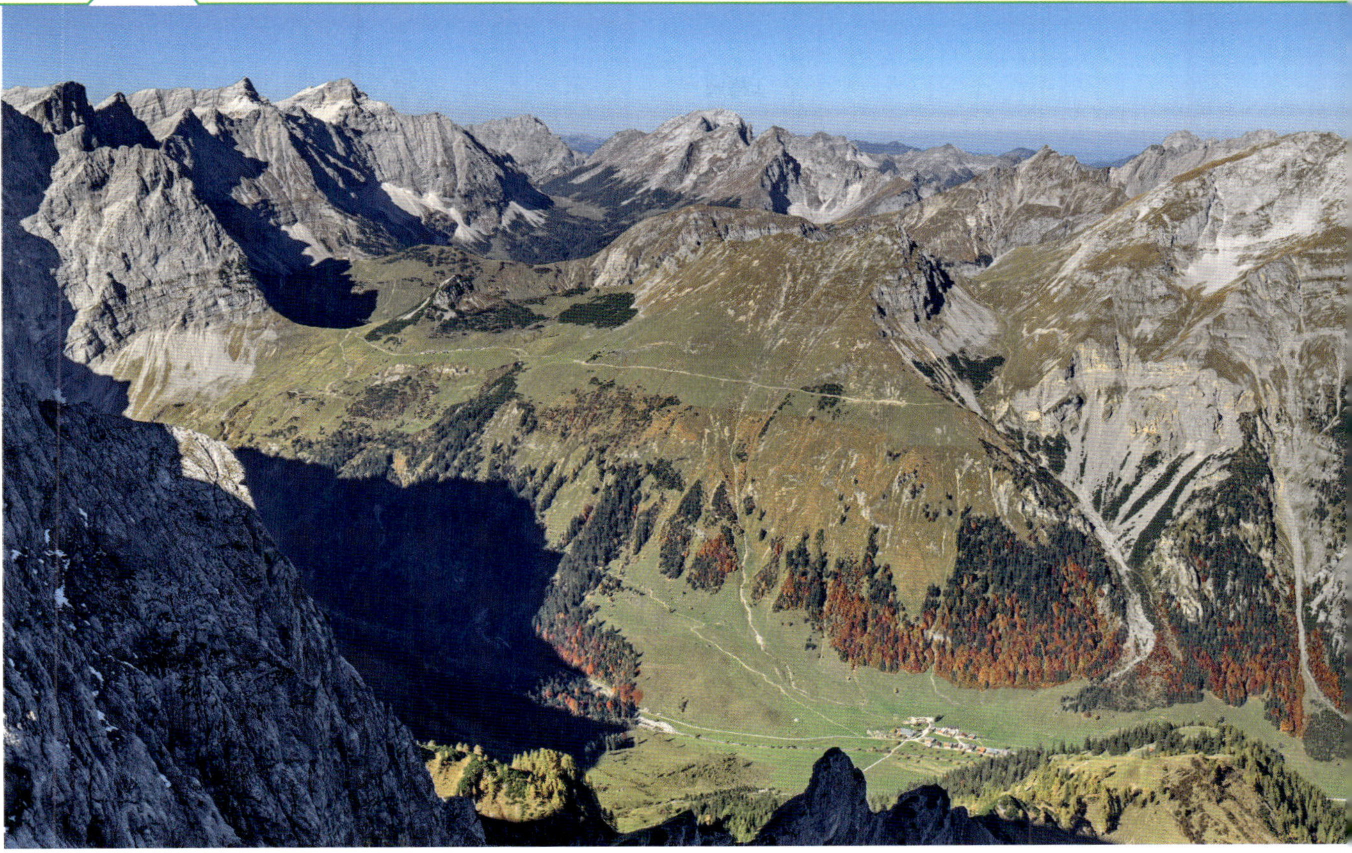

Blick auf Mahnkopf und Gamsjoch vom Sonnjoch aus

erst einmal die Aussicht. Direkt gegenüber der Hütte, jenseits des Spielissjochs, bauen sich über den berühmten Ladizer und Laliderer Reisen die Laliderer- und die Bockkarspitze auf. Hier wollen wir einen halben Ruhetag einlegen und den Mahnkopf besteigen.

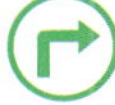 Gipfelabstecher zum Mahnkopf

Auch wenn wir „nur" eine Hüttentour geplant hatten, ein Abstecher zum Mahnkopf sollte drin sein. Dieser von der Falkenhütte leicht zu erreichende Vorgipfel liegt direkt gegenüber den Laliderer Wänden und bietet ein großartiges Panorama. Von der Alpenvereinshütte folgen wir dem markierten Steig rechts oder links um das Ladizköpfl herum in das Ladizjöchl (1825 m). Dort verzweigt sich der Steig (links geht es weiter zum Steinfalk). Wir bleiben auf der Kammhöhe und folgen dem markierten Steig über zahlreiche Serpentinen hinauf zum Mahnkopf (2094 m), auf dem sich ein kleines Kreuz befindet.

 Gipfelabstecher zum Gamsjoch

Das Gamsjoch zeigt von allen Seiten seinen abweisenden Charakter, doch nur fast. Über seine Südflanke ist auch für Normalbergsteiger ein Zugang möglich. Wir können diesen Gipfel als weiteren Hüttengipfel der Falkenhütte betrachten oder ihn auch auf unserer Schlussetappe zu den Engalmen „mitnehmen".

Von der Falkenhütte wandern wir auf dem markierten Wanderweg (Mark.-Nr. 201) hinab zum Lalidersalm-Niederleger (1526 m) und anschließend dem Wegweiser folgend zum Gumpenjöchl (1947 m). Wir folgen links den Steigspuren und Steinmandln hinauf zum Gipfel (2452 m). Auf dem Rückweg gehen wir beim Gumpenjöchl links und folgen dem Steig über den Lalidersalm-Hochleger zum Hohljoch. Dort setzen wir unseren Hüttenweg in Richtung Eng fort.

Von der Falkenhütte über das Hohljoch in die Eng

Vom Alpenvereinshaus steigen wir hinab zum Spielissjoch (1773 m) und queren mit der Variante des „Europäischen Fernwanderwegs" das weite Kar der Laliderer Reisen bis zum Hohljoch (1794 m). Von dort geht es über ein weitgehend freies Almgelände auf gutem Bergsteig zum Almdorf Eng hinab, das sich am oberen Ende des Großen Ahornbodens befindet.

Abstiegsvariante durch das Laliderer Tal

Um die Tour etwas abzukürzen, können wir vom Lalidersalm-Niederleger (1526 m) auf einem durchgehenden Almfahrweg durch das überwiegend bewaldete Laliderer-Bachtal hinaus bis zum Rißbachtal wandern. Dort befindet sich auch eine Bushaltestelle.

Engalmen mit dem Karwendelhauptkamm im Hintergrund

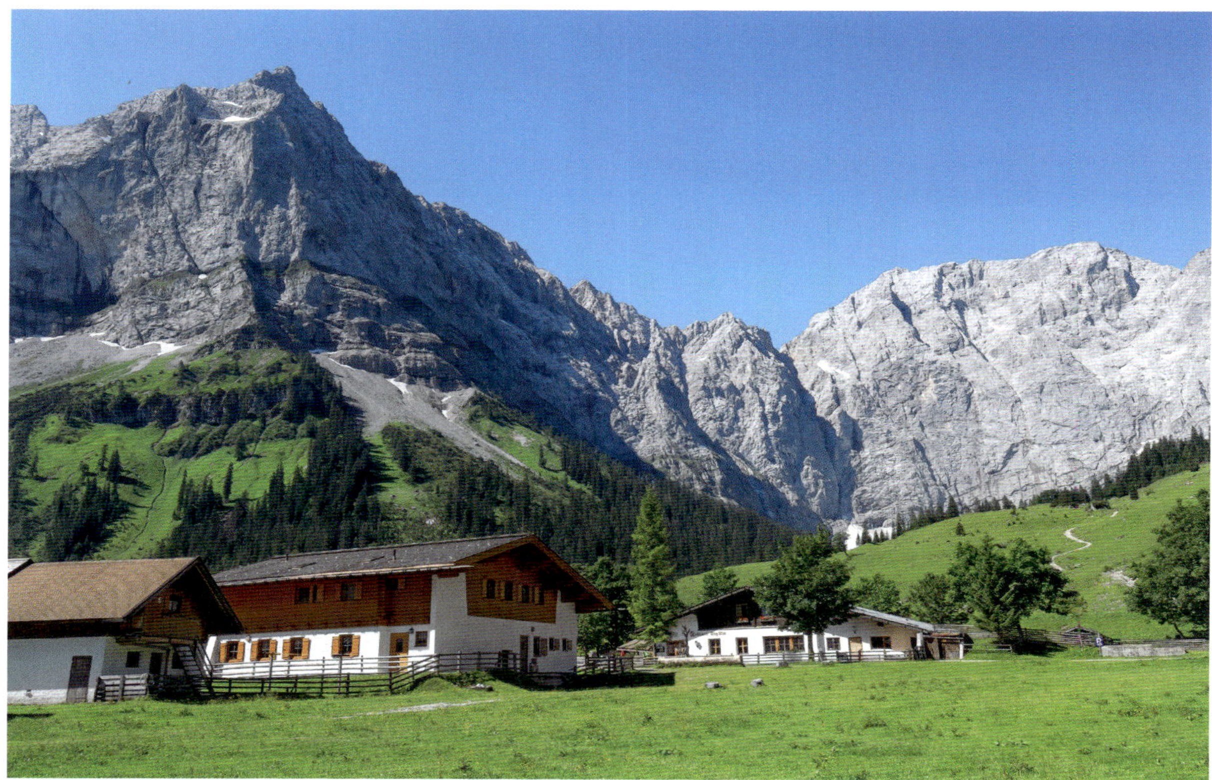

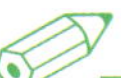

TOURISTINFO

Tourist-Information, Dammkarstraße 3, 82481 Mittenwald, Tel. +49/8823/339 81, www.alpenwelt-karwendel.de/tourist information-mittenwald

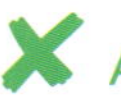

AUSGANGSPUNKT

Scharnitz (964 m)

ENDPUNKT

Eng (1218 m)

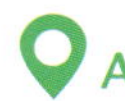

ANFAHRT

Mit dem Auto: Auf der A95 bis zum Ende, dann über Garmisch-Partenkirchen und Mittenwald nach Scharnitz. Nach der Isarbrücke links der Ausschilderung zum Wanderparkplatz „Karwendeltäler" (gebührenpflichtig) folgen. Rückkehr zum Ausgangspunkt mit dem Bergsteigerbus bis Vorderriß, dann mit dem Taxi nach Wallgau und mit dem Oberbayernbus nach Mittenwald, von dort mit der Bahn nach Scharnitz.
Mit Bahn & Bus: Mit der Bahn über Garmisch-Partenkirchen nach Scharnitz (mit Direktzügen). Von dort weiter zu Fuß. Rückfahrt von der Eng mit dem Bergsteigerbus (Mai bis November) nach Lenggries; von dort weiter mit der Regiobahn.

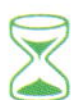

GEHZEITEN

Von Scharnitz zum Karwendelhaus 5 Std., weiter zur Falkenhütte 3 Std., weiter in die Eng 2 Std.; Gesamtgehzeit: 10 Std.
Gipfelabstecher: Zur Birkkarspitze 5 Std.; zum Mahnkopf 1½ Std.; zum Gamsjoch 4½ Std.

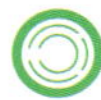

ANFORDERUNG

Hüttenwege: Zum Karwendelhaus langer Wirtschaftsweg, dann bis hinüber zur Eng Wanderwege und Bergsteige, die abschnittsweise Trittsicherheit voraussetzen.

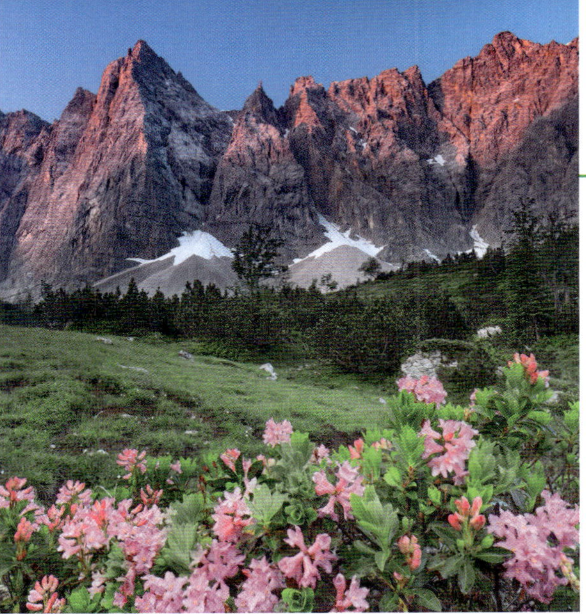

Die Laliderer Wände

Gipfelwege: Birkkarspitze: Trittsicherheit und Schwindelfreiheit unbedingt erforderlich, einige Seilsicherungen; Mahnkopf: Leichte Wanderung. Für das Gamsjoch sind Trittsicherheit und Schwindelfreiheit erforderlich.

AUSRÜSTUNG

Normale Wanderausrüstung; im Schlauchkar sind bis in den Sommer Grödeln oder zumindest Teleskopstöcke sinnvoll.

EINKEHR & ÜBERNACHTUNG

Karwendelhaus, 1765 m: Alpenvereinshaus der Kat. I, bewirtschaftet von Anfang Juni bis Mitte Oktober, 52 Betten, 141 Lager, Selbstversorgerraum, unversperrter Winterraum, Tel. +43/720/98 35 54, www.karwendelhaus.com
Falkenhütte, 1848 m: Alpenvereinshütte der Kat. I, bewirtschaftet von Anfang Juli bis Mitte Oktober, 70 Betten, 60 Lager, Reservierung über www.karwendelhaus.com/falkenhuette/
Alpengasthof Eng und Naturhotel, 1218 m: privat, bewirtschaftet von Anfang Mai bis Ende Oktober, Doppelzimmer und Dreibettzimmer sowie Bergsteigerlager, Tel. +43/5245/231, www.eng.at
Engalmen, 1227 m: Einige der Almhütten bieten Lagerplätze zum Übernachten an. Jausenstation mit Almladen der Genossenschaftsalm, während der Weidesaison bewirtschaftet

16 EINE ÜBERSCHREITUNG DES WETTERSTEINGEBIRGES

Garmisch-Partenkirchen – Partnachklamm – Reintalangerhütte – Knorrhütte – Gatterl – Ehrwalder Alm – Ehrwald

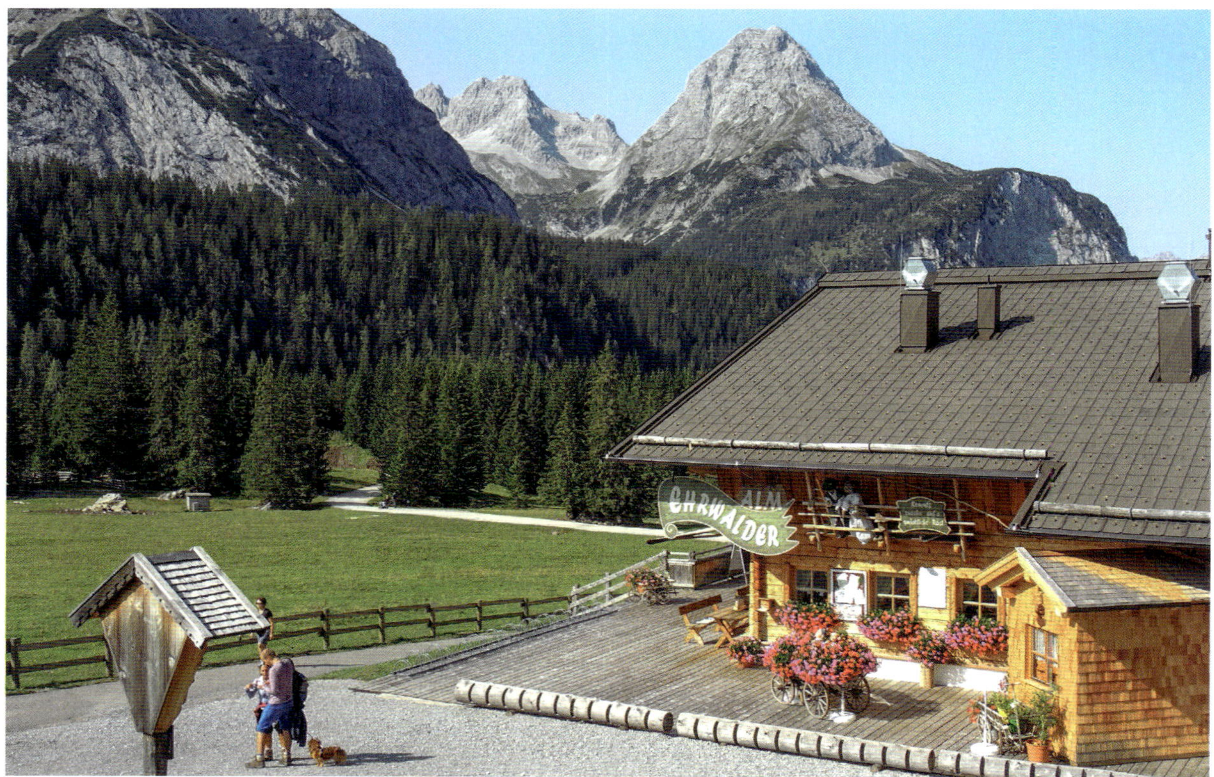

Blick von der Hochfeldernal auf die Ehrwalder Sonnenspitze

Das Wettersteingebirge ist neben den Berchtesgadener Alpen der alpinste Teil der Bayerischen Alpen. Mit der Zugspitze an seinem westlichen Ende weist es den höchsten Gipfel des deutschen Alpenteils auf, den wir uns jedoch mit den Österreichern teilen müssen. Daher wechseln wir bei der Überschreitung dieses großartigen Gebirges auch von Bayern hinüber nach Tirol. Zwei große Hochgebirgstäler teilen dieses kompakte Felsgebirge in drei Bergkämme: das Höllental und das Reintal. Nur das Reintal, das wir auf dieser Route durchwandern, ermöglicht uns diesen Übergang. Unser Anstiegsweg durch das Reintal ist zwar lang, aber – bis auf den Gipfelaufschwung zur Zugspitze – leicht. Alle anderen Routen sind anspruchsvoll und dem geübten Bergsteiger mit Erfahrung vorbehalten.

Im Gegensatz zu früher finden wir heute zwei Alpenvereinshütten entlang unserer Route – die Reintalangerhütte und die Knorrhütte. Falls wir es bis zur Zugspitze schaffen, erwartet uns dort oben mit dem Münchner Haus eine dritte.

Zum Auftakt unserer langen Wanderung passieren wir die spektakuläre Partnachklamm, wandern dann durch das grüne Reintal hinauf zur Reintalangerhütte. Und bewegen uns dann in hochalpine Lagen. Der letzte Abschnitt oberhalb der Knorrhütte ist allerdings sehr karg. Falls wir es schaffen, einen Gipfelabstecher in unsere Tour einzubauen, berühren wir sogar einen der beiden kleinen Gletscher des Wettersteingebirges – den Schneeferner.

Von Garmisch-Partenkirchen zur Reintalangerhütte

Vom Olympia-Skistadion schlendern wir auf einer Teerstraße bis zum Eingang der Partnachklamm, die wir auf einem gut angelegten Steig durchwandern (Eintrittsgebühr). An deren oberen Ende wandern wir noch ein Stück an der nun stillen Partnach entlang, bis wir zur Einmündung des Ferchenbachs gelangen. Dort über die Brücke und rechts weiter auf einem breiten, gut ausgeschilderten Forstweg, der uns ins Reintal führt. Ab dem Materiallagerplatz der Reintalangerhütte wird der Weg schmäler. Hoch über der mittleren Partnach, die sich hier klammartig eingegraben hat, wandern wir weiter bergan. Wir queren ein paarmal die Partnach und erreichen so die bewirtschaftete Bockhütte. Auf ebenem und breitem Wanderweg (Mark.-Nr. 801) geht es weiter talein, dann durch schönen Wald allmählich höher. Die Partnach ist hier versickert, doch bei der Blauen Gumpe (Rastplatz mit Sitzbank) treffen wir wieder auf sie. Über einige Kehren überwinden wir den nächsten Talriegel. Zuletzt queren wir noch ein Waldstück, dann stehen wir unvermittelt vor der Reintalangerhütte mit dem „Lido", dem biergartenähnlichen Vorplatz dieser Alpenvereinshütte.

Von der Reintalangerhütte zur Knorrhütte

Nachdem unser Anstieg durchs Reintal erstaunlich sanft verlaufen ist, erweist sich der Aufstieg zur Knorrhütte als deutlich steiler. Wir überschreiten die Partnach und wandern bis zum oberen Ende des Reintals. Dort beginnt ein steiniger Steig, der uns über einige Kehren über zwei Geländestufen hinauf zur aussichtsreich gelegenen Knorrhütte leitet.

Gipfelabstecher zur Zugspitze

Von der Knorrhütte steigen wir auf einem Bergsteig hinauf in das wüstenähnliche Zugspitzplatt (auch im Sommer müssen wir dort oben mit Schneefeldern rechnen; Stangen erleichtern die Orientierung), wo uns die Bergstation der Zugspitzbahn mit dem Restaurant SonnAlpin erwartet, am Fuß des eigentlichen Gipfelaufbaus. Ein mit Stangen und Seilen gesicherten Steig leitet uns dann über den steilen und stellenweise schotterigen Gipfelhang zum höchsten Punkt (2962 m).

Gipfelabstecher zum Schneefernerkopf

Wer den Trubel auf der Zugspitze vermeiden will, kann vom Zugspitzplatt den Schneefernerkopf (2874 m) ansteuern – er ist nur gut 100 Meter

KARTENHINWEIS

Topographische Karte 1:50.000 „Werdenfelser Land – Ammergebirge" (LDBV)

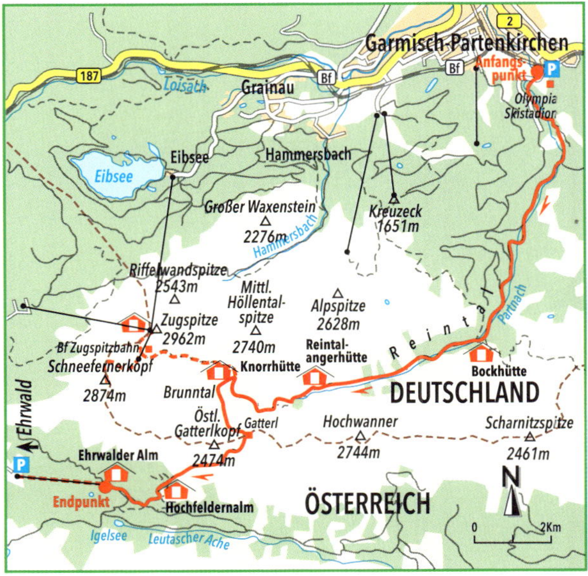

kleiner, bietet aber nahezu die gleiche Aussicht – wenn auch nur nach Süden. Von der Bergstation der Zahnradbahn wandern wir hinauf zur Zugspitzkapelle und weiter auf einem Pfad über den ungefährlichen Schneeferner zur Schneefernerscharte (2699 m), von der man einen schönen Tiefblick auf die Westseite hat. Dort halten wir uns links und folgen den Sicherungen (Drahtseile und Eisenbügel) über einige Felsstufen hinauf auf die Nordschulter des Schneefernerkopfs – zuletzt geht es über Gehgelände zum höchsten Punkt.

Von der Knorrhütte über das „Gatterl" zur Ehrwalder Alm

Von der Alpenvereinshütte folgen wir in südlicher Richtung dem Plattsteig (Mark.-Nr. 816) beinahe eben durch Latschen hinüber zum sogenannten Gatterl. Der Weg steigt kurz an, überwindet eine felsige Passage (Seilsicherungen) und führt jenseits steil hinab und kurz hinauf ins Feldernjöchl (2045 m). Bei der Wegverzweigung geht es dann rechts hinauf zum Rücken „Am Brand". Von hier wandern wir hinab zur Hochfeldernalm und weiter zur Pestkapelle auf der Ehrwalder Alm. Rechts auf der Almstraße kommen wir zur Bergstation der Ehrwalder Almbahn. Nun entweder auf der Almstraße oder mit der Gondelbahn hinab nach Ehrwald und weiter zur Bahnstation.

DER SPEZIAL-TIPP

Auch wenn die Route von Garmisch-Partenkirchen nach Ehrwald lang ist, sollten wir den Abstecher hinauf zur Zugspitze unbedingt einplanen. Wir müssen dabei gar nicht den ausgesetzten und gesicherten leichten Klettersteig nehmen; vom Bahnhof der Zugspitz-Zahnradbahn verkehrt die Gletscherbahn hinauf zum Zugspitzgipfel (Fahrzeit nur 4 Minuten). Dort oben gibt es nicht nur eine phantastische Aussicht, wir können auch den Gipfel mit seinem goldglänzenden großen Gipfelkreuz über einen kurzen Klettersteig erreichen.

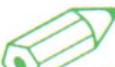

TOURISTINFO

Tourist-Information Garmisch-Partenkirchen, Richard-Strauß-Platz 1a, 82467 Garmisch-Partenkirchen, Tel. +49/8821/18 07 00, www.gapa.de

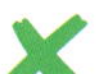

AUSGANGSPUNKT

Garmisch-Partenkirchen (707 m)

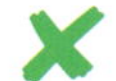

ENDPUNKT

Ehrwald (994 m)

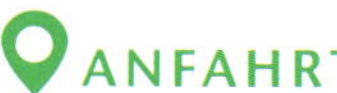

ANFAHRT

Mit dem Auto: Auf der A95 bis zum Autobahnende, dann über Garmisch-Partenkirchen Richtung Mittenwald, bis rechts Wegweiser zum Olympia-Skistadion mit großem gebührenpflichtigen Parkplatz leiten.
Mit Bahn & Bus: Mit der Bahn nach Garmisch-Partenkirchen. Weiter mit dem City-Bus zum Olympia-Skistadion; Rückkehr mit der Außerfernbahn von der Bahnstation Ehrwald.

GEHZEITEN

Von Garmisch-Partenkirchen durch die Partnachklamm zur Reintalangerhütte 5½ Std., weiter zur Knorrhütte 2 Std., weiter zur Ehrwalder Alm 2¾ Std., Abstieg nach Ehrwald 1 Std.; Gesamtgehzeit: ca. 11½ Std.
Gipfelabstecher: Von der Knorrhütte zum Schneefernerkopf: Aufstieg 2½ Std., Abstieg zur Knorrhütte 1¾ Std.; Aufstieg von der Knorrhütte zur Zugspitze 3 Std., Abstieg 1¾ Std.

ANFORDERUNG

Hüttenwege: Leichte, aber lange Bergwanderung zur Knorrhütte, Trittsicherheit an einigen Passagen erforderlich. Der Übergang von der Knorrhütte zur Ehrwalder Alm setzt zusätzlich Schwindelfreiheit voraus.
Gipfelwege: Bei beiden Gipfeln – Zugspitze und Schneefernkopf – sind Trittsicherheit und Schwindelfreiheit erforderlich. Auf dem Zugspitzplatt bei Nebel evtl. Orientierungsprobleme (Stangenmarkierung). Der Aufstieg zum Münchner Haus auf der Zugspitze ist mit einer Steiganlage (Drahtseilsicherung) versehen; das letzte Stück zum goldenen Gipfelkreuz erfolgt auf kurzem Klettersteig (10 Minuten von der Plattform). Am Schneefernkopf finden wir auch einige Drahtseile und Eisenbügel vor.

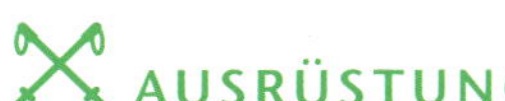

AUSRÜSTUNG

Normale Wanderausrüstung, aber warme Kleidung (evtl. Mütze und Handschuhe) sowie Teleskopstöcke.

BERGBAHNEN

Ehrwalder Almbahn: Kabinenbahn von Ehrwald (Talstation 1100 m; Bergstation 1500 m) auf die Ehrwalder Alm. Betriebszeiten: ab ca. Mitte Mai von 8.30–16.45 Uhr, von Juli bis September 8.00–17.30 Uhr, Tel. +43/5673/24 68, www.almbahn.at

EINKEHR & ÜBERNACHTUNG

Gasthäuser am Eingang in die Partnachklamm
Bockhütte, 1052 m: privat, im Sommer einfach bewirtschaftet
Reintalangerhütte, 1369 m: Alpenvereinshütte der Kat. I, von Ende Mai bis Mitte Oktober bewirtschaftet, 20 Betten, 73 Lager, Tel. +49/8821/708 97 43, www.Reintalangerhuette.de
Knorrhütte, 2051 m: Alpenvereinshütte der Kat. I, von Anfang Juni bis Anfang Oktober bewirtschaftet, 26 Betten, 86 Lager, Tel. +49/151/144 43 496, www.knorrhuette.de

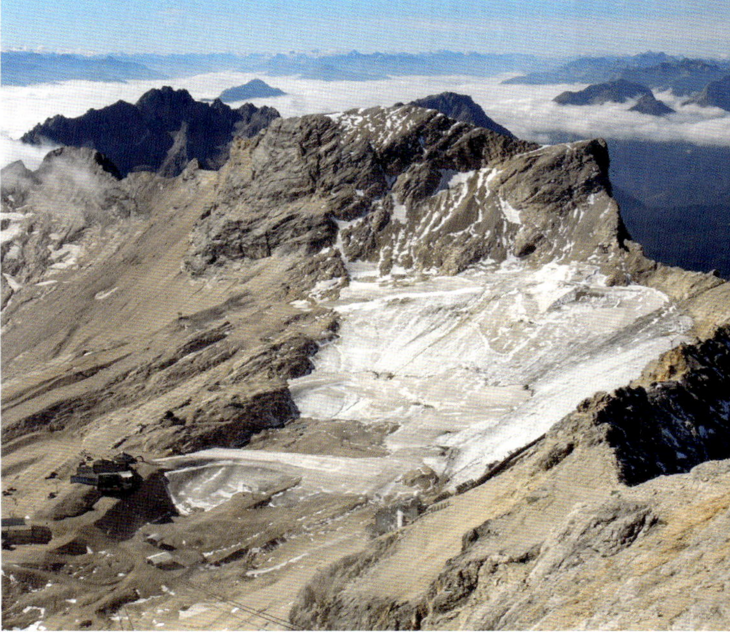

Blick von der Zugspitze auf das Platt, dahinter der Schneefernerkopf

SonnAlpin, 2576 m: Restaurant am Gletscherbahnhof der Zugspitzbahn
Restaurant auf der Zugspitze, 2959 m: mit großer Terrasse
Münchner Haus, 2959 m: Alpenvereinshütte der Kat. II, bewirtschaftet von Mitte Mai bis Ende September, 30 Lager, Vorbestellung nur für Alpenvereinsmitglieder möglich, Tel. +49/8821/29 01, www.muenchner-haus.de
Hochfeldernalm, 1732 m: privat, Dienstag und Mittwoch Ruhetag, durchgehend bewirtschaftet, abgesehen von Betriebsferien, Übernachtungen in Mehrbettzimmern, Tel. +43/664/156 33 39, www.hochfeldern-alm.at
Ehrwalder Alm, 1500 m: privates Berggasthaus bei der Bergstation der Ehrwalder-Almbahn, vom Mitte Dezember bis Mitte Oktober bewirtschaftet, Mittwoch Ruhetag, Tel. +43/5673/212 55, www.ehrwalder-alm.at
Tirolerhaus, 1500 m: privates Berggasthaus mit großer Terrasse, nahezu ganzjährig bewirtschaftet, Tel. +43/664/827 82 04

17 AUF DER SÜDSEITE DES WETTERSTEINGEBIRGES

Leutasch – Hämmermoosalm – Wettersteinhütte – Wangalm – Rotmoosalm – Steinernes Hüttl – Gaistal – Leutasch

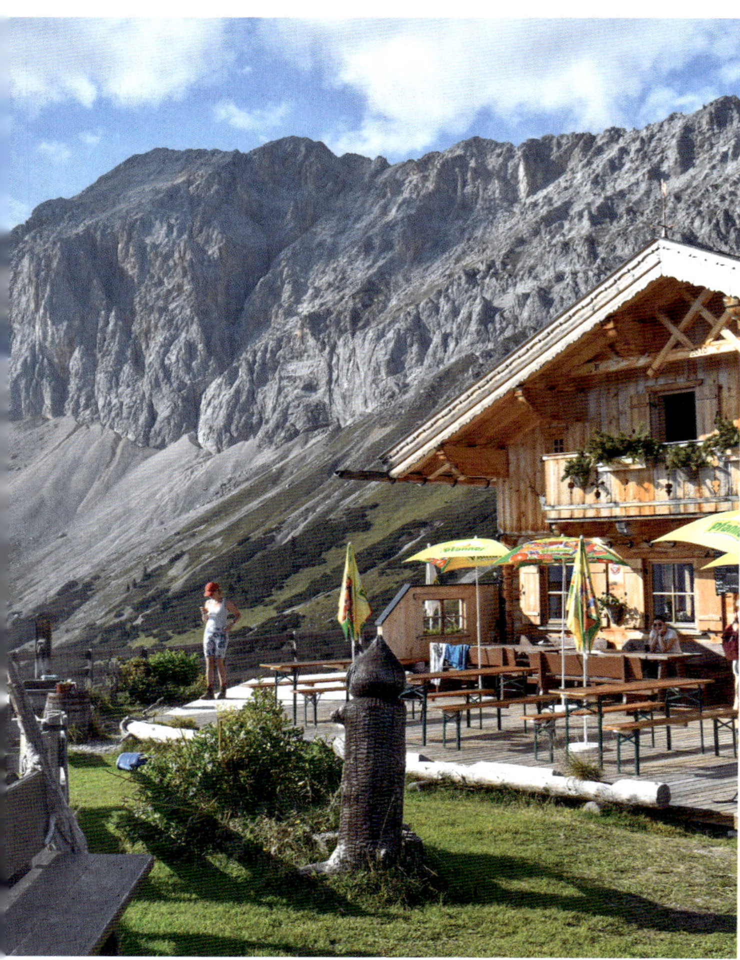

Die Rotmoosalm im Gaistal – malerisch gelegen zwischen Wettersteingebirge und Mieminger Berge

Auf dieser aussichtsreichen Runde hoch über dem Gaistal auf der Südseite des Wettersteins berühren wir mehrere Almen und bewegen uns auf einem längeren Abschnitt auf einer Höhe von 2000 Metern und sogar darüber. Hier oben befindet sich schon seit Alters her ein bevorzugtes Weidegebiet der Tiroler Bauern. Die Bergweiden reichen hoch hinauf, bis an die Kare unter den steil abfallenden Felsflanken des Teufelsgrates, der sich vom Oberreintalschrofen bis zum Hochwanner zieht. Die Almhütten sind heute gut ausgebaut und verfügen sogar über Nachtlager für Bergwanderer. Dazu gesellt sich noch die private Wettersteinhütte, die auch im Winter bewirtschaftet wird. Das Steinerne Hüttl, eine bescheidene, aber beliebte Raststation, liegt ebenfalls auf der „Höhe".

Diese Alm- und Privathütten sind durch den sogenannten Südsteig verbunden. Er verdankt seine Existenz nicht einer touristischen Planung, sondern wurde als Verbindungsweg zwischen den Almen von Mensch und Almvieh hoch über der Baumgrenze ausgetreten. Heute bietet dieser Steig großartige Ausblicke auf die Mieminger Berge. Auch ohne Gipfelabstecher, die doch etwas anspruchsvoll sind, eine großartige Runde.

Vom Wanderparkplatz „Salzbach" über die Hämmermoosalm zur Wettersteinhütte

Vom Wanderparkplatz folgen wir zunächst dem breiten Talweg (Mark.-Nr. 801 A) und biegen dann auf den Zugangsweg zur Hämmermoosalm ab, die sich auf einer großen Bergwiese befindet und einen schönen Blick auf die Felsgipfel rundherum bietet. Der weiter bergwärts führende Fahrweg geht bald in einen Bergsteig über (Mark.-Nr. 41). Wir steigen bergan durch Wald, queren dann den Salzbach und einige seiner Nebenbäche. Bald beginnt rechts der „Wurzige Steig", der uns zunächst zu einem Aussichtspunkt leitet, dann weiter steil bergan führt, bis er sich Richtung Osten wendet und uns ohne größere Steigung zur Wettersteinhütte leitet. Diese gemütliche Privathütte bietet nicht nur eine Übernachtungsmöglichkeit, sondern auch eine schöne Terrasse mit Tiefblick.

Von der Wettersteinhütte über die Wangalm zur Rotmoosalm

Von der Unterkunftshütte folgen wir dem bergwärts führenden breiten Weg hinab zum Klammbachgraben, queren diesen und steigen jenseits des Baches auf dem neuen Fahrweg zur Wangalm, die sich ebenfalls in aussichtsreicher Lage befindet und Betten und Lager für Wanderer bereits hält. Nun geht es links an der Alm vorbei und über Serpentinen (Mark.-Nr. 817) die freien Weidehänge hinauf, dann weiter oberhalb des Scharnitztals entlang bis in das Kar unterhalb des Oberreintalschrofens (rechts geht es zur Gehrenspitze). Dort treffen wir auf den Südsteig (Wegweiser). Wir wenden uns links und folgen diesem hinauf zum Rossbergsattel. Dann wandern wir durch karges Gelände auf dem aussichtsreichen Höhenweg, durch die Kare der Wettersteinsüdseite und über einen Höhenrücken hinab zur Rotmoosalm, unserer nächsten Übernachtungsstation. Das jetzige Almgebäude wurde 2011 komplett neu in reiner Holzkonstruktion an einer prominenten Aussichtsposition errichtet.

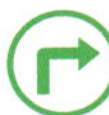

Gipfelabstecher zur Gehrenspitze

Die Gehrenspitze erhebt sich hoch über dem grünen Scharnitzjoch und ist ein beliebter Hüttenberg der Wettersteinhütte; sie erfordert jedoch Trittsicherheit und Schwindelfreiheit. Die Sicht von dort oben auf das Wettersteingebirge ist grandios. Bei der Wegverzweigung am Fuß des Kars steigen wir rechts zum Scharnitzjoch (2048 m) an. Dort halten wir uns rechts, gehen an der Erinnerungshütte vorbei und auf dem grasigen Kamm hinüber zum Kirchl, einem Vorgipfel. An diesem rechts vorbei, dann geht es im Auf und Ab durch eine faszinierende Felslandschaft zum Gipfelfuß der Gehrenspitze, zuletzt südwärts unterhalb des Gipfelgrates weiter und über Schrofen zum höchsten Punkt (2367 m).

Übergang von der Rotmoosalm zum Steinernen Hüttl

Von der Rotmoosalm wandern wir entweder auf dem Almfahrweg ein Stück hinab Richtung Gaistal, vorbei am Platz der „alten" Rotmoosalm, dann bald rechts auf Steig hinauf zum Sattel nördlich des Predigtsteins oder auf unserem Herweg auf dem Kamm hinauf zur letzten Wegverzweigung. Von dort gelangen wir links dem Südsteig folgend in einem Bogen zum Mitterjöchl mit Ausblick auf die Mieminger Berge. Der Weiterweg zum Steinernen Hüttl führt uns in Serpentinen abwärts in einen Graben und auf der Gegenseite hinauf zu dieser urigen Einkehrstation.

Gipfelabstecher zum Predigtstein

Vom Sattel zwischen Predigtstein und Hochwanner direkt auf den Gipfelfuß zuhalten. Dort wenden wir uns links, umgehen den Nordgrat des Predigtsteins, folgen dem markierten, steilen Steig durch eine Felsrinne und gelangen so zum Gipfelkreuz (2234 m). Der pyramidenartige, felsige Gipfel, der sich steil über dem Gaistal erhebt, bietet einen großartigen Tiefblick ins Tal.

KARTENHINWEIS

Topographische Karte 1:50.000 „Werdenfelser Land – Ammergebirge" (LDBV)

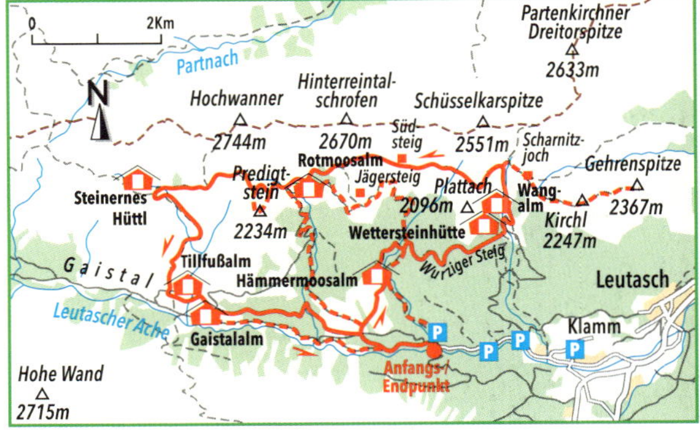

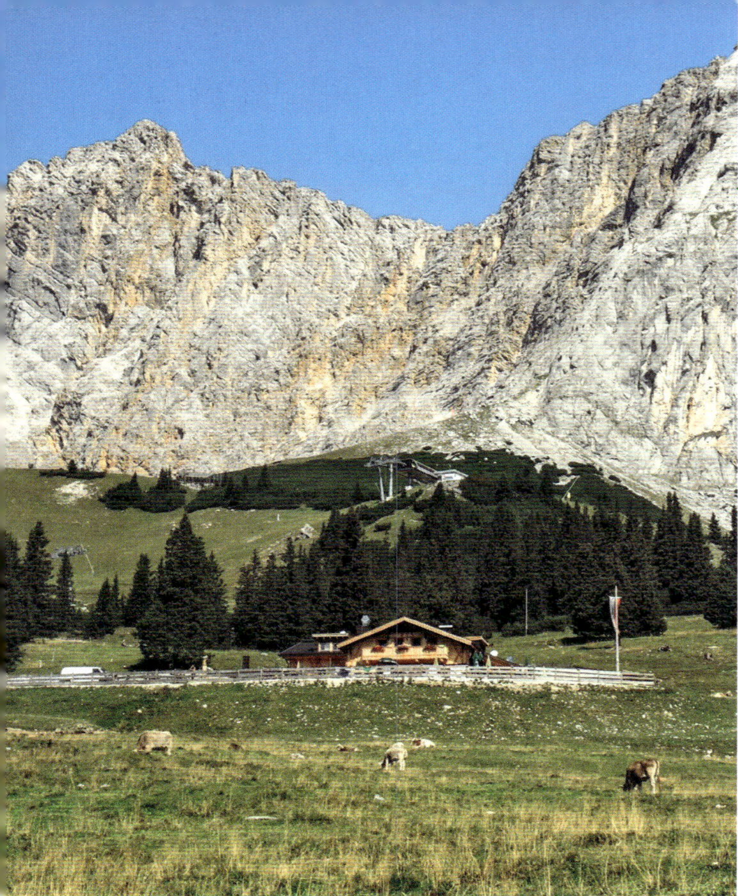

Hämmermoosalm mit Wetterstein-Südwänden

Abstieg vom Steinernen Hüttl zur Tillfußalm und Rückkehr zum Ausgangspunkt

Von der Einkehrstation führt ein Wanderweg (Mark.-Nr. 816) zunächst hinab in ein Bachtal, dann über steile Serpentinen durch Wald hinab zur Tillfußalm, wo es links weiter zur Gaistalalm geht. In beiden Almen könnten wir noch nächtigen und die abendliche Stille des Gaisbachtales genießen. Dann auf dem Ganghoferweg zurück zum Wanderparkplatz.

Alternativ steigen wir von der Tillfußalm hinab zum Talweg (Mark.-Nr. 801A) im Gaisbachtal. Dort wandern wir links weiter und gelangen entlang der Leutascher Ache – durch Wald und stellenweise freies Gelände – zurück zu unserem Ausgangspunkt.

DER SPEZIAL-TIPP

Im Ortsteil Weidach in Leutasch gibt es ein Museum, wo wir das Leben und Schaffen des Volksschriftstellers Ludwig Ganghofer nachvollziehen können. Ganghofermuseum Leutasch, Kirchplatzl 154, A-6105 Leutasch, Tel. +43/5214/62 05 81, www.leutasch.at/Kulturhaus_Ganghofermuseum

Abstiegsvariante von der Rotmoosalm

Die einfachste Möglichkeit wieder ins Gaistal hinabzugelangen, ist es, dem breiten Almfahrweg hinab zur Gaistalalm zu folgen und dann links haltend auf dem Ganghoferweg talauswärts zu wandern bis zum Wanderparkplatz.

Eine interessante Abstiegsvariante ist die Route über den ausgeschilderten „Jägersteig“, der uns in einem weiten Bogen steil hinab ins Tal des Salzbaches leitet. Von dort geht es auf ausgeschilderten Wegen zurück zum Ausgangspunkt.

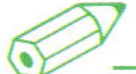

TOURISTINFO

Tourist Information Leutasch-Weidach, Kirchplatzl 128a, A-6105 Leutasch, Tel. +43/50/88 05 10, www.seefeld.com

AUSGANGS- UND ENDPUNKT

Wanderparkplatz „Salzbach“ im Gaistal (1150 m) bei Leutasch

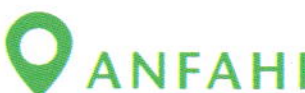

ANFAHRT

Mit dem Auto: Auf der A 95 bis zum Autobahnende, weiter über Garmisch-Partenkirchen nach Mittenwald; am südlichen Ortsende rechts ab in das Leutaschtal (Grenzübergang). Über die Ortsteile Leutasch, Platzl und Klamm in das Gaistal (Ausschilderung) bis zum Wanderparkplatz Salzbach (P 5; Tagesgebühr, Hütteninformationstafeln,

WC) am Ende der öffentlichen Straße; bereits vorher gibt es zwei weitere Wanderparkplätze.
Mit Bahn & Bus: Mit der Bahn nach Mittenwald; von dort mit dem Bus in die Leutasch. Von der Bushaltestelle in Obern weiter zu Fuß ins Gaistal.

 GEHZEITEN

Vom Wanderparkplatz über die Hämmermoosalm zur Wettersteinhütte 2 Std., weiter zur Rotmoosalm 2 Std., weiter zum Steinernen Hüttl 1 Std., Abstieg ins Gaisbachtal 1 ¾ Std., Rückweg von der Tillfußalm über die Gaistalalm zum Wanderparkplatz 1 ¾ Std.; Gesamtgehzeit: ca. 8½ Std.
Abstiegsvariante von der Rotmoosalm 2½ Std.
Gipfelabstecher: Von der Wegverzweigung im Kar zur Gehrenspitze 3 Std.; vom Sattel oberhalb der Rotmoosalm zum Predigtstein 1 Std.

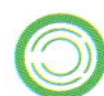 ANFORDERUNG

Hüttenwege: Bergwanderwege und teilweise steile Steige. Trittsicherheit erforderlich. Im Talbereich breite Forst- und Almwege. Der Jägersteig von der Rotmoosalm hinab ins Tal erfordert Trittsicherheit.
Gipfelwege: Beide Gipfelabstecher auf teilweise steilen Pfaden; Trittsicherheit und Schwindelfreiheit mit ein bisschen Kletterfertigkeit (Schwierigkeitsgrad I) erforderlich.

 AUSRÜSTUNG

Normale Wanderausrüstung, Teleskopstöcke sind empfehlenswert, da viel Geröll.

 EINKEHR & ÜBERNACHTUNG

Hämmermoosalm, 1417 m: nahezu ganzjährig bewirtschaftet, 30 Betten in Zwei- und Dreibettzimmer, Tel. +43/664/321 25 61, www.haemmermoosalm.com
Wettersteinhütte, 1717 m: privat bewirtschaftet von Mitte Mai bis Anfang November, 35 Lager, außerdem gibt es eine „Kuschelhütte“ für 2–8 Personen, Übernachtung nach Voranmeldung, Tel. +43/664/895 82 27, www.wettersteinhuette.at
Wangalm, 1751 m: privat, von Mitte Juni bis Anfang Oktober bewirtschaftet, 22 Betten und Lager, Tel. +43/664/919 60 73, www.wangalm.at
Rotmoosalm, 2030 m: privat, von Juni bis Anfang Oktober bewirtschaftet, 14 Lager für Übernachtung, Tel. +43/676/451 69 00, www.rotmoosalm.at
Steinernes Hüttl, 1925 m: privat, von Mitte Mai bis Mitte Oktober bewirtschaftet, 10 Lager, Übernachtung auf Anfrage, Tel. +43/650/984 72 34
Tillfußalm, 1382 m: bewirtschaftet von ca. Mitte Mai bis Mitte Oktober, 9 Schlafplätze im Lager, Tel. +43/676/610 47 70, www.tillfussalm.tirol
Gaistalalm, 1366 m: bewirtschaftet von Mitte Mai bis Mitte Oktober und von Weihnachten bis Ostern, 13 Betten, Tel. +43/5214/51 90, www.gaistalalm.at

Kreuz bei der Rotmoosalm

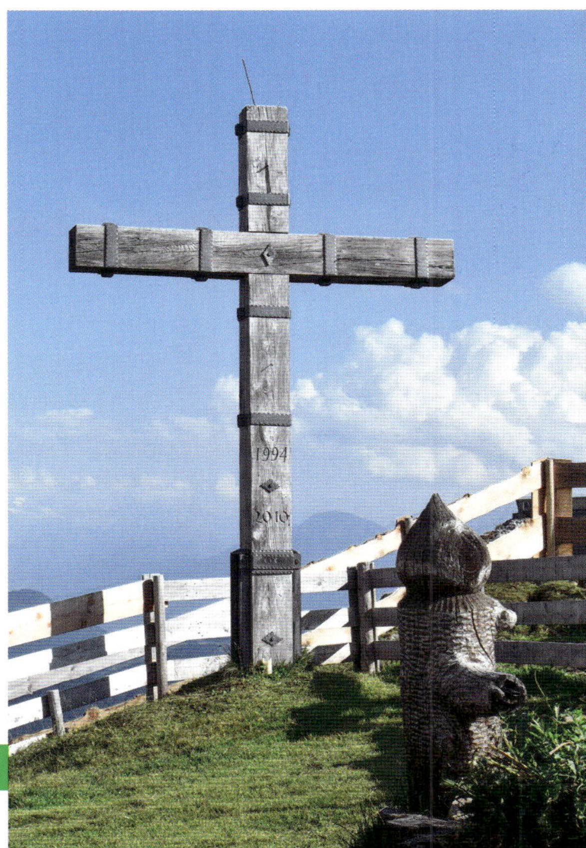

18 UNTERWEGS IN DEN MIEMINGER BERGEN

Ehrwald – Ehrwalder Alm – Seebenalm – Coburger Hütte – Tajatörl – Ehrwalder Alm – Ehrwald

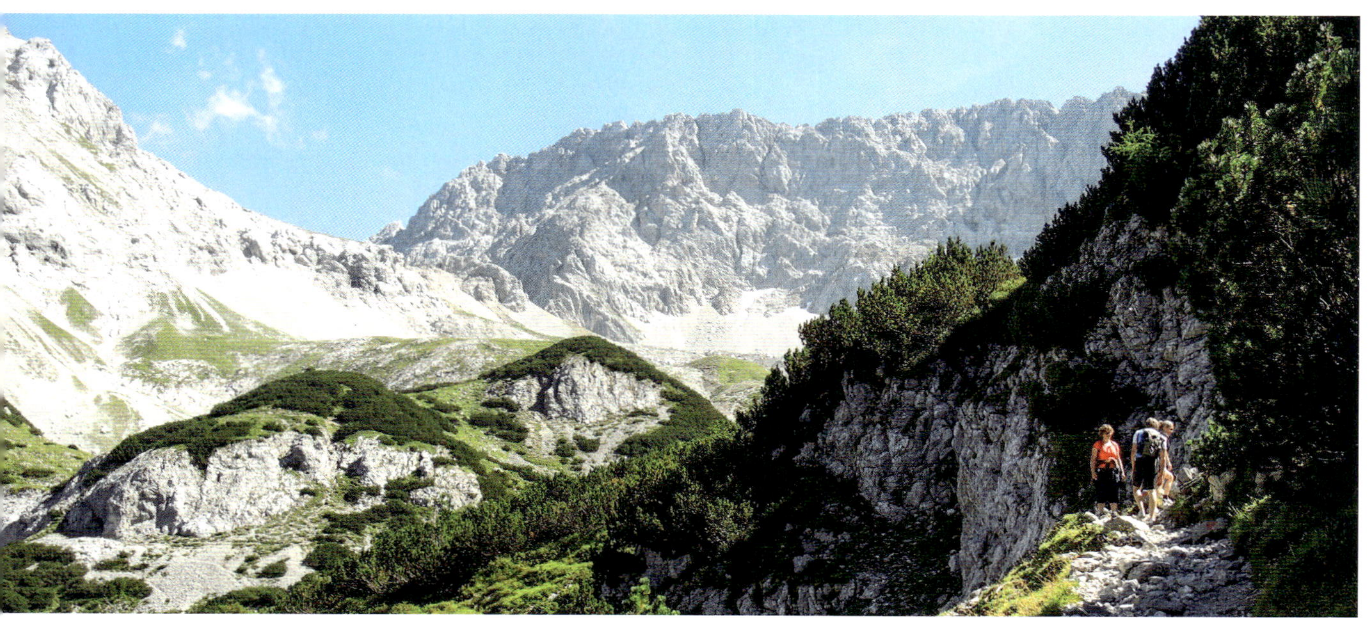

Aufstieg zur Coburger Hütte

Das Wettersteingebirge ist gewaltiger, höher und auch häufiger besucht, doch die südlich davon gelegenen Mieminger Berge stehen zu Unrecht im Schatten des begehrteren Nachbarn. Denn dort oben finden wir einige alpine Juwelen: zwei reizvolle kleine Gebirgsseen, den Seebensee und den Drachensee, eine gemütliche Alpenvereinshütte inmitten einer gewaltigen Felskulisse, und auch der Blick auf die Zugspitze, Deutschlands höchsten Berg, ist von dort oben am beeindruckendsten. Alles in allem eine alpine Umgebung, die wir gerne ein paar Tage auf uns wirken lassen möchten, bevor wir über den Ganghofersteig den Rückweg zur Ehrwalder Alm antreten. Ludwig Ganghofer, der Autor historischer Bergromane, hatte im benachbarten Gaistal seine Jagdhütte.

Auf unserer Route liegen ein paar anspruchsvolle Gipfel, wie z. B. der Wamperte Schrofen und die Östlichen Griesspitzen, die allerdings den erfahrenen Berggänger voraussetzen. Im Rahmen unserer Tour begnügen wir uns mit dem Hinteren Tajakopf, der auch Normalbergsteigern zugänglich ist, sowie dem Vorderen Drachenkopf. Bergerfahrenen wollen wir die Ehrwalder Sonnenspitze nicht vorenthalten.

Von Ehrwald zur Ehrwalder Alm

Vom Parkplatz an der Talstation der Ehrwalder Almbahn wandern wir auf ausgeschildertem Wirtschaftsweg meist links der Bahntrasse in Kehren hinauf zur Bergstation und der Berggaststätte. Rechts vor uns haben wir dabei den reizvollen Seebenfall vor uns. In Nähe des Wasserfalls wurde ein sehr ausgesetzter Klettersteig eingerichtet, der bei der Seebenalm endet. Auf der Ehrwalder Alm treffen wir auf zwei große Einkehrstationen, die besonders im Winter Scharen von Ausflüglern anziehen. Direkt gegenüber baut sich der Felszirkus der Mieminger Berge auf: rechts die Ehrwalder

Sonnenspitze und links der Vordere Tajakopf; die hinteren Gipfel sind noch versteckt.

Von der Ehrwalder Alm zur Coburger Hütte

Auf breiten Wegen wandern wir nun weiter leicht bergan, halten uns aber noch vor dem Berggasthof Alpenglühn rechts und nehmen den „Koatiger Weg", mit dem wir den eher langweiligen Wirtschaftsweg abkürzen können. Ein kurzes Stück auf diesem führt zu einer Weggabelung. Dort zweigt links der Almsteig (Mark.- Nr. 23A) ab, dem wir folgen. Er ist deutlich reizvoller und verschont uns auch vor den Mountainbikern. Nahezu eben geht es nun weiter zur bewirtschafteten Seebenalm. Nach einer gemütlichen Rast wandern wir auf breitem Weg weiter zum Seebensee und am linken Ufer bis zum hinteren Ende. Hier sollten wir zurückschauen, denn es bietet sich uns ein wahrhaftig umwerfender Blick auf das Massiv der Zugspitze. Der breite Weg ist hier zu Ende. Ein steiler Serpentinenweg leitet uns durch Latschen hinauf zum gemütlichen Unterkunftshaus des Deutschen Alpenvereins, das weithin sichtbar auf einem Geländevorsprung steht. Ein guter Platz, um einen weiteren Tag zu verweilen oder um einen der Gipfel im Felsenrund anzusteuern.

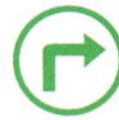

Gipfelabstecher zur Ehrwalder Sonnenspitze (nur für absolute Bergprofis)

Von der Coburger Hütte lassen wir uns auf einem guten Bergsteig (Mark.-Nr. 814) westwärts hinauf zur Biberwierer Scharte leiten. Eine Wegtafel weist kurz davor nach rechts und führt uns auf einem sparsam markierten, sehr ausgesetzten Steig durch die Südwand. An einigen Stellen wurden Eisenklammern und Drahtseile angebracht. Am höchsten Punkt erwartet uns ein Gipfelkreuz.

Beim Aufstieg bereits auf markante Punkte achten, denn die Orientierung wird danach deutlich schwieriger. Wer diesen Gipfel besteigen will, sollte sich eine genaue Beschreibung aus einem Klettersteigführer mitnehmen.

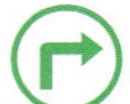

Gipfelabstecher zum Vorderen Drachenkopf

Dieser Hüttengipfel ist am schnellsten zu erreichen, erfordert jedoch gute Trittsicherheit und Schwindelfreiheit.
Von der Coburger Hütte kurz in Richtung Biberwierer Scharte wandern, dann bald links den Markierungen folgend im Linksbogen auf die Nordseite des Vorderen Drachenkopf. Anschließend steigen wir hinauf ins Schwärzkar. Dort geht es links hinauf in die Vordere Drachenscharte und links auf dem brüchigen Grat zum höchsten Punkt (2303 m).

KARTENHINWEIS Freytag & Berndt-Wanderkarte Nr. 322, 1:50.000 „Wetterstein – Karwendel – Seefeld"

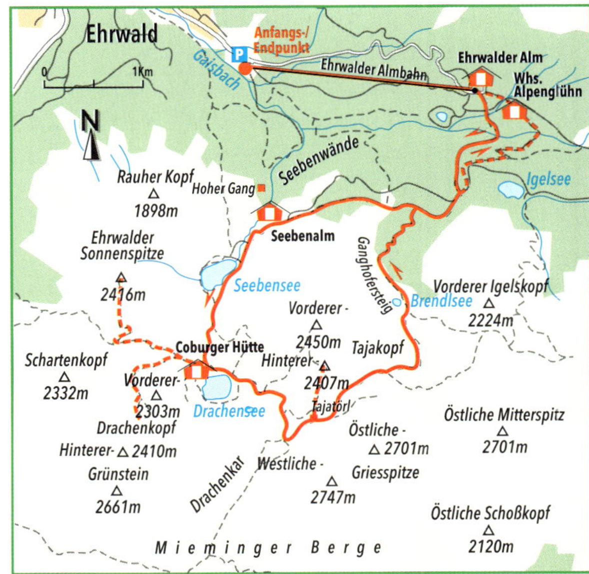

Von der Coburger Hütte über den Ganghofersteig zurück zur Ehrwalder Alm

Von der Alpenvereinshütte gehen wir kurz hinab zum Drachensee, einem beschaulichen Platz auch zum Picknicken. Dort wandern wir links vorbei und über Serpentinen (Mark.-Nr. 812) hinauf ins Kar unterhalb der Griesspitzen, wo wir auf einen quer führenden Steig stoßen. Auf diesem geht es links weiter bis kurz vor das Hintere Tajatörl (2259 m), wo der Gipfelabstecher zum Hinteren Tajakopf beginnt. Anschließend halten wir uns links und gehen auf dem „Ganghofersteig" steil hinab durch das Brendlkar und durch eine wilde Berglandschaft zum kleinen Brendlsee. Es folgt ein weiterer steiler Abstieg durch ein breites Kar, bis der Steig in einem Wald ausklingt. Der breite Wirtschaftsweg (Variante) bringt uns zurück zur Ehrwalder Alm, wobei wir jedoch einige der weiten Kehren wie bereits beim Anstieg abkürzen können. Dort gönnen wir uns noch eine Kleinigkeit, bevor wir die Almbahn oder den breiten Weg nach Ehrwald hinunter nehmen.

Gipfelabstecher zum Hinteren Tajakopf

Die Tajaköpfe sind ein Gipfelpaar: Der Vordere ist durch einen rassigen Klettersteig erschlossen. Der Hintere Tajakopf liegt an unserem Abstiegsweg zur Ehrwalder Alm. Also konzentrieren wir uns auf diesen; er ist zwar nur der kleinere der beiden Tajaköpfe, die aus einem Seitenzweig der Östlichen Griesspitzen herausragen, doch er ist der beliebteste Hüttengipfel der Coburger Hütte.
Kurz vor dem Hinteren Tajatörl folgen wir dem links abzweigenden markierten Pfad um den ersten Felsaufbau herum und hinauf zum begrünten Sattel am Beginn des eigentlichen Gipfelgrates. Nun gehen wir entweder auf dem Grat oder rechts davon zum höchsten Punkt (2408 m).

DER SPEZIAL-TIPP

Auf unserem Rückweg steigen wir auf dem „Ganghofersteig" ab. Im Gaisbachtal gibt es einen „Ganghoferweg" und auf der Ehrwalder Alm eine „Ganghofer-Hochloipe". Dies hat eine historische Bewandtnis. Ludwig Ganghofer – einer der populärsten Schriftsteller um die vorletzte Jahrhundertwende – war auch ein begeisterter Jäger, und im Gaisbachtal besaß er eine Jagdhütte (diese ist jedoch nicht identisch mit der gleichnamigen Ganghoferhütte auf der Ehrwalder Alm). Dort hat er auch einige seiner erfolgreichsten Werke verfasst.

Von der Ehrwalder Alm hinab nach Ehrwald

Entweder fahren wir bequem mit der Ehrwalder Almbahn oder wir wanden auf dem breiten Wirtschaftsweg hinab nach Ehrwald zum Parkplatz an der Talstation.

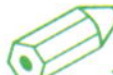

TOURISTINFO

Tourismusbüro Ehrwald, Kirchplatz 1, A-6632 Ehrwald, Tel. +43/5673/20000, www.zugspitze.com

AUSGANGS- UND ENDPUNKT

Ehrwald (994 m)

ANFAHRT

Mit dem Auto: Auf der A 95 bis zum Autobahnende, weiter über Garmisch-Partenkirchen in Richtung Griesen. Nach der Landesgrenze bis zur Straßengabelung kurz vor Ehrwald, dort links. In Ortsmitte der Ausschilderung zur Ehrwalder-

Almbahn folgen; dort großer, gebührenpflichtiger Wanderparkplatz.
Mit Bahn & Bus: Mit der Bahn bis Garmisch-Partenkirchen; weiter mit der Außerfernbahn zur Haltestelle Ehrwald-Zugspitzbahn. Von dort mit Bus oder Taxi zur Talstation der Ehrwalder-Almbahn (zu Fuß ¾ Std.).

GEHZEITEN

Von Ehrwald zur Ehrwalder Alm 1½ Std., weiter zur Coburger Hütte 2½ Std., weiter zum Tajatörl 1 Std., Abstieg auf dem Ganghofersteig zur Ehrwalder Alm 2 Std., weiter nach Ehrwald 1 Std.; Gesamtgehzeit: ca. 8 Std.
Gipfelabstecher: Zum Vorderen Drachenkopf 1¾ Std.; zur Ehrwalder Sonnenspitze 3 Std.; zum Hinteren Tajakopf von der Coburger Hütte 2¼ Std. (vom Hinteren Tajatörl nur ½ Std.)

BERGBAHN

Ehrwalder Almbahn: Kabinenbahn von Ehrwald (Talstation 1100 m, Bergstation 1500 m) auf die Ehrwalder Alm. Betriebszeiten im Sommer: ab ca. 20 Mai von 8.30–16.45 Uhr, von Juli bis September bis 17.45 Uhr, Tel. +43/5673/24 68, www.almbahn.at

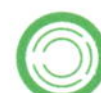

ANFORDERUNG

Hüttenwege: Von Ehrwald bis zum Seebensee Wirtschaftsweg (bzw. Wanderwege). Ansonsten Bergsteige und Pfade, die stellenweise Trittsicherheit und Schwindelfreiheit voraussetzen.
Gipfelwege: Für alle drei Gipfel sind Trittsicherheit und Schwindelfreiheit erforderlich. Für die Ehrwalder Sonnenspitze unbedingt auch Bergerfahrung und Orientierungssinn in felsigem Gelände. Der Hintere Tajakopf ist der am einfachsten zu besteigende Gipfel.

AUSRÜSTUNG

Normale Wanderausrüstung; Teleskopstöcke hilfreich auf den Karen.

EINKEHR & ÜBERNACHTUNG

Ehrwalder Alm, 1500 m: privates Berggasthaus bei der Bergstation der Ehrwalder Almbahn, ca. vom 20. Mai bis Mitte Oktober bewirtschaftet, Mittwoch Ruhetag, Tel. +43/5673/212 55
Tirolerhaus, 1500 m: privates Berggasthaus mit großer Terrasse, nahezu ganzjährig bewirtschaftet, Tel. +43/664/827 82 04
Berggasthaus Alpenglühen, 1550 m: Selbstbedienungsrestaurant auf der Ehrwalder Alm
Seebenalm, 1566 m: tagsüber bewirtschaftet von Ende Mai bis Mitte Oktober, keine Übernachtung, Tel. +43/676/594 69 26
Coburger Hütte, 1917 m: Alpenvereinshütte der Kat. I, von Anfang Juni bis Anfang Oktober bewirtschaftet, 80 Lager, Tel. +43/664/325 47 14, www.coburgerhuette.at

Seebenalm mit Sonnenspitze

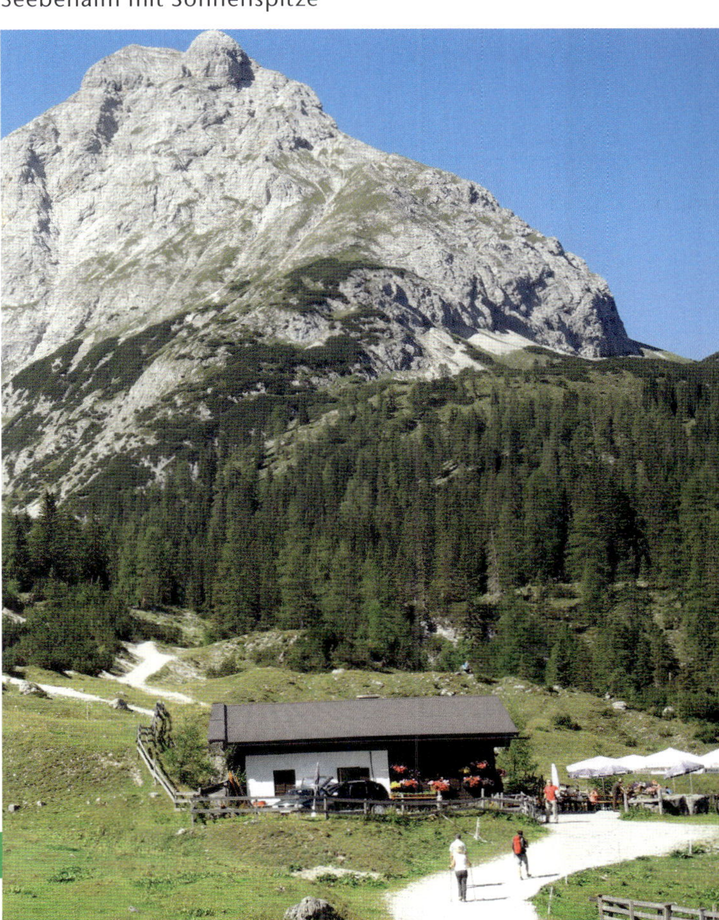

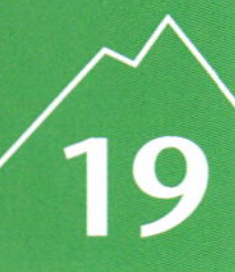

19 AUF KÖNIGLICHEN SPUREN

Oberammergau – Kolbenalm – August-Schuster-Haus – Brunnenkopfhäuser – Kenzenhütte – Linderhof

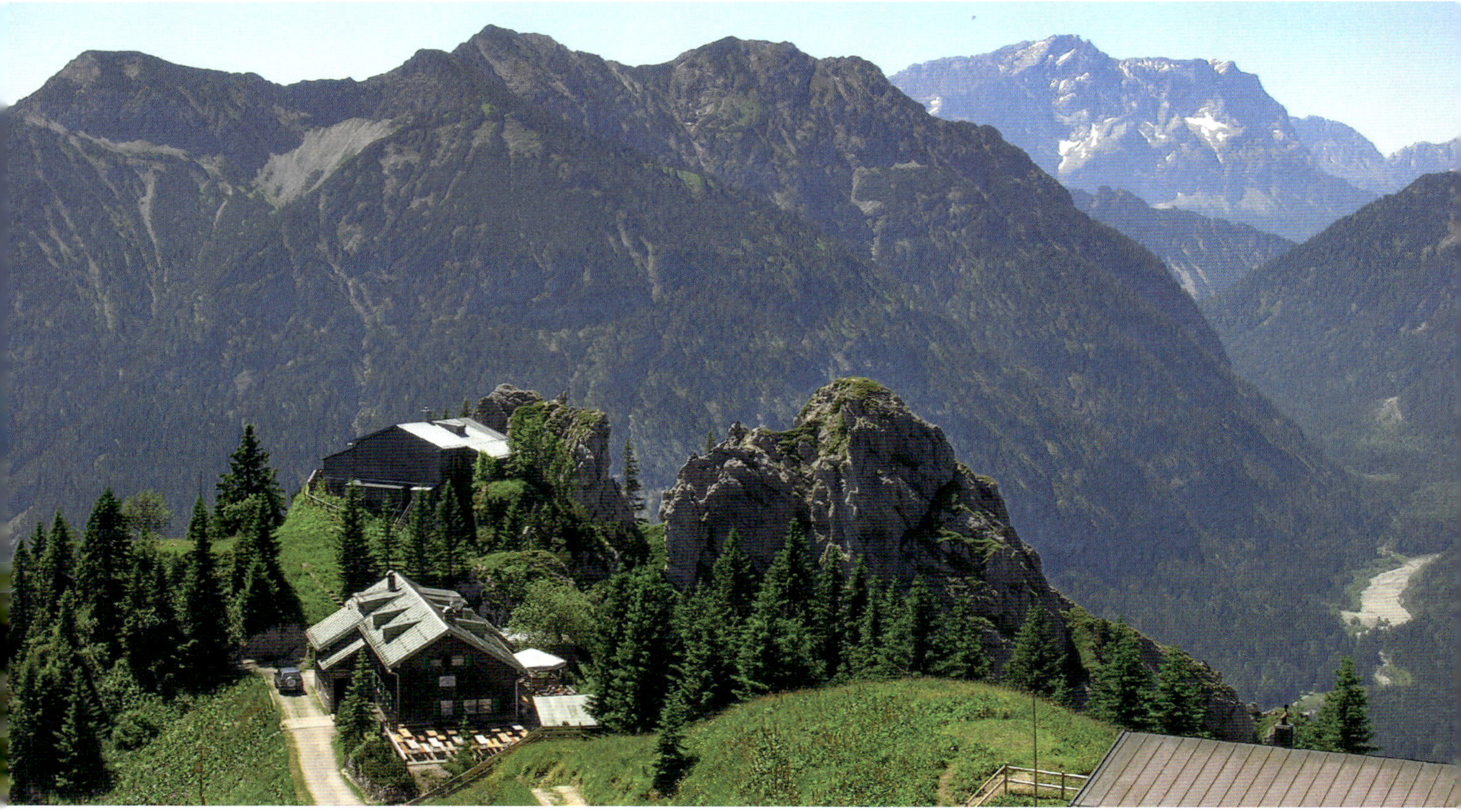

Die Pürschlinghäuser, im Hintergrund die Zugspitze

Die Ammergauer Alpen waren als deutscher Nationalpark im Gespräch, sind sie doch weitestgehend von touristischen Attraktionen verschont geblieben und wegen ihrer zum Teil bizarren Felsgestalten von besonderer Schönheit. Diese wussten auch die bayerischen Könige zu schätzen; sie richteten sich bereits ab dem 19. Jahrhundert verschiedene Jagdstützpunkte in den Ammergauer Bergen ein. Dazu zählen die Pürschlinghäuser und die Brunnenkopfhäuser, die König Max II. Joseph (1811–1864), Vater von König Ludwig II., errichten ließ. Nach dem wander- und jagdbegeisterten Monarchen wurde auch der Maximiliansweg von Lindau nach Berchtesgaden benannt, auf dem unsere Wanderroute vom Pürschling bis zur Kenzenhütte verläuft. Ludwig II. (1845–1886) zog sich von seinem nahen Wohnschloss Linderhof besonders gern auf die Brunnenkopfhütte zurück, um hier vor allem seinen schwermütigen Gedanken nachzuhängen. Aber auch auf der aus dem 16. Jahrhundert stammenden Kenzenhütte blieb der „Märchenkönig" des Öfteren über Nacht. 1919 übernahm die Sektion Bergland des Deutschen Alpenvereins die dann in August-Schuster-Haus umbenannte Hütte am Pürschling und 1922 auch die Brunnenkopfhütte.

Von Oberammergau zum August-Schuster-Haus

Vom Parkplatz gehen wir zur Talstation der Sesselbahn oder nehmen den Fußweg am Bach, dann rechts den breiten Weg zur Kolbenalm hinauf. Von dort gehen wir zur Bergstation mit der Kolbensattelhütte. Schilder zum „August-Schuster-Haus“ leiten uns weiter zum oberhalb verlaufenden Kofelsteig, dem wir mit mäßiger Steigung nach rechts folgen, bis er oberhalb der Josefskapelle auf den Fahrweg trifft. Dieser bringt uns etwas kräftiger steigend zu den bereits sichtbaren Pürschlinghäusern.

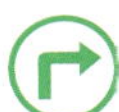

Gipfelabstecher auf den Teufelstättkopf

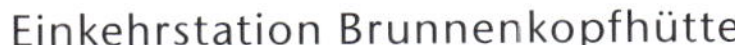

Vom August-Schuster-Haus führt uns der markierte Steig kräftig bergauf in die Mulde unter dem Gipfelaufbau, zuletzt geht es per Drahtseilsicherung die Felsstufe hinauf zum höchsten Punkt. Auf gleichem Weg zurück.

Weiter zu den Brunnenkopfhäusern

Ab hier bis zur Kenzenhütte leiten uns die Markierungen für den Maximiliansweg und den Europäischen Fernwanderweg E4, zunächst Richtung Brunnenkopfhütte und am Abzweig nach Linderhof geradeaus. Etwas wellig geht es durch den steilen Grashang, aus dem einzelne bizarre Felsen ragen, unterhalb sind die Anlagen von Linderhof zu sehen.

Am Rechtsabzweig beginnt die Variante über den Hennenkopf, die später wieder auf unseren Weg trifft. Unter dem Dreisäulenkopf entlang marschieren wir beim nächsten Linksabzweig nach Linderhof geradeaus zur Brunnenkopfhütte. Von hier aus könnte man in etwa ¼ Stunde hinaufgehen zum Brunnenkopf und schon mal den Anstieg zur Klammspitze in Augenschein nehmen.

Einkehrstation Brunnenkopfhütte

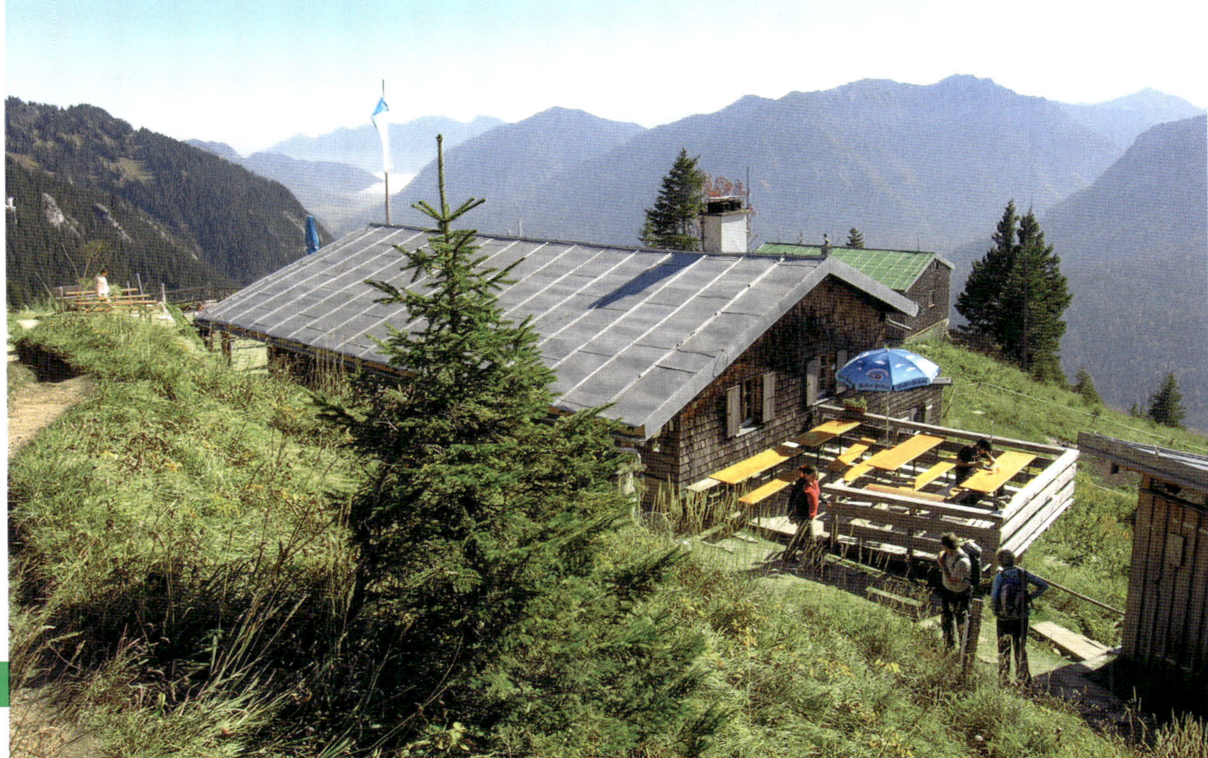

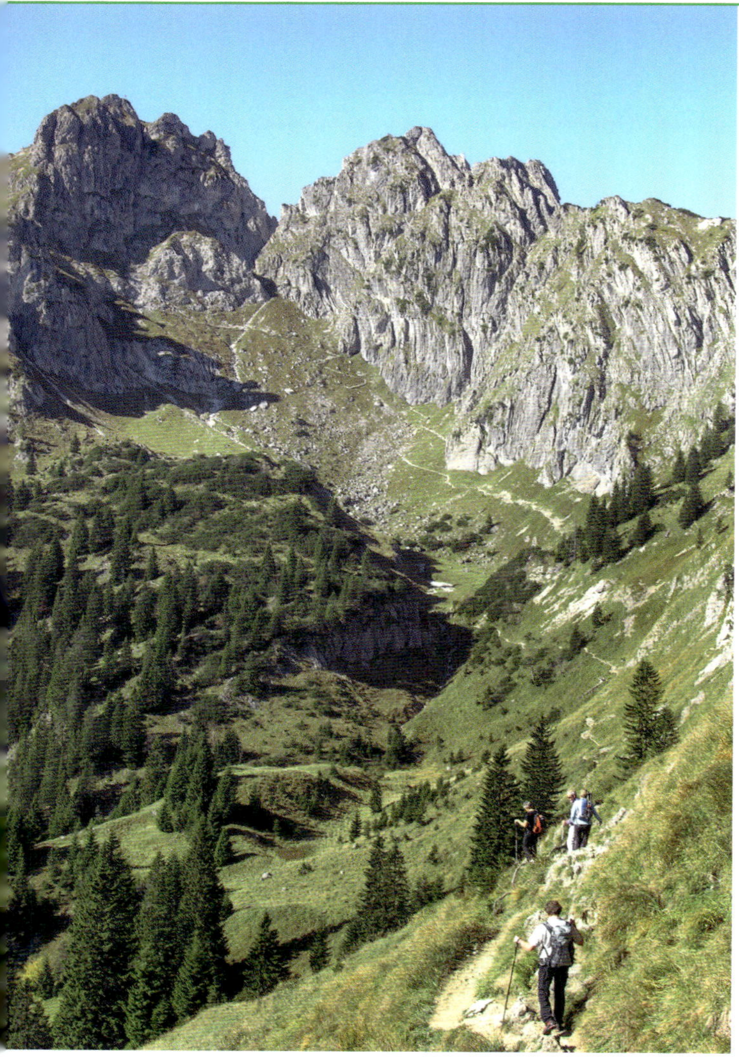

Auf dem Weg zur Großen und Kleinen Klammspitze

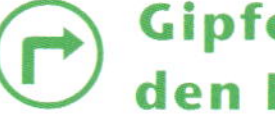

Gipfelabstecher über den Hennenkopf

Bald nach dem August-Schuster-Haus dem Rechtsabzweig vom Hauptweg in Richtung Hennenkopf folgen, zunächst steil bergan auf einem Pfad, dann den abzweigenden Pfad zum Gipfel nehmen. Im steinigen Kessel linkshaltend unter dem Gipfel vorbei und von der Nordseite steil und steinig durch Latschen hinauf zum Kreuz. – Zurück wandern wir bis zum Gipfelabzweig und rechts weiter auf einem felsigen Gratabschnitt, dann am grasigen Kamm entlang und in Serpentinen hinab zum Hauptwanderweg.

Über die Große Klammspitze zur Kenzenhütte

Gleich hinter der Hütte beginnt der Steig in Richtung „Klammspitze" und „Kenzenhütte". Es geht kurz durch eine Mulde, dann müssen wir auch schon recht steil hinauf unter die schroffen Felswände der beiden Klammspitzen. Vorbei an einem Felsenfenster und um die Ecke erreichen wir den Südgrat und packen die Stöcke weg, denn nun brauchen wir vor dem Gipfel schon mal die Hände. Oben genießen wir die großartige Rundsicht und steigen nach Westen ab zum Klammspitzgrat, der weiter abfällt. Oberhalb des Gamsangerkars (kurze kettengesicherte Stelle) beginnt der Anstieg zum Feigenkopf. Weiter auf dessen Gipfelgrat kommen wir in Almgelände und zur kleinen Schutzhütte, der Hirschwanghütte. Nun geht es steil hinab auf einem Pfad zum Bäckenalmsattel. Wir wenden uns rechts und gehen stetig bergab zur Kenzenhütte.

Durchs Löser- und Sägertal nach Linderhof

Von der Kenzenhütte folgen wir dem Fahrweg und den Schildern „Hochplatte", „Lösertaljoch" hinauf in die Wiesenböden, aus denen ein mächtiger Felsklotz ragt. Ein gemütlicher Steig bringt uns zum Abzweig aufs Lösertaljoch, welches wir nach einem etwas kräftigeren Anstieg erreichen. Drüben geht es abwärts ins Lösertal und in den immer enger werdenden Lösertalgraben, zuletzt recht steil hinunter ins Sägertal. Auf dem Weg, der vom Bäckenalmsattel kommt, rechts und weiter auf einem Forstweg bis kurz vor die Straße. Hier nehmen wir links den Rad- und Wanderweg nach Linderhof.

DER SPEZIAL-TIPP

Der Besuch von Schloss Linderhof ist nahezu ein Muss, war es doch das eigentliche Wohnschloss von König Ludwig II., in dem er seine Traumwelt verwirklicht hat. Die Keimzelle von Schloss Linderhof war ein gleichnamiger Ettaler Bauerhof (daher der Name) mit dem nahegelegenen Jagdhäuschen seines Vaters Maximilian II. und der kleinen barocken St.-Anna-Kapelle. Dieses "Königshäuschen" wurde mehrmals umgebaut und erweitert, bis es seine heutige Form erhielt.Sehenswert sind auch die technikgeschichtlich interessante Venusgrotte mit einem künstlichen See (voraussichtlich bis 2024 wegen Restaurierung geschlossen) sowie die wunderschönen Parkanlagen mit verschiedenen Bauten, darunter das Marokkanische Haus und der Maurische Kiosk. Die Parkanlagen sind frei zugänglich, das Schloss nur mit Führung. Kartenverkauf täglich: April bis 15. Oktober 8.30–17.30 Uhr, 16. Oktober bis März 10–16.30 Uhr, www.schlosslinderhof.de

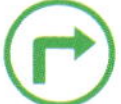

Gipfelabstecher auf die Hochplatte

Am Abzweig zum Lösertaljoch halten wir uns rechts Richtung Hochplatte und gelangen durch den Bilderbuchkessel auf ein Joch. Nach einer kurzen Felsenstelle wandern wir einen Bachgraben hinauf. Vor dem Weitalpjoch leiten die Markierungen unterhalb einer Felsmauer nach rechts und zu einem grünen Sattel. Der jetzt teils recht steile Steig führt zum Gamsangerl und auf einen Felsengrat, der uns – stellenweise seilgesichert – zum kreuzgeschmückten Ostgipfel der Hochplatte mit seiner überwältigenden Aussicht bringt. Auf gleichem Weg zurück zum Abzweig Lösertaljoch.

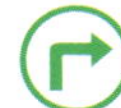

Gipfelabstecher auf den Vorderscheinberg

Im Lösertaljoch (1682 m) geht es links hinauf zum Scheinbergjoch (1764 m); von dort führt linker Hand ein ausgesetzter Gratweg, zuletzt ein Pfad zur Gipfelwiese auf zum Vorderscheinberg. Dieses Gebiet gilt als großartiges Gämsenrevier.

KARTENHINWEIS Topographische Karte 1:50.000 „Werdenfelser Land – Ammergebirge“ (LDBV)

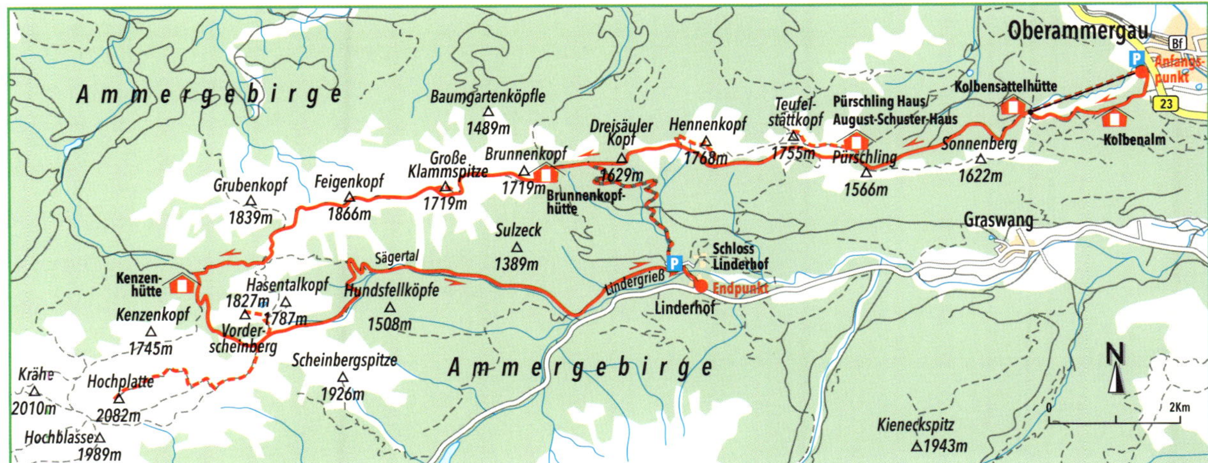

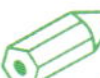

TOURISTINFO

Tourist-Information Oberammergau – Ammergauer Alpen, Eugen-Papst-Str. 9a, 82487 Oberammergau, Tel. +49/8822/922 74 40, www.ammergauer-alpen.de

AUSGANGSPUNKT

Oberammergau, Talstation der Kolbensesselbahn (850 m)

ENDPUNKT

Schloss Linderhof (943 m); mit Buslinie 9622 zurück nach Oberammergau

Schloss Linderhof mit Wasserspielen

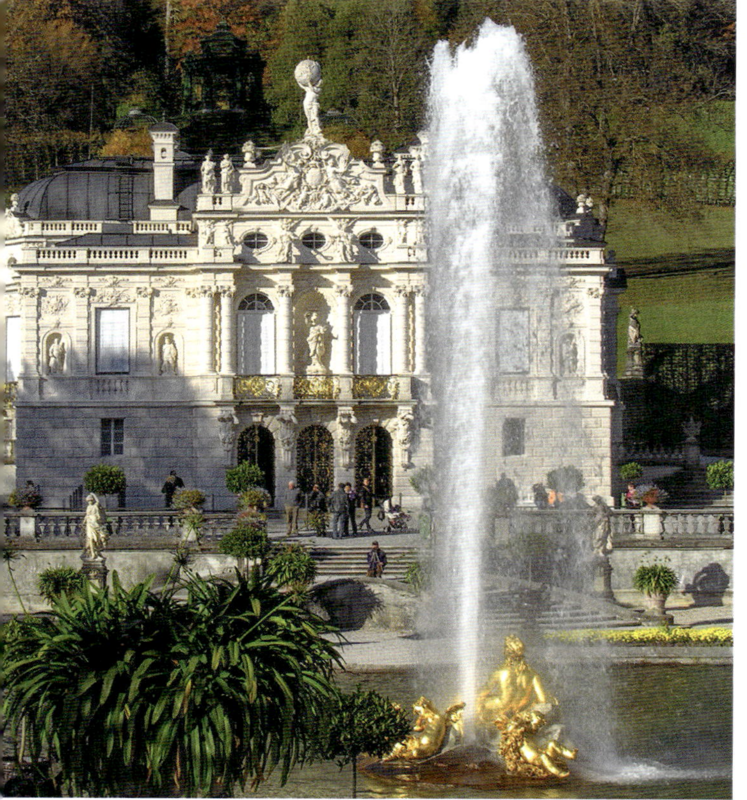

ANFAHRT

Mit dem Auto: Auf der A 95 bis Ausfahrt Sindelsdorf, weiter auf der B 472 nach Murnau, dort rechts ab über Bad Kohlgrub nach Oberammergau. Oder auf der A 95 nach Oberau und über den Ettaler Sattel nach Oberammergau. Parkplatz Kolbensattel (kostenpflichtig) an der Talstation der Kolbensesselbahn. Freier Langzeitparkplatz in Oberammergau-Süd, Ettaler Straße.
Mit Bahn & Bus: Mit der Bahn nach Oberammergau. Alternativ nach Garmisch-Partenkirchen, dort mit Bus 9606 zur Haltestelle Oberammergau Bahnhof.

BERGBAHN

Kolbensesselbahn (Talstation 850 m, Bergstation 1270 m), von Ende Mai bis Ende September von 10–18 Uhr, dann bis Ende Oktober bis 17 Uhr und bis Anfang November bis 16 Uhr in Betrieb, Tel. +49/8822/47 60, www.kolbensattel.de/kolbensesselbahn

GEHZEITEN

Von Oberammergau zum August-Schuster-Haus 2½ Std., weiter zu den Brunnenkopfhäusern 2 Std., Aufstieg zur Großen Klammspitze 1¼ Std., weiter zur Kenzenhütte 2¼ Std., weiter zum Lösertaljoch 1¼ Std., Abstieg nach Linderhof 2 Std.; Gesamtgehzeit 11¼ Std.
Gipfelabstecher: Teufelstättkopf (1755 m) ¾ Std. vom August-Schuster-Haus; Hennenkopf (1768 m) Variante 1½ Std.; Große Klammspitze (1924 m) mit Überschreitung von der Brunnenkopfhütte 1¼ Std.; Hochplatte (2082 m) 3 Std. von der Kenzenhütte, 2 Std. vom Abzweig zum Lösertaljoch; Vorderscheinberg (1827 m) vom Lösertaljoch ¾ Std.; Aufstieg vom Lösertaljoch zum höchsten Punkt ¾ Std.

ANFORDERUNG

Hüttenwege: Leichte Wege zum August-Schuster-Haus, die Auffahrt per Sesselbahn spart etwa 1 Std.

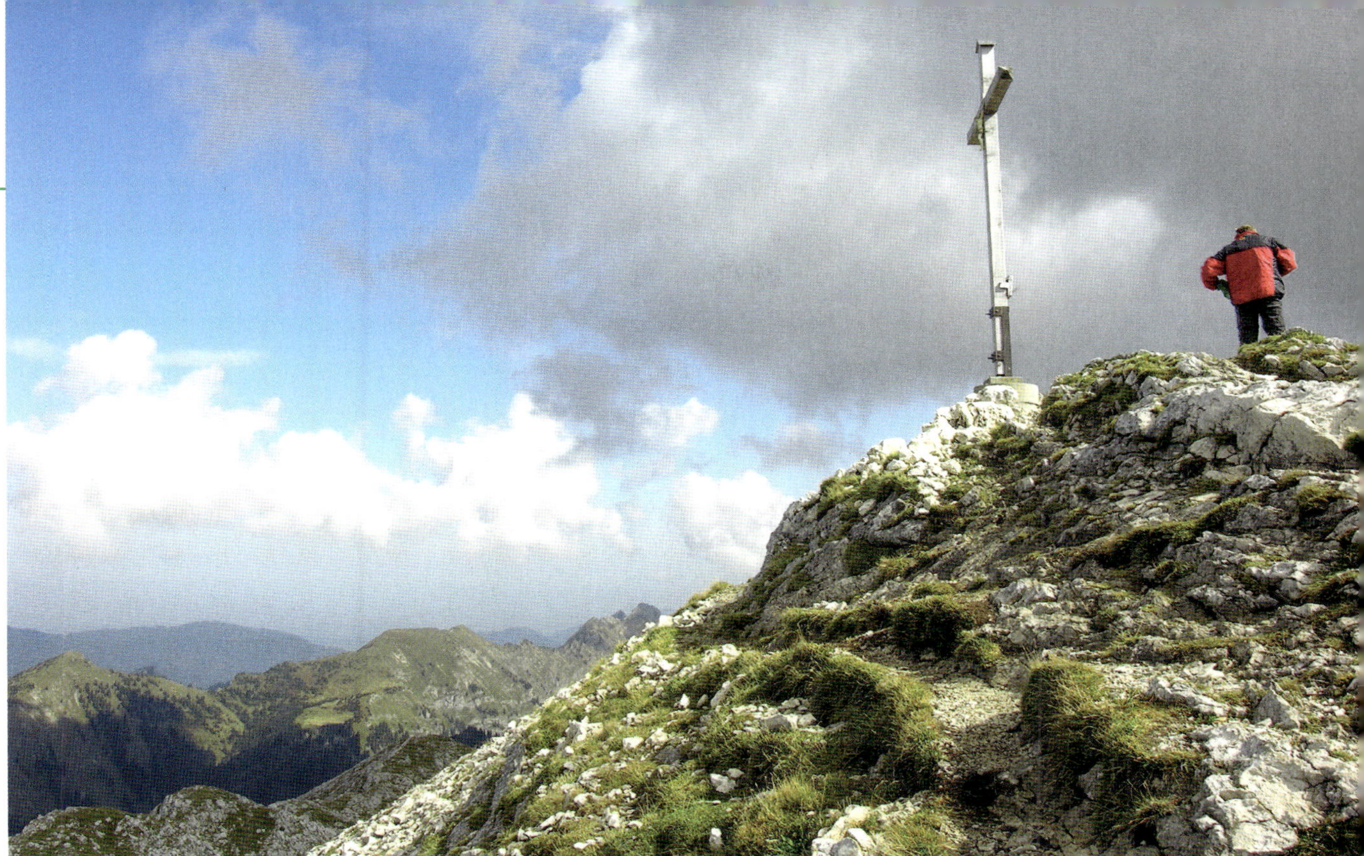

Der kreuzgeschmückte Ostgipfel der Hochplatte

Gehzeit. Übergang zu den Brunnenkopfhäusern: schmaler Steig im steil abfallenden Grashang, man sollte schwindelfrei und trittsicher sein. Kenzenhütte über die Große Klammspitze: Bergerfahrung, Trittsicherheit und Schwindelfreiheit Voraussetzung, ebenso auf dem Klammspitzgrat (seilgesicherte Stelle); nur bei guten Verhältnissen (evtl. hinab nach Linderhof und durchs Sägertal zum Bäckenalmsattel gehen). Sonst gute Steige, Pfade und Bergwege.

Gipfelwege: Teufelstättkopf vom August-Schuster-Haus: guter Steig, steil und seilgesichert über den Felsaufbau zum Gipfel, Trittsicherheit und Schwindelfreiheit empfohlen, ebenso bei der Variante über den Hennenkopf. Große Klammspitze: anspruchsvolle Überschreitung, kurze leichte Kletterstufe (I) am Südgrat, Steinschlaggefahr, nach Norden senkrechte Felsabstürze. Hochplatte: spätestens ab dem Gamsangerl sollte man trittsicher und schwindelfrei sein. Vorderscheinberg: auf Bergsteig zum höchsten Punkt, Trittsicherheit und Schwindelfreiheit nötig.

AUSRÜSTUNG

Komplette Bergwanderausrüstung, Stöcke sind sinnvoll.

EINKEHR & ÜBERNACHTUNG

Berggasthaus Kolbenalm, 1030 m: privat, Übernachtung bis zu 25 Personen, vorerst nur Freitag bis Sonntagmittag geöffnet, Tel. +49/8822/63 64, https://kolbenalm.de

Kolbensattelhütte an der Bergstation, nahezu ganzjährig bewirtschaftet; Tel. +49/8822/47 60, www.kolbensattel.de/kolbensattelhuette

August-Schuster-Haus, 1554 m: Alpenvereinshütte der Kat. II , geöffnet von Mai bis Oktober, 54 Zimmerlager, 12 Matratzenlager, Tel. +49/8822/35 67

Brunnenkopfhütte, 1602 m: Alpenvereinshütte der Kat. I, geöffnet von Mai bis Oktober, 36 Matratzenlager, Tel. +49/8822/35 67, https://brunnenkopfhuette.com

Kenzenhütte, 1300 m: privat, geöffnet von Mai bis Mitte/Ende Oktober, 27 Betten, 33 Bettenlager, Tel. +49/8368/855 40 02, https://kenzenhuette.de

20 DURCH DIE TANNHEIMER BERGE

Pfronten – Ostlerhütte – Aggenstein – Bad-Kissinger-Hütte – Seebenalm – Füssener Jöchle – Otto-Mayr-Hütte/Füssener Hütte – Musau

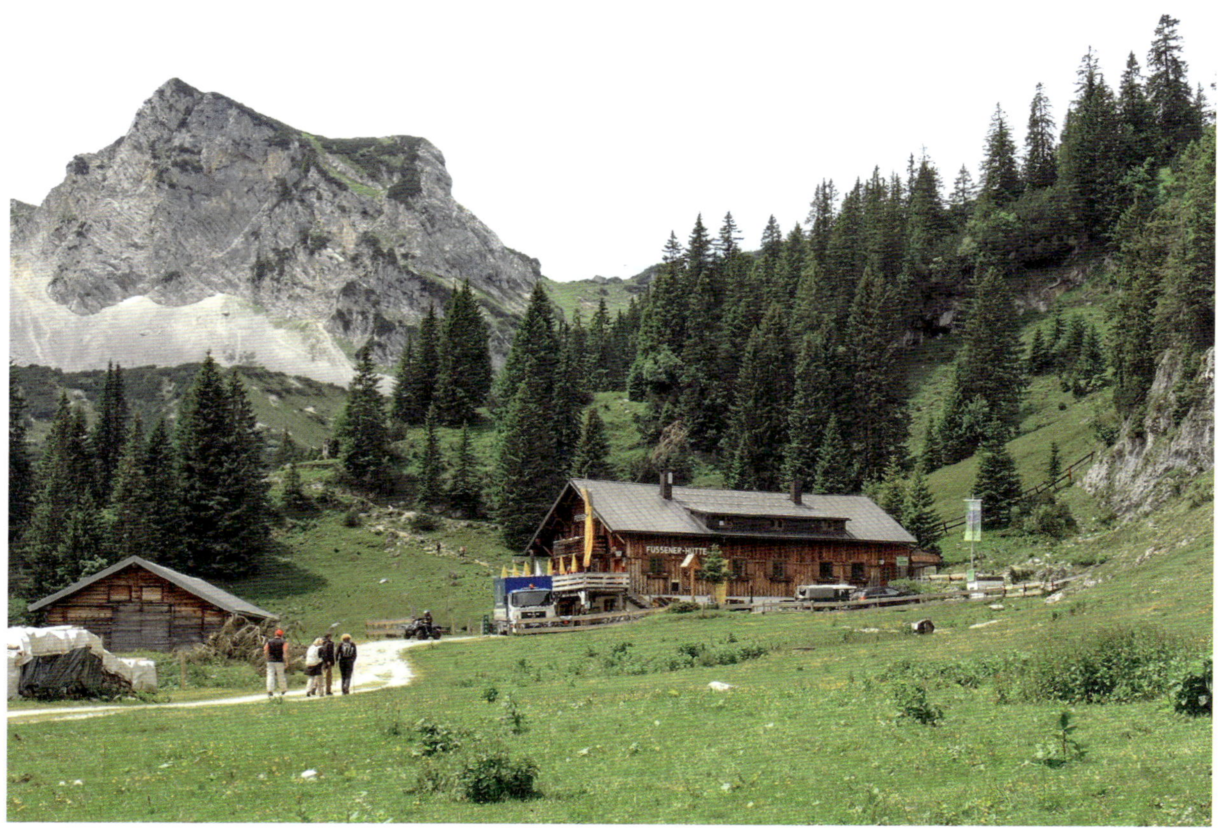

Füssener Hütte und Schartschrofen

Pfronten besteht heute aus einer Dörfergemeinschaft von 13 Gemeinden. Der Hauptort und der Ortsteil Steinach, in dem unsere Wanderung beginnt, werden überragt von einem Felsen, auf dessen Spitze die Burgruine Falkenstein thront. König Ludwig II. hatte sie für sein nächstes Schloss ausersehen, das jedoch aufgrund seines Todes 1886 nicht mehr verwirklicht wurde. Auf unserer Wanderung wird die Burg immer wieder präsent sein, besonders vom ersten Ziel aus, dem Breitenberg mit der Ostlerhütte. Auf dieser war der Bobfahrer Andreas Ostler, der 1952 bei den Olympischen Spielen in Oslo die erste Goldmedaille für Deutschland nach dem 2. Weltkrieg gewann, lange Jahre Hüttenwirt.

Die Schönheit der Tannheimer Berge zog auch Königin Marie, die Mutter von König Ludwig II. in ihren Bann; sie bestieg die schwierigsten Gipfel. Wir wollen uns auf die leichteren beschränken wie den Aggenstein oder die Große Schlicke.

Mehrere gemütliche Hütten mit Übernachtungsmöglichkeiten, auf denen überwiegend regionale Produkte für die leckeren Gerichte verwendet werden, machen es leicht, sich einige Tage in den Tannheimer Bergen aufzuhalten und die eindrucksvolle Landschaft zu genießen.

Von Pfronten-Steinach auf den Breitenberg

Gleich bei der Talstation müssen wir uns entscheiden: entweder mit der Bahn auf den Berg oder die Variante durch die Reichenbachklamm. Zu letzterer gehen wir rechts an der Kasse vorbei und durch den Spielplatz, links über einen Wiesenpfad, erneut links auf dem breiteren Weg zu einem Teerweg und unter der Gondelbahn durch. Die Schilder „Reichenbachklamm“ leiten uns schließlich in den engen Einschnitt, in dem kurze Passagen gesichert sind. Ein seitlicher Wasserfall erfreut das Auge, ebenso ein letzter Tiefblick in die Schlucht, dann folgen wir den Wegweisern zur Bergstation und Hochalphütte.

Wer mit der Bahn heraufgekommen ist, könnte hinter der nahen Hochalphütte auch den Hochalpsessellift nehmen (wenn er fährt). Sonst folgen wir dem breiten Weg rechts von der Hütte, der kräftig ansteigt und mit immer schöner werdender Sicht auf Pfronten, die Ammergauer Berge und hinaus ins Flachland mit seinen Seen, Burgen und Schlössern die Hochfläche erreicht. Zusammen mit den Liftfahrern nehmen wir nach rechts den nächsten Anstieg, fassen das Gipfelkreuz an und machen es uns nebenan in der Ostlerhütte gemütlich.

Von der Ostlerhütte zur Bad-Kissinger-Hütte

Zunächst gehen wir den gleichen Weg hinab ins breite Joch und haben dabei stets den „Langen Strich“, den Aufstieg zum Aggenstein im Auge. Links davon schauen bereits die Tannheimer Zacken durch die Lücke. Auf der Hochfläche kommen wir zu einem Wegweiser, der geradeaus auf den Aggenstein weist. Hier zweigt links Richtung Bad-Kissinger-Hütte die Variante über die Diensthütte ab, die zunächst im Wiesenhang abwärts, dann aufwärts zur Diensthütte und steil über den „Bösen Tritt“ hinauf zum Übergang nach Grän und dort rechts zur nahen Bad Kissinger Hütte führt.

Wir machen uns an den schweißtreibenden Anstieg, queren nach vielen Serpentinen hinüber unter den Gipfel, von dem uns nur noch ein kurzer, gesicherter Felssteig trennt. Dann genießen wir vom Aggenstein aufgrund seiner Alleinstellung einen herrlichen Rundblick, vor allem übers Tannheimer Tal zu den Allgäuer Hochalpen. Über die Südflanke leitet schließlich ein Steig hinab zur Bad-Kissinger-Hütte.

Übers Füssener Jöchle ins Raintal

Von der Bad-Kissinger-Hütte gehen wir etwas bergab und geradeaus weiter Richtung Füssener Jöchle. Anfangs nahezu eben geht es zur nicht bewirtschafteten Sebenalpe und weiter auf dem Gräner Höhenweg, zunächst kräftig, dann mäßig steigend zum Sefensattel. Nach dem Durchlass spazieren wir links hinunter zur Bergstation der Füssener Jöchle Bahn. Wir halten uns an die Schilder Richtung „Füssener Hütte“, „Otto-Mayr-Hütte“ und erreichen wenig anstrengend das

KARTENHINWEIS Topographische Karte 1:50.000 „Füssen“ (LDBV)

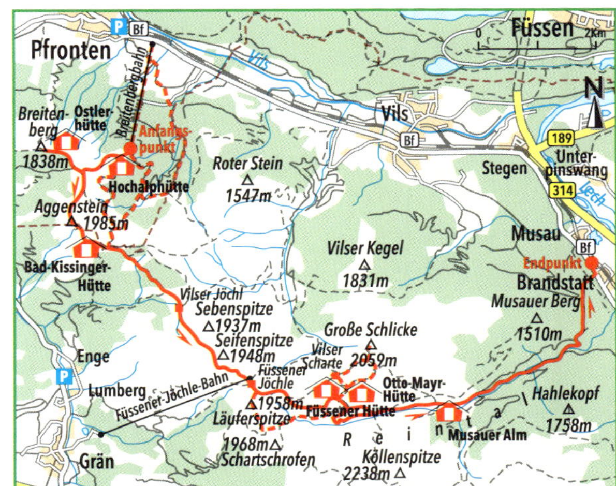

Raintaler Jöchle. Drüben geht es ebenso abwärts, dann rechts abzweigend und mit herrlichem Blick auf die beeindruckenden Nordwände der Tannheimer Gipfel hinunter in die Almböden mit den beiden nah beieinanderliegenden Hütten. Die Willi-Merkl-Hütte als dritte im Bunde ist nur für Selbstversorger.

Zur Musauer Alm und nach Musau

Hinter der Otto-Mayr-Hütte nehmen wir gleich den Wandersteig, der uns hinab zum Raintal-Fahrweg bringt. Auf diesem links erreichen wir die gastliche Musauer Alm, eine Sennalpe, auf der wir einkehren und auch den selbst produzierten Käse kaufen können. Wir folgen dem Fahrweg, an den wir uns beim Abzweig des Fußweges durchs Sababachtal weiterhin halten. Nochmals etwas ansteigend kommen wir zu einem nördlichen Abzweig, der uns weiter bergan zum Achselsteig nach Musau leitet. Ab dem Aussichtspunkt mit Kreuz nun auf steilem Steig hinab ins Tal und durch die Wiesen nach Musau, zum Bahnhof oder Bus.

Aufstieg zum Breitenberg mit Blick auf Pfronten

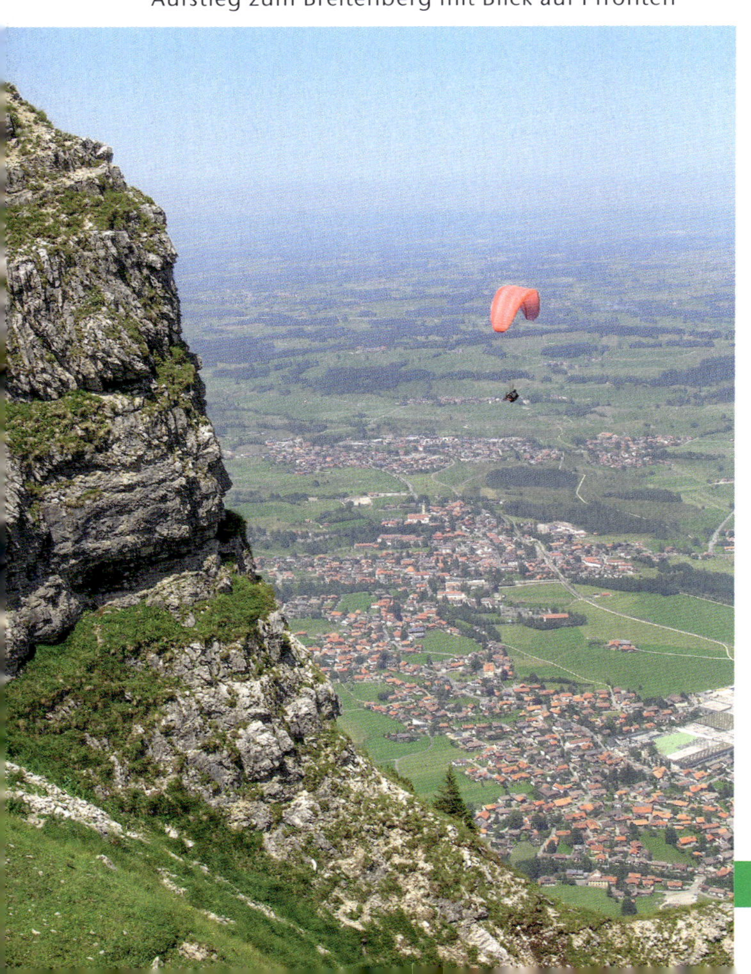

DER SPEZIAL-TIPP

Für Wasserratten empfiehlt sich ein Besuch im Panorama-Freibad in Pfronten. Es liegt etwas erhöht über dem Ort und bietet einen wunderschönen Ausblick auf die Allgäuer Berge. Nach der Freibadsaison geht es ins Hallenbad.
Alpenbad Pfronten, Falkensteinweg 14, 87459 Pfronten, täglich von 9.30–19 Uhr geöffnet, letzter Einlass 18 Uhr, Tel. +49/8363/929 99–0, https://alpenbad.pfronten.de

Gipfelabstecher auf Läuferspitze und Schartschrofen

Zur Läuferspitze halten wir uns bei den Wegweisern an der Bergstation der Füssener Jöchle Bahn rechts und folgen dem ansteigenden Weg zunächst durch Latschen und Matten, dann dem steilen, steinigen Steig zum Gipfelaufbau und seilgesichert durch die Felsen hinauf zum Kreuz. Am besten auf gleichem Weg zurück zum Füssener Jöchle und weiter mit der Tour zum Raintaler Jöchle. Hier können wir rechts auf einem schmalen Steig unter der Läuferspitze entlang gehen und westlich um den Hallerschrofen herum ins Hallergernjoch. Von dort gelangen wir durch Latschengassen auf den Gipfel des Schartschrofens und kehren auf gleichem Weg zurück zum Raintaler Jöchle.

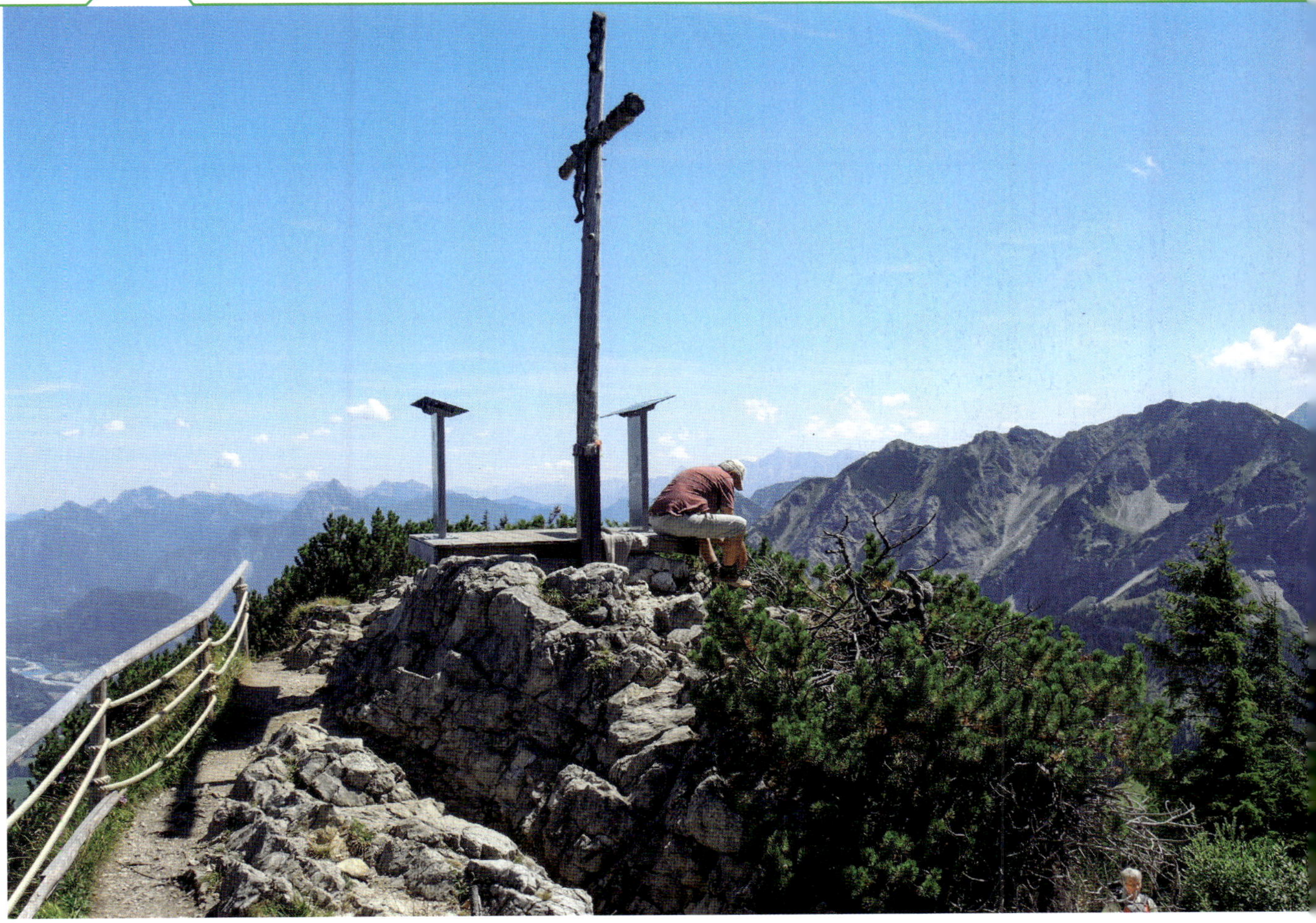

Auf dem Gipfel des Breitenbergs

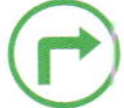

Gipfelabstecher zur Großen Schlicke

Von der Otto-Mayr-Hütte oder der Füssener Hütte halten wir uns nördlich an die Beschilderung und den Bergsteig. Durch Wiesen, dann Latschen steigen wir bergan, zuletzt in steinigem Gelände hinauf zum Gipfelkreuz. Die Aussicht über die Allgäuer, Tannheimer und Ammergauer Berge sowie hinaus ins Flachland mit den vielen Seen ist grandios. Entweder wählt man den Anstiegsweg für den Abstieg oder geht den Aufstiegsweg kurz zurück, dann rechts und auf der Schulter abwärts zur Vilser Scharte, dort links hinunter zu den Hütten.

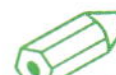

TOURISTINFO

Pfronten Tourismus, Vilstalstr. 2, 87459 Pfronten, Tel. +49/8363/698 88, www.pfronten.de
TVB Naturparkregion Reutte, Untermarkt 34, A-6600 Reutte, Tel. +43/5672/623 36, www.reutte.com

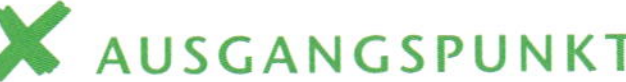

AUSGANGSPUNKT

Pfronten, Talstation der Breitenbergbahn (850 m)

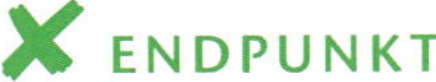

ENDPUNKT

Musau (821 m), Bahnhof und Bushaltestelle

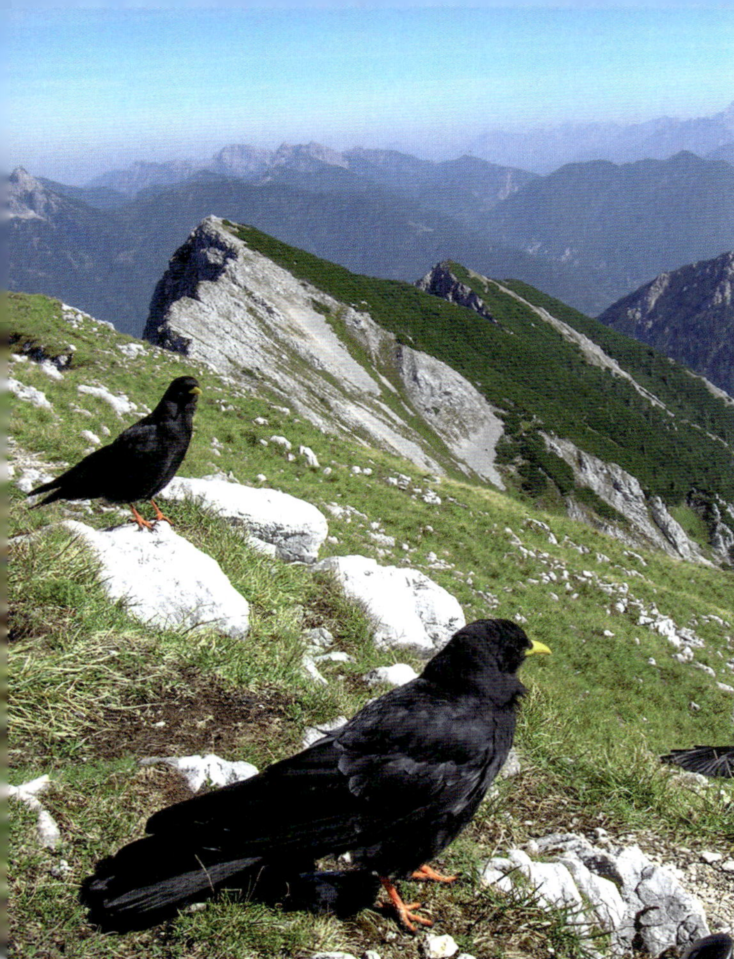

Auf dem Gipfel der Großen Schlicke mit Blick auf die Ammergauer Alpen

ANFAHRT

Mit dem Auto: Auf der A96 bis Buchloe-Ost, auf der B12 Richtung Kempten und über Marktoberdorf nach Füssen, dort Richtung Reutte und durch den Tunnel, gleich danach rechts ab nach Vils und weiter bis Pfronten-Steinach. Oder von München auf der A95 bis Starnberg, weiter auf der B2 nach Weilheim. Der B472 nach Peißenberg und Peiting, dann der B17 nach Füssen folgen, dort Richtung Reutte, weiter nach Vils und Pfronten-Steinach. Gebührenpflichtige Parkplätze an der Talstation. Mehrtagestickets an der Bergbahnkasse.
Mit Bahn & Bus: Mit der Bahn nach Füssen, weiter mit Bus 71 nach Pfronten-Steinach. Oder mit der Bahn nach Kempten oder Garmisch-Partenkirchen und weiter mit der Außerfernbahn über Reutte nach Pfronten-Steinach. Rückfahrt von Musau mit Bahn oder Bus Linie 100 und 74 nach Füssen.

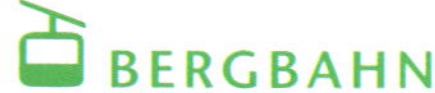

BERGBAHN

Breitenbergbahn: Kleinkabine (Talstation 840 m, Bergstation 1498 m), Anfang Mai bis Ende Oktober/Anfang November 9–17 Uhr, ab Mitte Oktober bis 16.30 Uhr, Tel. +49/8363/58 20, www.breitenbergbahn.de. Evtl. weiter mit der Hochalpbahn (Sessellift), erspart etwa 200 Höhenmeter (½ Std.) Aufstieg.

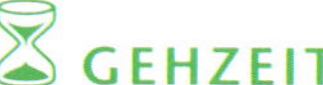

GEHZEITEN

Von der Bergstation Breitenbergbahn zur Ostlerhütte 1 Std., weiter zur Bad-Kissinger-Hütte 1¾ Std., weiter zum Füssener Jöchle 1¾ Std., weiter zur Füssener Hütte/Otto-Mayr-Hütte 1 Std., Abstieg zur Musauer Alm 1 Std, Abstieg ins Tal nach Musau 2 Std.; Gesamtgehzeit 8½ Std.
Varianten: Durch die Reichenbachklamm zur Ostlerhütte 3 Std., weiter zur Bad Kissinger Hütte über die Diensthütte 1½ Std.
Gipfelabstecher: Breitenberggipfel (1838 m) neben der Ostlerhütte; Aggenstein (1985 m) wenige Minuten vom Weg (von Bad Kissinger Hütte ¾ Std.); Läuferspitze (1956 m) ½ Std. und Schartschrofen (1968 m) ¾ Std. jeweils vom Füssener Jöchle; Große Schlicke (2059 m) von Füssener/Otto-Mayr-Hütte 1½ Std.

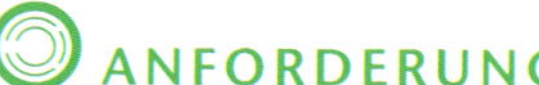

ANFORDERUNG

Hüttenwege: Überwiegend leichte Bergwanderwege und Steige. Übergänge von der Ostlerhütte zur Bad Kissinger Hütte: stellenweise Trittsicherheit und Schwindelfreiheit empfohlen, auf dem Achselsteig bei Nässe Rutschgefahr.
Variante durch die Reichenbachklamm: teils felsiger und steiler Bergsteig mit Feuchtstellen.
Gipfelwege: Letzte Meter zum Aggenstein-Gipfel auf seilgesichertem Felssteig. Läuferspitze: schmaler, teils brüchiger Steig mit Absturzgefahr, Trittsicherheit und Schwindelfreiheit nötig. Schartschrofen auf mittelschwerem Steig. Große Schlicke auf gutem Steig, am Gipfel ist Vorsicht geboten wegen der steil abbrechenden Nordwände.

AUSRÜSTUNG

Komplette Bergwanderausrüstung, Stöcke sind empfehlenswert.

EINKEHR & ÜBERNACHTUNG

Berghaus Allgäu, 1500 m: neben der Bergstation der Breitenbergbahn, vorübergehend geschlossen, Tel. +49/8363/486.
Hochalphütte, 1510 m: privat, während der Betriebszeiten der Breitenbergbahn bewirtschaftet, 20 Betten, Tel. +49/151/681 47 208, https://hochalphuette.jimdofree.com
Ostlerhütte, 1838 m: privat, nahezu ganzjährig geöffnet, Montag Ruhetag, 32 Schlafplätze in Gruppen- und Familienzimmern und Suiten sowie im Lager, Tel. +49/8363/424, www.die-ostler-huette.de
Bad-Kissinger-Hütte, 1792 m: Alpenvereinshütte der Kat. I, geöffnet von Anfang Mai bis Ende Oktober, 34 Betten, 27 Lager, Tel. +43/676 37 311 66, www.badkissingerhuette.at
Bergrestaurant Sonnenalm, 1821 m: an der Bergstation der Füssener Jöchle Bahn, geöffnet zu den Bahn-Betriebszeiten, Tel. +43/5675/51 29, www.sonnenalm-tirol.at
Füssener Hütte, 1550 m: Stadt Füssen, bewirtschaftet von Mitte Mai bis Mitte Oktober, Montag Ruhetag, 50 Schlafplätze in Betten und Lagern, Tel. +49/8362/880 98 49, www.fuessener-huette.at
Otto-Mayr-Hütte, 1530 m: Alpenvereinshütte der Kat. I, bewirtschaftet von Anfang Mai bis Ende Oktober, 47 Betten, 37 Lager, Tel. +43/5677/84 57, www.ottomayrhuette.com
Musauer Alm, 1290 m: private Sennalpe, bewirtschaftet von Anfang/Mitte Mai bis Mitte/Ende Oktober, Dienstag Ruhetag außer Juni, Juli, August, 13 Betten, 23 Lager, Tel. +43/6502/10 02 26, www.musaueralm.at

Füssener Jöchle, Raintaler Jöchle (Mitte) und Köllenspitze

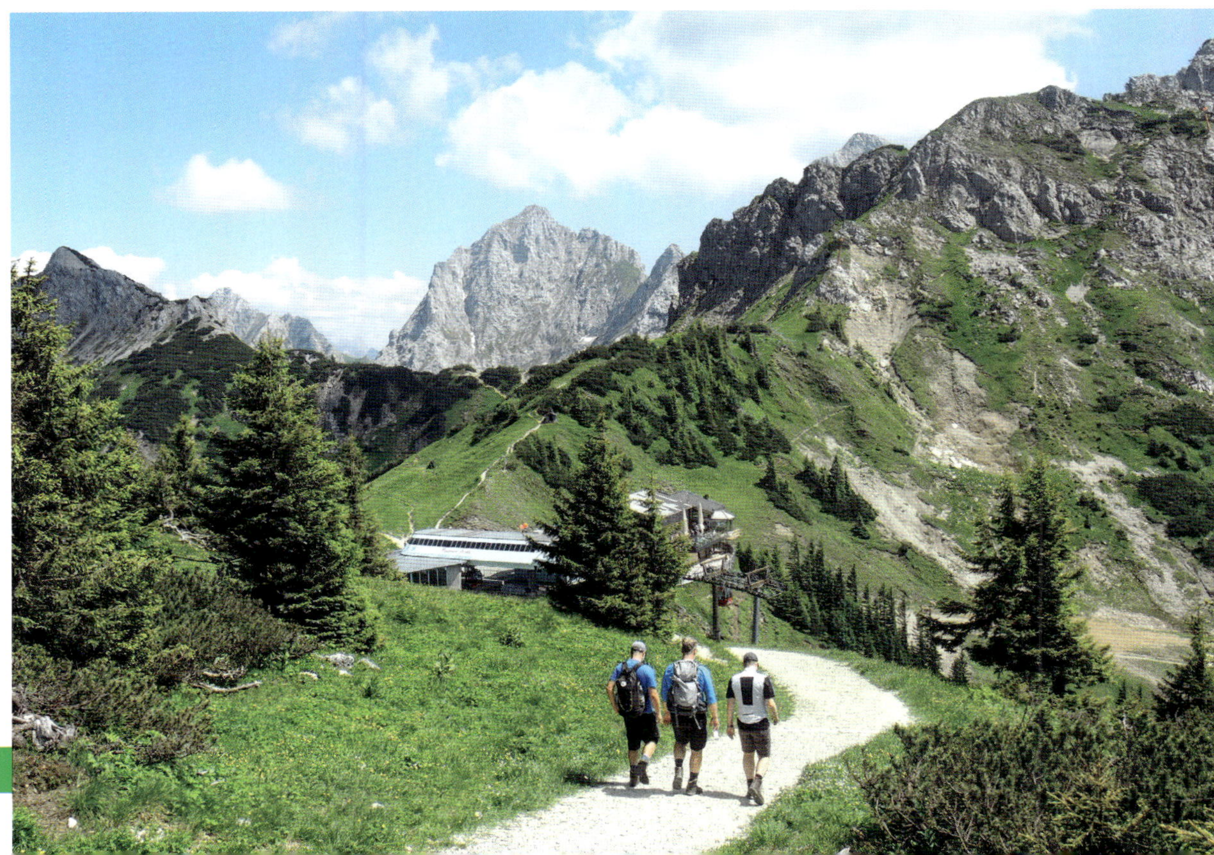

21 EINE RUNDE IN DEN VILSALPSEEBERGEN

Tannheim – Neunerköpfle – Strindenscharte – Landsberger Hütte – Vilsalpsee – Tannheim

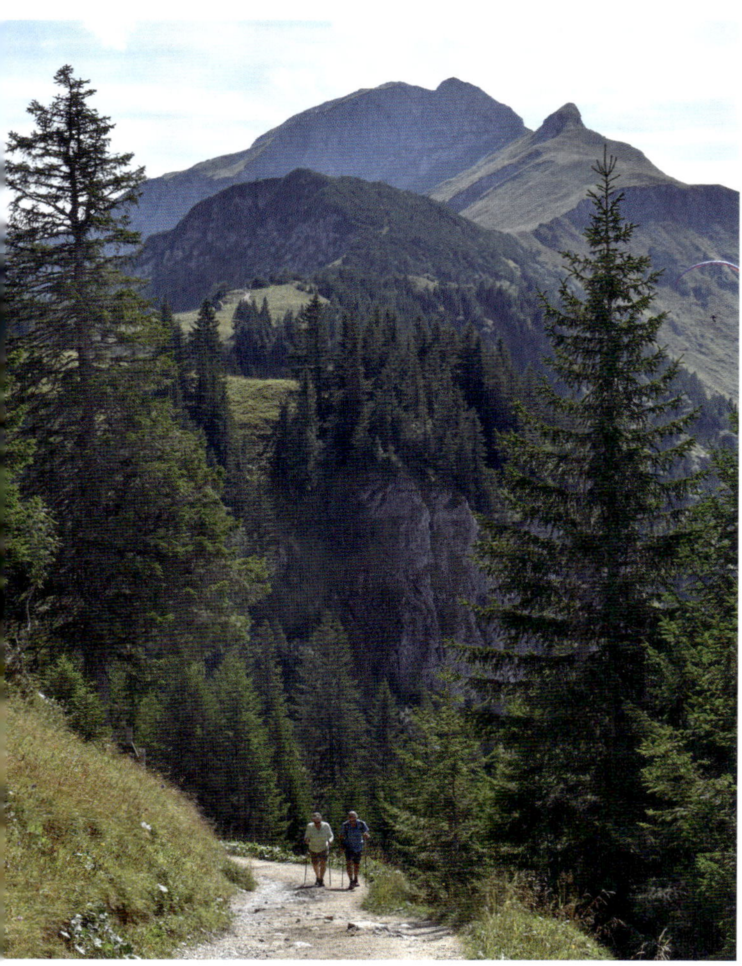

Auf dem Höhenweg vom Neunerköpfle zur Landsberger Hütte, im Hintergrund die Sulzspitze und die Lachenspitze

Auf dieser wunderbaren Rundtour hoch über dem Tannheimer Tal gelangen wir zur Landsberger Hütte, die sich am Fuße der Lachenspitze befindet. Die 1929 erbaute Alpenvereinshütte punktet mit einer großen Außenterrasse mit freiem Blick auf die steilen Nordabbrüche des Hüttengipfels. Der aussichtsreiche Höhenweg von der Bergstation der Neunerköpflebahn leitet uns ins Herz des Naturschutzgebietes Vilsalpsee. Zwei größere Seen – der Traualpsee und die kleinere Lache am Fuße der Alpenvereinshütte – tragen zur Schönheit des von schroffen Felsgipfeln umgebenen Weges bei. Beim Abstieg genießen wir dann die Ausblicke auf den Vilsalpsee, der am Ende unserer großartigen Wanderung liegt. Dort können wir entspannen, im See baden oder in einem der beiden Gasthäuser einkehren.

Höhepunkt der Wanderung ist zweifelsohne die Lachenspitze, der bildschön gestaffelt alle drei Seen zu Füßen liegen. Sie ragt mit ihrer nahezu senkrechten Nordwand gegenüber der Terrasse der Landsberger Hütte auf. Dort am Wandfuß beginnt für erfahrene Bergsteiger mit Klettersteigausrüstung die „Direttissima" zum Gipfel. Wir gehen nach der Hüttenübernachtung den Anstieg auf diesen Gipfel über seinen deutlich leichteren Normalweg an, der uns über die Südseite auf den höchsten Punkt bringt. Unvergleichlich von dort oben der Panoramablick auf die Tannheimer Berge und bis weit hinein in die Lechtaler und Allgäuer Berge. Doch auch für weniger Geübte bietet diese Tour Gipfelglück. Bereits am Höhenweg können wir der Sulzspitze und der Schochenspitze einen Besuch abstatten. Von der Landsberger Hütte bietet sich dann noch der Anstieg auf die Rote Spitze an.

Vom Neunerköpfle zur Landsberger Hütte

Die Neunerköpflebahn bringt uns direkt an den Bergfuß des Neunerköpfles. Schon kurz oberhalb der Bergstation treffen wir zunächst auf den Drachen- und Gleitschirmstartplatz mit seinem bunten Treiben. Das Köpfle selbst nehmen wir natürlich auch mit, bietet es uns doch eine großartige Aussicht auf den Haldensee und hinüber zu den Tannheimer Bergen mit ihren Prachtgipfeln Rote Flüh und Gimpel. Dafür müssen wir einen kurzen steilen, aber gesicherten Steig bewältigen. Dort können wir uns ins größte Gipfelbuch der Alpen eintragen. Anschließend geht es in südlicher Richtung abwärts, bis vom Wanderweg zur Oberen Strindenalpe nach rechts ein Steig abzweigt, der oberhalb der Alpe durch den Hang und mit erträglicher Steigung zum Saalfelder Höhenweg hinüberzieht. Wir steigen kurz bergan, dann ist auch schon die Strindenscharte erreicht. Auf breitem Almweg geht es weiter zur Gappenfeldalpe, die sich seitlich am Fuß der Sulzspitze befindet.

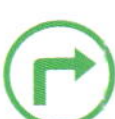

Gipfelabstecher zur Sulzspitze

Noch bevor wir die Gappenfeldalpe erreichen, zweigt rechts der ausgeschilderte Gipfelsteig ab. Zunächst geht es durch grasiges Gelände, bis wir den felsigen Gipfelaufbau erreichen. Aber auch dieser ist kein Problem, wir umgehen ihn nach rechts. Am Gipfel erwartet uns statt eines Kreuzes ein Bergsteigersymbol mit Edelweiß und Skiern.

Nach der Einkehr auf der Gappenfeldalpe folgen wir dem aufwärts führenden Steig zum Schochensattel, der zunächst nur leicht ansteigt, dann steiler wird und zuletzt auch ein paar Seilsicherungen aufweist.

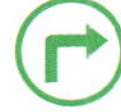

Gipfelabstecher zur Schochenspitze

Von unserem Hüttenweg, der knapp unterhalb des Gipfels vorbeiführt, ist es nur ein kurzer Abstecher über einen grasigen Steig. Am Gipfel steht ein schlichtes großes Holzkreuz, der Ausblick ist berauschend. Links sehen wir die Lachenspitze, unterhalb davon die Landsberger Hütte und alle drei Gebirgsseen. Über die grasige Flanke queren wir dann südwestwärts hinab zum Hüttenweg.

Ein steiniger Steig bringt uns nun hinab zur sogenannten Lache. Dort geht es links oder rechts um diesen kleinen See herum und leicht ansteigend hinauf zu unserem Tagesziel, der urgemütlichen Landsberger Hütte mit großer Terrasse. Übernachten können wir dann im Haupthaus oder auch im Nebengebäude in Mehrbettzimmern oder kleinen Lagern.

Gipfelabstecher zur Lachenspitze

Von der Landsberger Hütte beginnt der zunächst leichte Anstieg in südwestlicher Richtung durch Wiesengelände, bis wir uns bei einer Wegverzweigung links halten müssen. Dort nun hinauf ins Steinkarjoch, wo wir uns erneut links halten. Der teils schrofiger Steig bietet spektakuläre Tiefblicke auf Traualp-, Vilsalpsee und Lache sowie auf den Gipfel vor uns. Vorsicht an den steilen Nordabstürzen! Die Rückkehr zur Hütte erfolgt auf dem Anstiegsweg.

KARTENHINWEIS Topographische Karte 1:50.000 „Allgäuer Alpen" (LDBV)

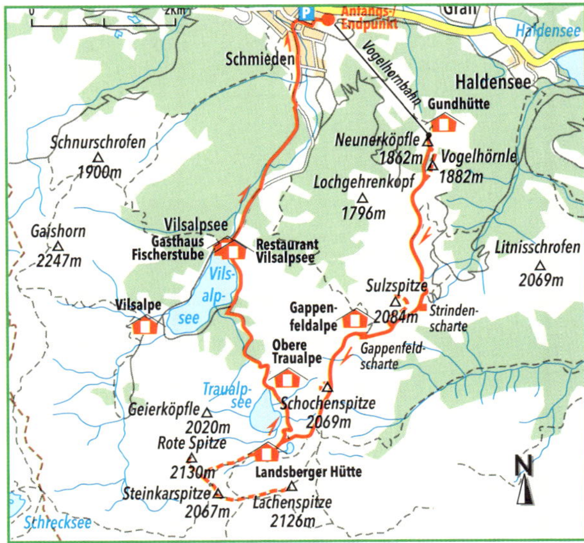

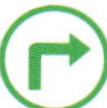

Gipfelabstecher zur Roten Spitze

Der Anstieg auf diesen Randgipfel, der steil nach Norden abbricht, führt über seine freie und leichte Südflanke. Bei der ersten Wegverzweigung, die wir beim Anstieg zur Lachenspitze passiert haben, halten wir uns nun rechts und steigen auf schmalem, grasigen Steig hinauf zu seinem Gipfel. Die Rückkehr erfolgt auf dem Anstiegsweg.

Der Abstieg zum Vilsalpsee

Direkt an der Vorderseite der Landsberger Hütte zeigt nach wenigen Metern der Wegweiser nach links. Noch oberhalb der Lache müssen wir eine Felsstufe bewältigen, die aber durch einen gut ausgebauten Steig entschärft und seilgesichert steil hinabführt zu einem Wasserfall und zum Traualpsee. An dessen Ende liegt die Obere Traualpe, die ebenfalls bewirtschaftet ist. Anschließend leiten uns viele steile Serpentinen durch Wald hinab zum Vilsalpsee. Dort gehen wir rechts – durch einen riesigen Felssturz – und erreichen so die Liegewiesen und die beiden Restaurants. Jetzt ist erst mal Entspannung angesagt. Danach wandern wir auf einem ausgeschilderten Wanderweg hinaus nach Tannheim. Wem der steile Abstieg von der Landsberger Hütte noch in den Knochen steckt, kann aber auch den Bus oder die kleine Touristenbahn hinaus nach Tannheim nehmen.

DER SPEZIAL-TIPP

Der Tourismusverband Tannheimer Tal gibt alljährlich einen Wanderpass heraus (er ist natürlich länger gültig). Er enthält Basisinformationen zu den 31 alpinen Hütten des Tannheimer Tals. Auf jeder Hütte können Sie sich einen Stempel holen. Je nach Zahl der Stempel gibt es dann zum Saisonende eine bronzene, silberne oder goldene Wandernadel.

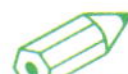

TOURISTINFO

Tourismusverband Tannheimer Tal,
Oberhöfen 110, A-6675 Tannheim,
Tel. 0043/5676/81 20, www.tannheimertal.com

AUSGANGS- UND ENDPUNKT

Tannheim, Talstation der Neunerköpflebahn (Vogelhornbahn; 1097 m)

ANFAHRT

Mit dem Auto: Auf der A 7 bis Ausfahrt Nesselwang, weiter über Pfronten nach Tannheim; oder über Füssen und Reutte dorthin. Gebührenpflichtige Parkplätze bei der Neunerköpflebahn.
Mit Bahn & Bus: Mit der Bahn über Kempten nach Pfronten-Steinach bzw. nach Reutte (oder Bus von Füssen); weiter mit Regionalbus über Weißenbach nach Tannheim. Vom Bahnhof Pfronten-Steinach verkehrt der Tälerbus nach Tannheim.

BERGBAHN

Die Neunerköpflebahn (Talstation 1097 m – Bergstation 1882 m) ist eine Kleinkabinenbahn und nahezu ganzjährig in Betrieb; in der Sommersaison etwa vom 20. Mai bis Anfang November von 8.40–16.15 Uhr, www.tannheimer-bergbahnen.at

GEHZEITEN

Von der Bergstation Neunerköpfle zur Landsberger Hütte 3 Std., Abstieg von der Landsberger Hütte zum Vilsalpsee 1½ Std., zu Fuß nach Tannheim 1¼ Std.; Gesamtgehzeit ca. 6 Std.
Gipfelabstecher: Zur Sulzspitze 1 Std.; zur Schochenspitze 30 Minuten; zur Lachenspitze 2½ Std.; zur Roten Spitze 2 Std.

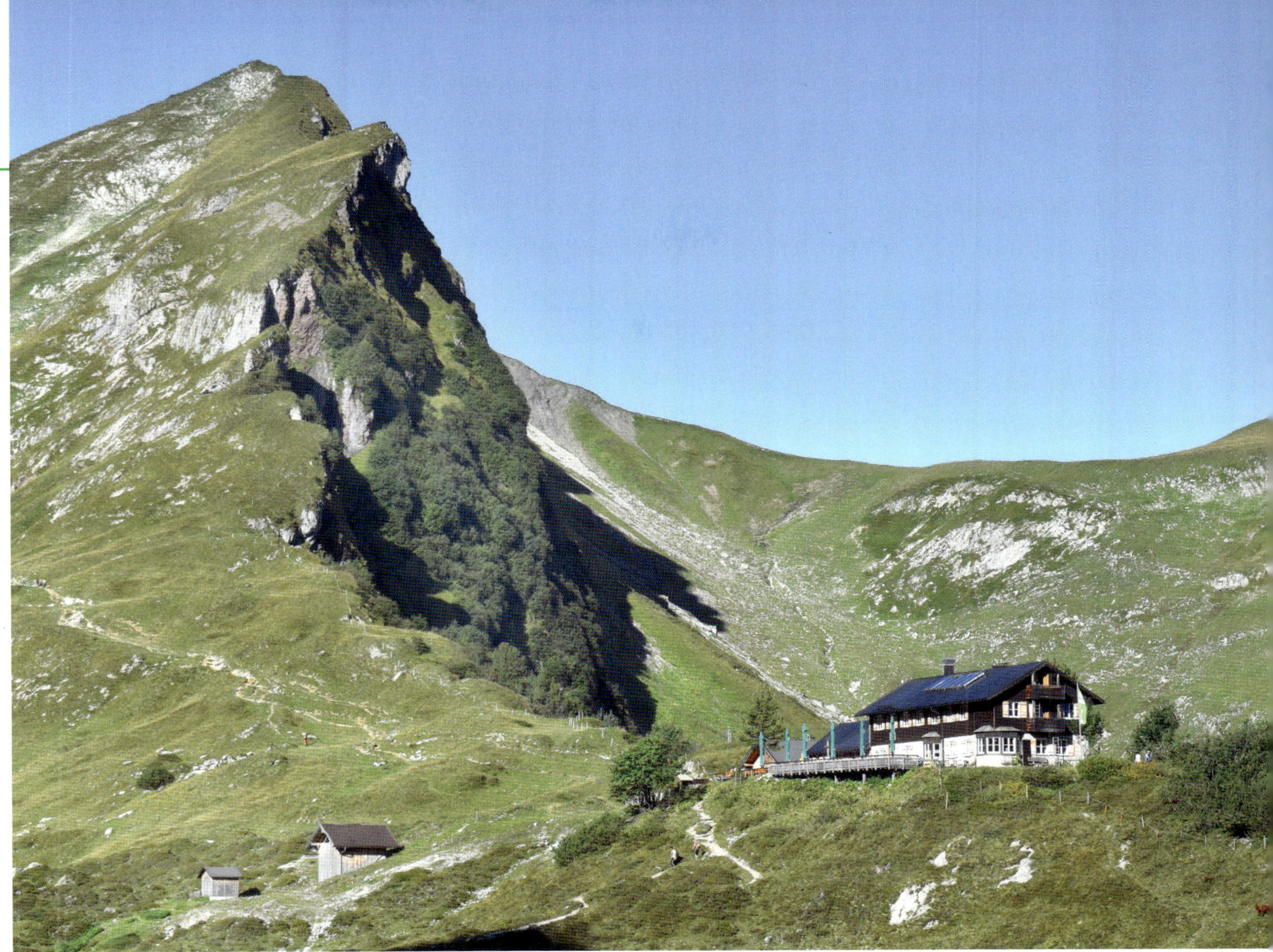

Landsberger Hütte mit Roter Spitze

ANFORDERUNG

Hüttenwege: Leichte Bergwanderwege und Bergsteige bis zur Landsberger Hütte; Talabstieg zu Beginn auf einem gesicherten Felsensteig zum Traualpsee, dann Bergsteige und gemütliche Talwege.

Gipfelwege: Sulzspitze und Schochenspitze: relativ leicht, an der Sulzspitze ist jedoch Trittsicherheit erforderlich. Rote Spitze: steiler, aber leichter Steig. Anstieg auf die Lachenspitze: Trittsicherheit und Schwindelfreiheit unbedingt notwendig; bei Nässe ist besondere Vorsicht angeraten.

AUSRÜSTUNG

Normale Wanderausrüstung. Wer jedoch den Klettersteig an der Lachenspitze im Plan hat, braucht eine komplette Klettersteigausrüstung.

EINKEHR & ÜBERNACHTUNG

Landsberger Hütte, 1805 m: Alpenvereinshütte der Kat. I, von Ende Mai bis Mitte Oktober bewirtschaftet, 30 Betten, 80 Lager, Tel. +43/5675/62 82, https://landsbergerhuette.de

Gundhütte bei der Bergstation, 1784 m: bewirtschaftet während der Betriebszeiten

Gappenfeldalpe, 1860 m: von Mitte Juni bis Mitte Oktober bewirtschaftet

Obere Traualpe, 1649 m: von Juli bis September täglich almtypisch bewirtschaftet

Restaurant Vilsalpsee, Tel. +43/5675/62 93, und **Gasthaus Fischerstube**, Tel. +43/5675/62 78, am Vilsalpsee; beide sind nahezu ganzjährig bewirtschaftet. Wer den Tag gemütlich ausklingen lassen will, kann am Vilsalpsee entlang zur **Vilsalpe** am anderen See-Ende wandern.

22 IM ALLGÄUER HAUPTKAMM

Faistenoy – Birgsau – Einödsbach – Waltenbergerhaus – Heilbronner Weg – Kemptner Hütte – Oberstdorf

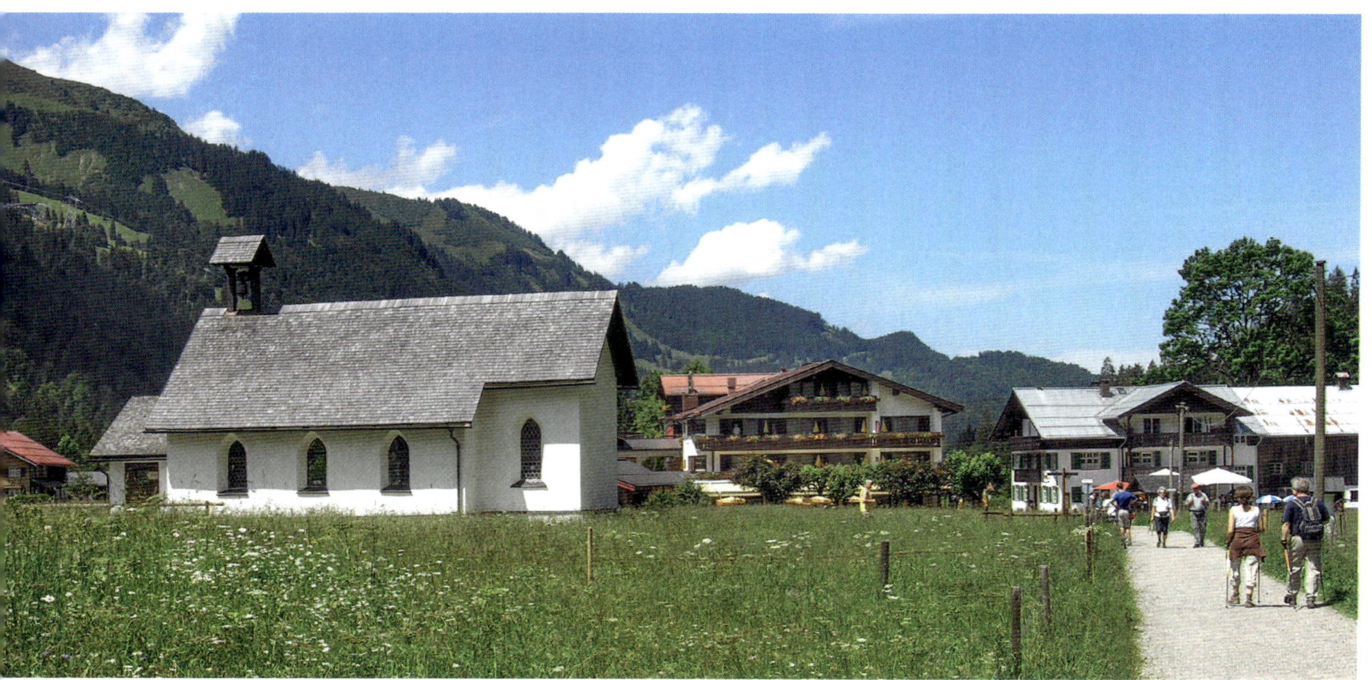

Birgsau mit der Kapelle des heiligen Wendelin

Erstes Ziel unserer großartigen Runde in die Allgäuer Hochalpen ist das Waltenbergerhaus; als einzige Bergsteigerunterkunft in den Allgäuer Alpen muss dieses Alpenvereinshaus auch heute noch mit dem Hubschrauber versorgt werden, denn es führt weder ein Wirtschaftsweg hin noch verfügt es über einen Materiallift. Diese Umstände haben sicher mit dazu beigetragen, dass das Haus lange seinen Charakter als Bergsteigerunterkunft behalten konnte. Die erste Hütte am heutigen Standort wurde bereits 1875 eingeweiht, doch bereits kurz darauf genügte sie nicht mehr den Erfordernissen. Seit 2017 steht dort ein an den heutigen Bedürfnissen ausgerichteter Neubau – und das an einem steilen Berghang, der nicht nur ein großartiges Panorama bietet, sondern einen zugleich etwas schaudern lässt. Namensgeber der Hütte war Anton Waltenberger, Landvermesser und Erschließer der Allgäuer Alpen. Doch an unserer Route liegt noch eine weitere bekannte Unterkunftshütte des Deutschen Alpenvereins, die Kemptner Hütte. Diese „Hütte“ zählt zu den größten in den Allgäuer Alpen. Verbunden sind diese beiden Berghütten durch den Heilbronner Weg, einem der beliebtesten Höhenwege in den Alpen. Auf der ganzen Strecke bewegen wir uns in großen Höhen. Eine gute Ausrüstung sollte daher selbstverständlich sein. Als „Zuckerl“ in dieser alpinen Runde bauen wir einige prominente Gipfel ein – die Mädelegabel und den Muttlerkopf.

Von Einödsbach zum Waltenbergerhaus

In Einödsbach, dem südlichsten ganzjährig bewohnten Ort in Deutschland, gehen wir an der Kapelle vorbei, wo auch schon der ausgeschilderte Weg beginnt. Zunächst nur mäßig ansteigend wandern wir oberhalb des Bacherlochbachs talein zum Stall der Bacheralp, dann weiter über einige Tobel hinweg über Grashänge und Geröll ins immer enger werdende Hochtal. Über einige Kehren erreichen wir die nächste Geländestufe, dann geht es nahezu eben weiter bis zum Ende des Bacherlochs. Dort führt uns links ein teilweise gesicherter Steig steil über das „Wändle" hinauf. Rechts unten liegt das Schneeloch, das weit in den Sommer hinein Altschnee aufweist. Zuletzt gelangen wir über zahlreiche Serpentinen durch steile Grashänge zum Waltenbergerhaus.

Vom Waltenbergerhaus zur Kemptner Hütte

Vom Alpenvereinshaus steigen wir zunächst steil hinauf ins Bockkar, überwinden auf einem gut gesicherten Steig die gleichnamige Scharte (2504 m) und treffen so auf den „Heilbronner Weg". Dort folgen wir links dem Weg in Richtung Kemptner Hütte (die Fortsetzung nach rechts zur Rappenseehütte ist deutlich anspruchsvoller). Wir wandern um den Bergfuß der Hochfrottspitze herum und erreichen an dessen Ende links eine Wegtafel, die den Einstieg zur Mädelegabel anzeigt. Anschließend queren wir die Schwarze Milz, ein ungefährliches Schneefeld. Rechts sehen wir den auffälligen Gipfel des Großen Krottenkopfs, der höchsten Erhebung der gesamten Allgäuer Alpen. Über die bucklige Südostseite des Kratzers führt unser Hüttenweg dann über schrofiges Gelände, zuletzt über Bergmatten zur großen Kemptner Hütte, unser nächstes Nachtquartier.

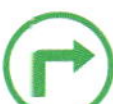

Gipfelabstecher zur Mädelegabel

Der vierthöchste Gipfel der Allgäuer Alpen, eine große Aussichtswarte, leitet sich von den Mähdern ab, also einer Bergwiese. Dieser Gipfel ist nur ein kurzer Abstecher vom He lbronner Weg. Die gut markierte Route leitet zuerst hinauf zu einer kleinen Scharte im Ostgrat, von dort weiter zum höchsten Punkt mit dem Gipfelkreuz (2645 m).

Gipfelabstecher zum Muttlerkopf

Vom Unterkunftshaus folgen wir zunächst dem ausgeschildertem Weg in Richtung Prinz-Luitpold-Haus. Bei der Wegverzweigung oberhalb halten wir uns links, bei der zweiten Wegverzweigung (1939 m) rechts und erreichen so das Östliche Mädelejoch. Dort zweigt links der markierte Steig zum „Muttler" ab. Über grasige und leicht schrofige Hänge geht es dann über Serpentinen in

KARTENHINWEIS **Topographische Karte 1:50.000 „Allgäuer Alpen" (LDBV)**

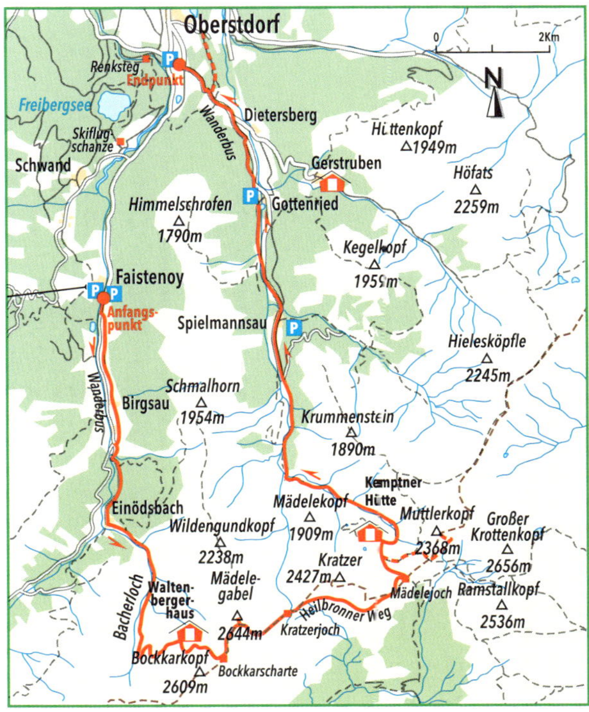

Richtung Gipfel. Auf dem Gipfel (2368 m) selbst erwartet uns ein schlichtes Holzkreuz und eine großartige Aussicht.

Von der Kemptner Hütte in die Spielmannsau

Vom Alpenvereinshaus folgen wir dem Bergweg (Mark.-Nr. 438 und E5) hinab in einen begrünten Bergkessel, passieren einen Bach und wandern vorbei an einem Turbinenhaus in den düsteren Sperrbachtobel hinunter. Wir steigen steil hinab, queren dabei zwei Bachbrücken und erreichen das Trettachtal. Leicht fallend wandern wir nun entlang des Trettachs hinaus nach Spielmannsau und weiter nach Renksteg.

Hochfrottspitze und Mädelegabel

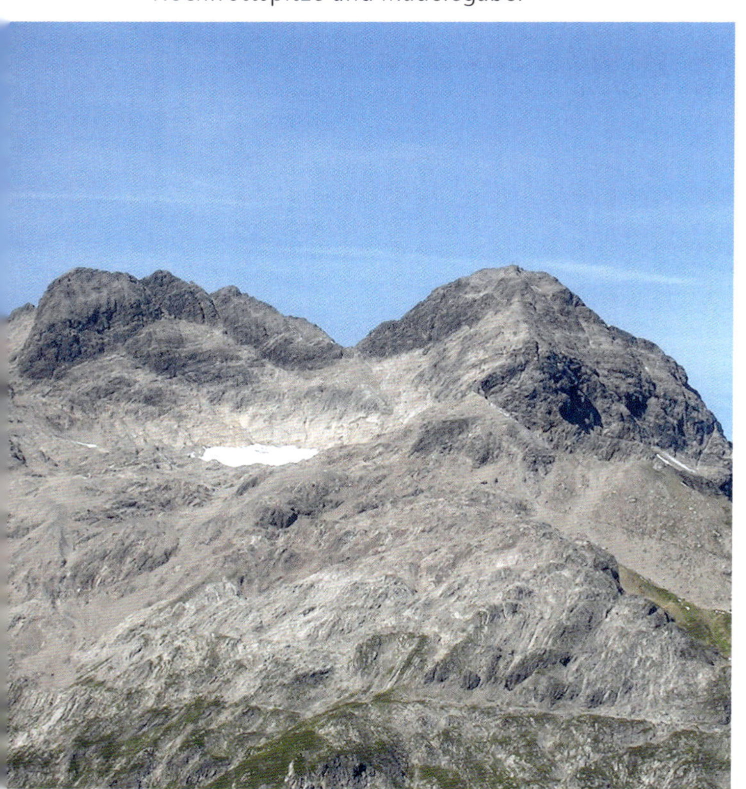

DER SPEZIAL-TIPP

Oberstdorf verfügt über ein großes Heimatmuseum mit 37 Ausstellungsräumen, in denen über 5000 Objekte gezeigt werden. Untergebracht ist das 1926 gegründete Museum im sogenannten Köchelerhaus, einem Bauernhaus aus dem 17. Jahrhundert. Die Ausstellungsschwerpunkte reichen von Wohnformen, über Handwerk und Landwirtschaft über Kunst und Musik bis zu Sport und Alpinismus. Ein Besonderheit ist die Schuhsammlung des Hofschuhmachermeisters Josef Schratt mit dem „größten Schuh der Welt“.
Adresse: Oststraße 13, Öffnungszeiten: nahezu ganzjährig geöffnet, jeweils Dienstag bis Samstag (bei Regenwetter auch an Sonn- und Feiertagen) von 11–17 Uhr, Tel. +49/8322/54 70, www.heimatmuseum-oberstdorf.de

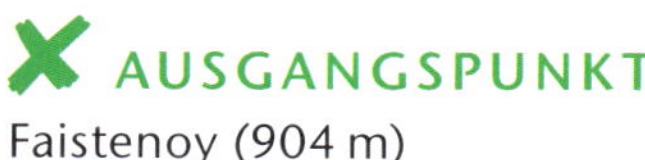

TOURISTINFO

Kurverwaltung Oberstdorf, Marktplatz 7, 87561 Oberstdorf, Tel. +49/8322/70 00, www.oberstdorf.de

AUSGANGSPUNKT

Faistenoy (904 m)

ENDPUNKT

Renksteg (824 m) bzw. Oberstdorf; Rückkehr nach Faistenoy mit dem Wanderbus

ANFAHRT

Mit dem Auto: Auf der A 96 bis Memmingen, weiter auf der A 7 nach Kempten, auf der B 19 über

Sonthofen nach Oberstdorf, rechts um den Ort herum, dann links (der Ausschilderung zur Fellhornbahn folgen) nach Faistenoy; gebührenpflichtige Parkplätze gegenüber der Talstation.
Mit Bahn & Bus: Mit dem Zug nach Oberstdorf, dann mit dem Bus zur Talstation der Fellhornbahn bzw. bis zur Kreuzung südlich des Birgsauer Hofes. Zu Fuß weiter nach Einödsbach (1127 m).

GEHZEITEN

Bis Einödsbach 1½ Std., Aufstieg zum Waltenbergerhaus 3 Std., Aufstieg zur Bockkarscharte und Übergang auf dem „Heilbronner Weg" zur Kemptner Hütte 5 Std., Abstieg und Talweg nach Renksteg 3 Std.; Gesamtgehzeit: 12½ Std.
Gipfelabstecher: Zur Mädelegabel vom Heilbronner Weg 1 knappe Std.; von der Kemptner Hütte zum Muttlerkopf und zurück 2½ Std.

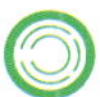

ANFORDERUNG

Hüttenwege: Der Zugang nach Einödsbach erfolgt auf einem Wirtschaftssträßchen, der Hüttenanstieg von dort über einen Bergsteig, der Trittsicherheit und Schwindelfreiheit voraussetzt (Steinschlaggefahr; einige Drahtseilsicherungen). Dasselbe gilt für den Aufstieg zur Bockkarscharte und den östlichen Teil des „Heilbronner Weges". Im Bacherloch sowie im Sperrbach können im Sommer noch Altschneereste liegen.
Gipfelwege: Mädelegabel: etwas anspruchsvoll; neben Trittsicherheit auch Schwindelfreiheit und Bergerfahrung sowie Kletterfertigkeit im Schwierigkeitsgrad I Voraussetzung. Achtung auf Steinschlag, da viel loses Gestein! Dasselbe gilt auch für den Aufstieg zum Muttlerkopf.

AUSRÜSTUNG

Normale Wanderausrüstung; jedoch an der Bockkarscharte können noch im Frühsommer Schneereste liegen; daher sind Grödeln und/oder Teleskopstöcke hilfreich. Unbedingt warme Kleidung (evtl. auch Mütze und Handschuhe) mitnehmen.

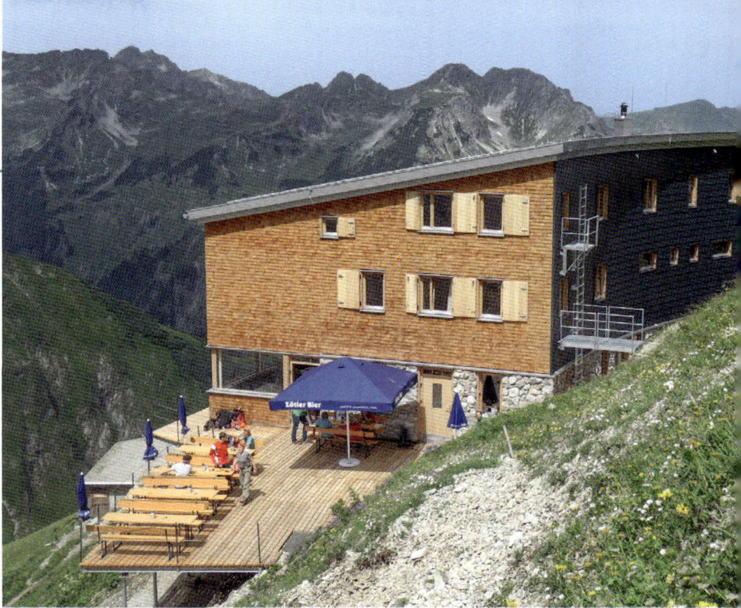

Das Waltenbergerhaus unterhalb des Bockkarkopfs

EINKEHR & ÜBERNACHTUNG

Alpengasthof Birgsau, 960 m: privat, ganzjährig bewirtschaftet, 32 Zimmer, Tel. +49/8322/969 00, www.berggenuss-birgsau.de
Alpe Eschbach, 950 m: Genossenschaftsalpe, von Anfang Mai bis Ende Oktober sind Brotzeiten und Getränke erhältlich.
Berggasthof Einödsbach, 1114 m: privat, von Anfang Mai bis Ende Oktober bewirtschaftet, Dienstag Ruhetag, Betten und Lager, Tel. +49/8322/984 54, www.einoedsbach.de
Waltenbergerhaus, 2085 m: Alpenvereinshaus der Kat. I, von Anfang/Mitte Juni bis Anfang Oktober bewirtschaftet, 42 Betten, 28 Lager, www.waltenbergerhaus.de
Kemptner Hütte, 1846 m: Alpenvereinshaus der Kat. I, 103 Betten, 190 Lager, bewirtschaftet von Mitte Juni bis Mitte Oktober, www.kemptner-huette.de
Berggasthof Spielmannsau, 1071 m: bewirtschaftet von Weihnachten bis Anfang November durchgehend, Zimmer und Apartments, Tel. +49/8322/30 15, www.spielmannsau.com
Mountain-Hostel Spielmannsau, 1071 m: Jugendherberge für Gruppen und Einzelwanderer Tel. +49/8322/987 05 80, www.mountain-hostel-valley.de
Alpe Oberau, 1004 m: bewirtschaftet von Anfang Juni bis Mitte Oktober

23 IN DEN SCHAFALPEN

Faistenoy – Fellhornbahn-Bergstation – Gundsattel – Fiderepass-Hütte – Krumbacher Höhenweg – Mindelheimer Hütte – Schwarze Hütte – Einödsbach – Faistenoy

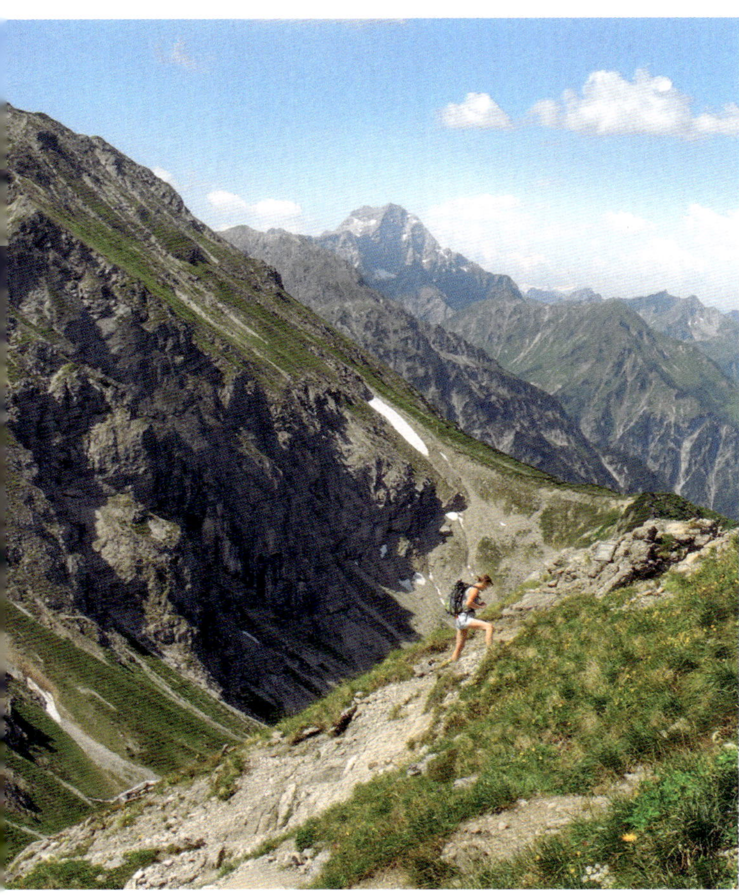

Letzter Anstieg zur Kanzelwand

Die Schafalpenköpfe sind ein rauer Gebirgszug in den Walsertaler Bergen, die im Westen steil zum Kleinwalsertal abfallen. Auf der Seite des Rappenalptales sind sie jedoch bis zu den Gipfelfelsen leicht zugänglich und weisen große und weite Bergmatten auf. Offenbar haben die Bauern früher ihre Schafe dort hinaufgetrieben. Davon ist heute nichts geblieben, der Name hat sich aber erhalten. Auf dieser langen, aber auch großartigen Runde verbinden wir einige leicht erreichbare Gipfel auf einer wenig schwierigen Höhenroute. Stützpunkte werden dabei zwei urige Alpenvereinshütten sein – die Fiderepass-Hütte und die Mindelheimer Hütte. Die Schafalpenköpfe sind durch eine der bekanntesten Klettersteigrouten in den Allgäuer Alpen miteinander verbunden, dem Mindelheimer Klettersteig (dafür braucht es aber die entsprechende Ausrüstung und Bergerfahrung). Wir umgehen sie auf dem Krumbacher Höhenweg. Da wir uns ab der Kanzelwand in wildes Gelände begeben, haben wir auch gute Chancen, Murmeltiere, Gämsen und sogar Steinböcke zu sehen.

Von Faistenoy über den Gundsattel zur Fiderepass-Hütte

Der übliche „Anstieg" auf das Fellhorn erfolgt in der Regel mit der Fellhornbahn bis zur Bergstation. Alternativ könnten wir jedoch bereits an der Mittelstation (Station Schrecksee) aussteigen und die kurze Wanderung hinüber zum hübschen Schrecksee und der nahegelegenen Schlappoldalpe einlegen; für den Weiterweg zur Fiderepass-Hütte bliebe dann immer noch genügend Zeit. Anschließend können wir über die Obere Bierenwangalpe zum Gundsattel wandern.
Vom Fellhorn nehmen wir den breiten Weg auf dem Grat hinab zum Gundsattel. Dort biegen wir links ab und folgen dem breiten Wanderweg in Richtung Fellhornbahn. Schon bald zweigt rechts unser Steig zur Fiderepass-Hütte ab (Wegweiser). Wir wandern kurz hinab, dann im Auf und Ab auf schmalen Steig durch die Ostseite der Kanzelwand und ins Roßgrundkar, dann ohne Höhenverlust hinüber zur verfallenen Kühgundalpe (1745 m). Von dort folgen wir (Mark.-Nr. 446) dem westwärts leicht ansteigendem Hochtal zunächst im Talgrund, dann in Kehren über einen verwaschenen Weg hinauf zum Fiderepass mit der gleichnamigen Hütte etwas oberhalb.

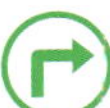

Gipfelabstecher zum Fellhorn

Dieser Gipfel (2038 m) in den Walsertaler Bergen ist der bekannteste „Blumenberg“ in den Allgäuer Alpen; besonders im Bereich der Oberen Bierenwangalpe erstrecken sich im Spätfrühling ganze geschlossene Berghänge voller Alpenrosen. Da das Fellhorn mit einer Großkabinenbahn erschlossen ist, ist der Andrang entsprechend groß.
Das eigentliche Gipfelkreuz liegt etwas oberhalb der Bergstation und ist mit einem breiten Bergwanderweg mit zahllosen Holzstufen erreichbar. Die Aussicht von dort oben ist phantastisch: im Südosten erhebt sich das Allgäuer Dreigestirn mit Hochfrott, Mädelegabel und Trettachspitze und im Westen der Hohe Ifen.

Gipfelabstecher zur Kanzelwand

Dieser auch Warmatsgundkopf genannte Gipfel ist zwar nur ein unbedeutender Gratkopf, bietet aber eine großartige Aussicht. Vor einigen Jahren hat man dort ein paar Klettersteige eingerichtet. Für den Normalwanderer ist er aber durch eine Steiganlage gut erreichbar. Vom Gundsattel (1808 m) wandern wir über ein paar weite Kehren auf schmalem Wirtschaftsweg hinauf zur Mulde links von der Bergstation der Kanzelwandbahn (1997 m). Dort wenden wir uns links und folgen der Steiganlage zum Gipfel mit Kreuz (2059 m).

Von der Fiderepass-Hütte auf dem Krumbacher Höhenweg zur Mindelheimer Hütte

Von der Alpenvereinshütte steigen wir kurz hinunter zum gleichnamigen Pass, dann auf der anderen Seite über Geröll in Kehren hinauf zur Fiderescharte (2214 m). Jenseits geht es steil hinab über freies Gelände zum Krumbacher Höhenweg. Bei der Traufersbergalpe halten wir uns rechts und

KARTENHINWEIS Topographische Karte 1:50.000 „Allgäuer Alpen“ (LDBV)

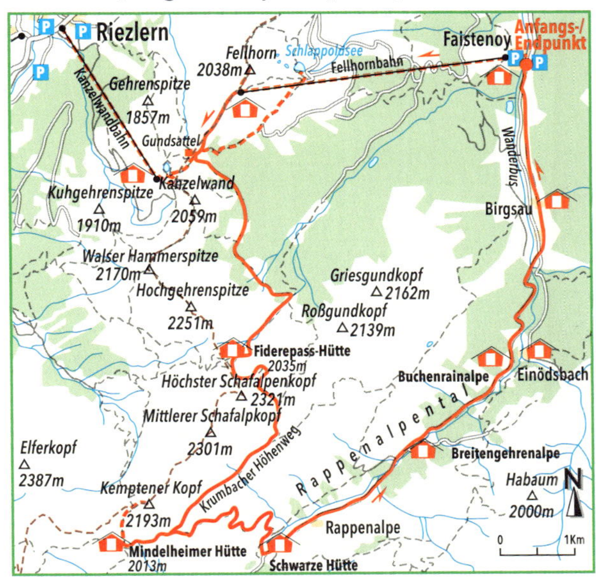

wandern dann auf schönem, aussichtsreichem Weg (Mark.-Nr. 443) – auf der gegenüberliegenden Talseite sehen wir die prominenten Gipfel des Allgäuer Hauptkamms – nahezu eben bzw. in leichtem Auf und Ab zur Mindelheimer Hütte.

Gipfelabstecher zum Kemptner Kopf

Dieser prägnante Felszapfen ist der Hausberg der Mindelheimer Hütte. Da wir auf dieser Alpenvereinshütte übernachten wollen, ist er ein idealer kleiner Abstecher, um auf die andere Talseite – das Kleinwalsertal – zu schauen und eventuell den Sonnenuntergang zu genießen.
Vom Unterkunftshaus führt ein breiter Bergwanderweg zunächst hinauf zur Kemptner Scharte (2103 m); dort zweigt rechts ein schmaler Pfad ab, der uns steil durch Bergmatten hinauf zum Gipfelfelsen leitet; die letzten Meter geht es dann über leichten Fels zum Kemptner Kopf (2192 m).

Abstieg von der Mindelheimer Hütte nach Faistenoy

Von der Alpenvereinshütte gehen wir ein kurzes Stück auf unserem Anstiegsweg zurück, bis rechts der Steig (Mark.-Nr. 441) hinab ins Rappenalptal abzweigt. Über die Obere und die Untere Angererhütte geht es über zahlreiche Serpentinen rechts steil hinab zur Schwarzen Hütte, die wir nach etwa 2½ Std. Gehzeit erreichen. Dort halten wir uns links und wandern auf einem Alpweg leicht fallend talaus – immer dem Rappenalpenbach folgend. Zunächst vorbei an der Breitengehrenalpe und der Buchenrainalpe wandern wir hinaus ins Stillachtal nach Birgsau und Faistenoy. Falls wir einen Abstecher nach Einödsbach machen wollen, müssen wir noch vor der Buchenrainalpe nach rechts abzweigen.

Zustiegsvariante von Riezlern

Auffahrt mit der Kanzelwandbahn: Auch aus dem Kleinwalsertal können wir bequem in diese Tour einsteigen. Von der Bergstation wandern wir hinab in die Mulde vor der Kanzelwand und schwenken dann links hinab in den Gundsattel.

DER SPEZIAL-TIPP

Am Eingang ins Stillachtal liegt der Freibergsee; dort befindet sich eine der größten Skiflugschanzen der Welt. Obwohl bereits 1972/73 erbaut, beeindruckt sie auch heute noch; sie gehört mit 145 Metern Anlaufbahn und der Differenz zwischen Anlauf und Auslauf von 195 Metern zu den eindrucksvollsten Schanzen. Von Pfingsten bis Ende September findet dort an Wochenenden regelmäßig Bungee-Jumping statt. Zum Schanzentisch bringt uns ein Sessellift oder ein Aufzug. www.skiflugschanze-oberstdorf.de

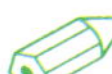

TOURISTINFO

Tourist-Information Oberstdorf, Prinzregenten-Platz 1, 87561 Oberstdorf, Tel. +49/8322/7000, www.oberstdorf.de

AUSGANGS- UND ENDPUNKT

Faistenoy, Talstation der Fellhornbahn (904 m) oder Riezlern (1086 m)

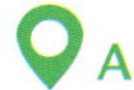

ANFAHRT

Mit dem Auto: Auf der A96 und A7 nach Kempten, auf der B19 nach Oberstdorf, rechts um den Ort und der Ausschilderung zur Fellhornbahn folgen; dort befinden sich zwei gebührenpflichtige Wanderparkplätze. Oder vor Oberstdorf rechts ab ins Kleine Walsertal nach Riezlern, bis zur Kanzelwandbahn.
Mit Bahn & Bus: Mit der Bahn bis Oberstdorf; vom Bahnhof mit dem Wanderbus ins Stillachtal. Oder mit dem Walserbus nach Riezlern.

GEHZEITEN

Von der Bergstation der Fellhornbahn zur Fiderepass-Hütte 3 Std., weiter zur Mindelheimer Hütte 3 Std., Abstieg und Rückkehr nach Faistenoy 5½ Std.; Gesamtgehzeit: ca. 11½ Std.
Gipfelabstecher: Fellhorn 30 Minuten; zur Kanzelwand vom Gundsattel 1¼ Std. (von der Kanzelwand-Bergstation 30 Minuten); Kemptner Kopf von der Mindelheimer Hütte 1¼ Std.

ANFORDERUNG

Hüttenwege: Lange Wanderungen, die an einzelnen Stellen Trittsicherheit voraussetzen.
Gipfelwege: Der Anstieg auf das Fellhorn ist leicht; die Kanzelwand ist durch eine Steiganlage erschlossen, Trittsicherheit erforderlich; am Gipfel Vorsicht, da Steilabfall! Der Kemptner Kopf ist durch einen Steig erschlossen, am Gipfel sind Trittsicherheit und Schwindelfreiheit erforderlich.

BERGBAHN

Fellhornbahn: Großkabinenbahn, nahezu ganzjährig in Betrieb, Fahrzeiten im Sommer: 9–16.30 Uhr, Tel. +49/8322/960 00
Kanzelwandbahn: Kabinenbahn mit Talstation in Riezlern im Kleinwalsertal, nahezu ganzjährig in Betrieb, Fahrzeiten in der Wandersaison: 8.30–16.30 Uhr, Tel. +49/8322/960 00, für beide Bahnen: www.ok-bergbahnen.com/bergbahnen/

AUSRÜSTUNG

Normale Wanderausrüstung; zur Sicherheit aber auch warme Kleidung mitnehmen, da hochalpines Gelände.

EINKEHR & ÜBERNACHTUNG

Gaststätte Faistenoy, 804 m, und Bergrestaurant Fellhornbahn, 1967 m: bewirtschaftet während der Betriebszeiten der Bergbahn
Adlerhorst und Bergstation der Kanzelwandbahn, 1957 m: bewirtschaftet während der Betriebszeiten der Bergbahn
Fiderepass-Hütte, 2067 m: Alpenvereinshütte der Kat. I, bewirtschaftet von Ende Mai bis Mitte Oktober, 120 Lager, www.fiderepasshuette.de
Mindelheimer Hütte, 2013 m: Alpenvereinshütte der Kat. I, bewirtschaftet von Anfang Juni bis Mitte Oktober, 120 Lager, www.mindelheimer-huette.de
Schwarze Hütte, 1235 m: privat, bewirtschaftet von Mitte Juni bis Anfang Oktober
Breitengehrenalpe, 1150 m: während der Weidesaison einfach bewirtschaftet, www.alpe-breitengehren.de
Berggasthof Einödsbach, 1142 m: bewirtschaftet von Anfang Mai bis Ende Oktober bewirtschaftet, Dienstag + Mittwoch Ruhetag, Übernachtung in Zimmern, Tel. +49/8322/984 54, www.einoedsbach.de

Einkehr auf der Fiderepass-Hütte

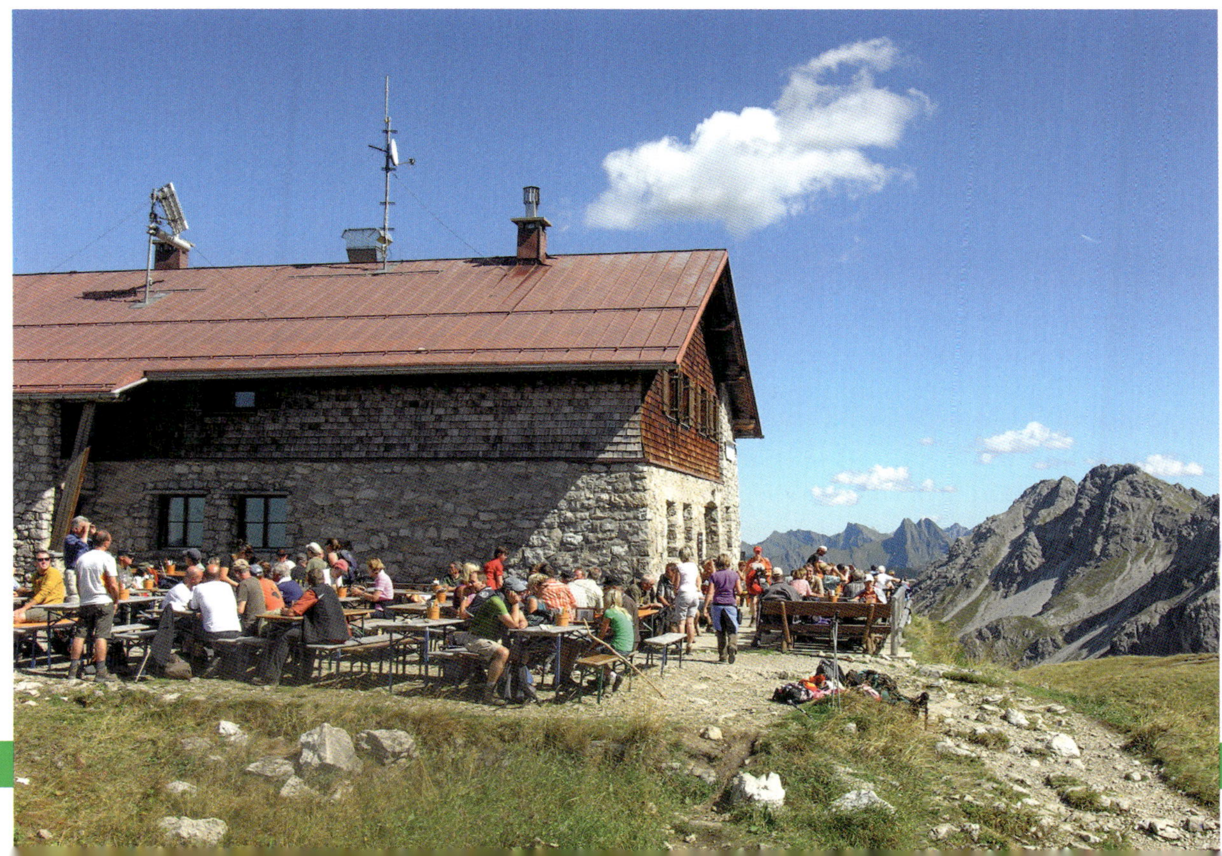

24 IN DER NAGELFLUHKETTE

Immenstadt – Immenstädter Horn – Kemptener Naturfreundehaus – Alpe Gund – Stuiben – Brunnenauscharte – Staufner Haus – Oberstaufen

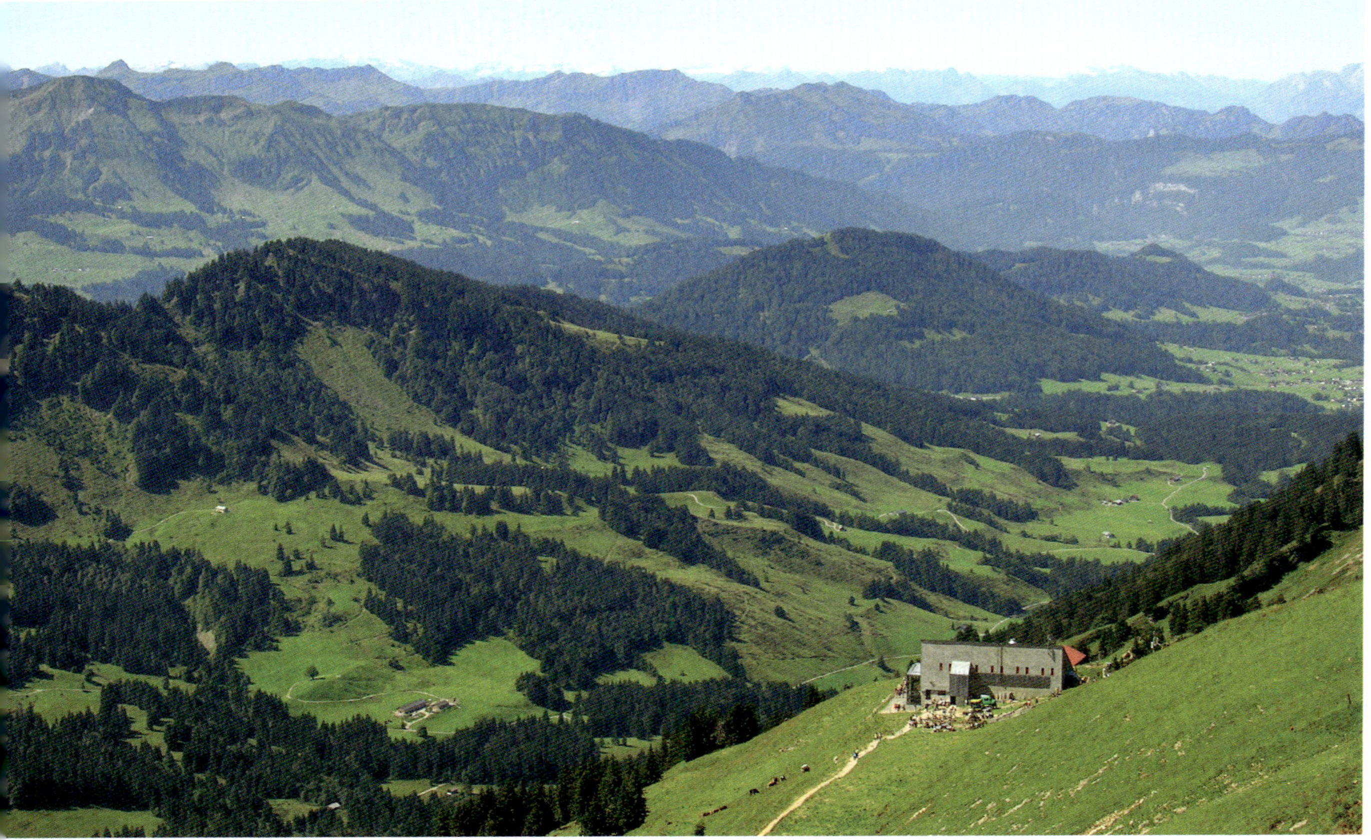

Blick auf die Hochgrat-Bergstation

Die 24 km lange Nagelfluhkette ist eine geologische Besonderheit im Allgäu. Sie entstand vor rund 25 Millionen Jahren, als sich Flussschotter in einem mächtigen Molassetrog am Nordrand der sich auffaltenden Alpen ablagerte. Feine Sand- und Mergelschichten verbanden sich mit den Konglomeraten zu dem eigenartigen Nagelfluh (Fluoh = altdeutsch für Fels), aus dem die Steine wie Nagelköpfe hervortreten. Diese Schichtpakete wurden mit angehoben und verblieben in der heutigen schrägen Plattenlagerung. Auf den Sedimentböden gedeiht eine umfangreiche Flora und Fauna, die man in dem 2008 eingerichteten, 410 qkm großen und bis in den Bregenzerwald reichenden Naturpark Nagelfluhkette schützt und pflegt. So wandern wir besonders im Frühsommer durch ein unvergleichliches Blumenparadies und genießen die herrliche Aussicht vom Bodensee bis in die Schweiz, ins Alpenvorland und zu den Allgäuer Hochalpen.

Mit dem Kemptener Naturfreundehaus und dem Staufner Haus liegen zwei klassische Bergsteigerunterkünfte am See. Besonders reizvoll ist natürlich eine Übernachtung auf der Alpe Gund; da sie aber über begrenzte Kapazitäten verfügt, muss man sich rechtzeitig anmelden.

Von Immenstadt zum Kemptener Naturfreundehaus und zur Alpe Gund

Wir starten am Bahnhof in Immenstadt und queren ostseitig mittels der Fußgängerbrücke die Gleise. Gerade die Straße hinauf zum Friedhof (Variante folgt der Beschilderung zur Mittagbahn), kurz danach wenden wir uns nach rechts und halten uns an die Wegweiser Immenstädter Horn über Kanzel. Steil geht es hinauf zum Aussichtspunkt Kanzel mit Blick auf den Kleinen Alpsee, dann weiter bergwärts zur Unterstandshütte auf dem Immenstädter Horn. Wenige Meter sind es nach rechts zum etwas tiefergesetzten Kreuz, das einen wunderschönen Blick auf den Großen Alpsee und Platz für eine Brotzeit bietet.

Wir gehen zurück zum Unterstand und laufen dann zunächst über einen Bohlenweg, dann durch ein Waldstück hinab zur unbewirtschafteten Alpe Alp; dort zeigen Wegweiser rechts

DER SPEZIAL-TIPP

Das Allgäuer Bergbauernmuseum in Immenstadt-Diepolz ist ein Freilichtmuseum mit echten Tieren (darunter seltene Rassen), mit alten Höfen, Abenteuerspielplätzen und einer „Sennkuche“, in der auch ein alter Käskessel hängt. Einkehren kann man in der Höfle-Alp und Brotzeiten aus Bauernhand genießen. Hier beginnt zudem der etwa 5 km lange „Kuhnigundenweg“, ein hübscher Erlebnisweg auch für Erwachsene. Gleich neben dem Museumseingang gibt es in der Sennerei besten Allgäuer Käse. Öffnungszeit: Ostern bis Anfang November täglich von 10–18 Uhr, Tel. +49/8320/925 92 90, www.bergbauernmuseum.de, Busverbindung vom Bahnhof Immenstadt

KARTENHINWEIS Topographische Karte 1:50.000 „Allgäuer Alpen“ (LDBV)

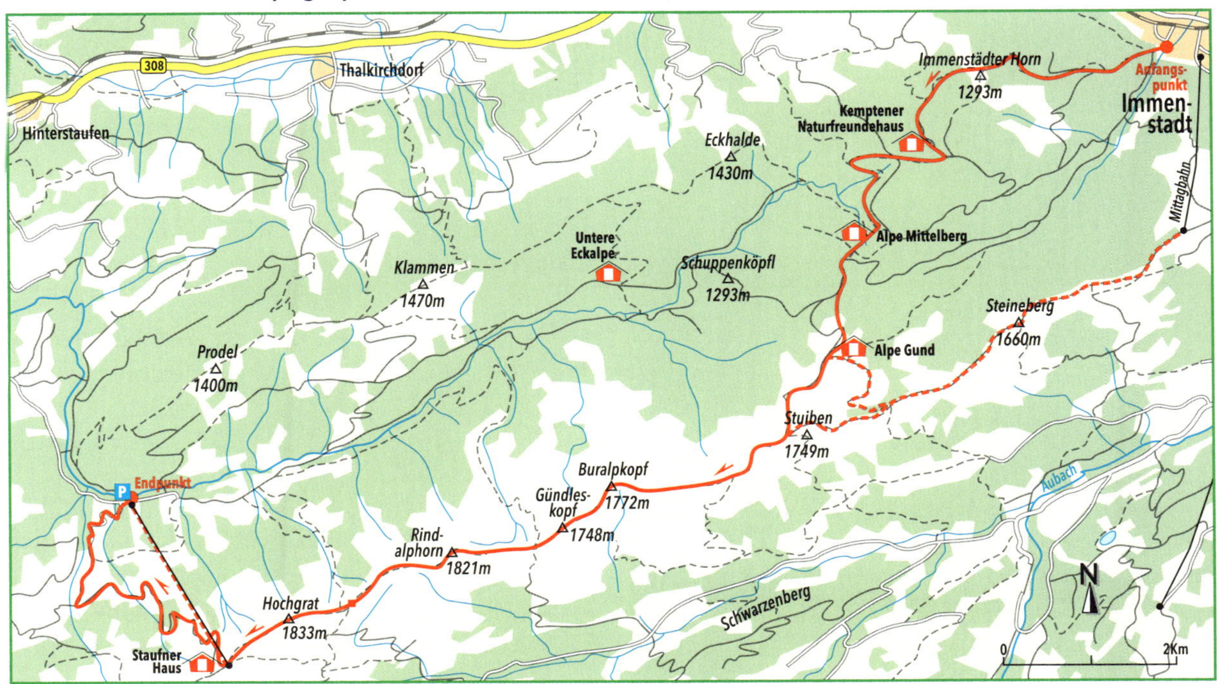

hinauf zum Kemptener Naturfreundehaus, das wir über einen etwas beschwerlichen Weg erreichen (besonders bei Nässe). Dahinter geht es auf einem Pfad (oder links auf dem etwas kürzeren Teerweg) hinab zu einem Weg, auf diesem links weiter zur Alpe Seifenmoos und rechts (zunächst etwas undeutlicher Weg) hinauf zur bereits sichtbaren Mittelbergalpe. Hinter der Alphütte wandern wir noch ein kurzes Stück auf einem Wirtschaftsweg weiter, dann biegen wir links in einen rauen Steig ab, der uns durch Wald und Wiesen hinauf zur Alpe Gund bringt.

Aufstieg zum Hochgrat mit Blick auf Oberstaufen

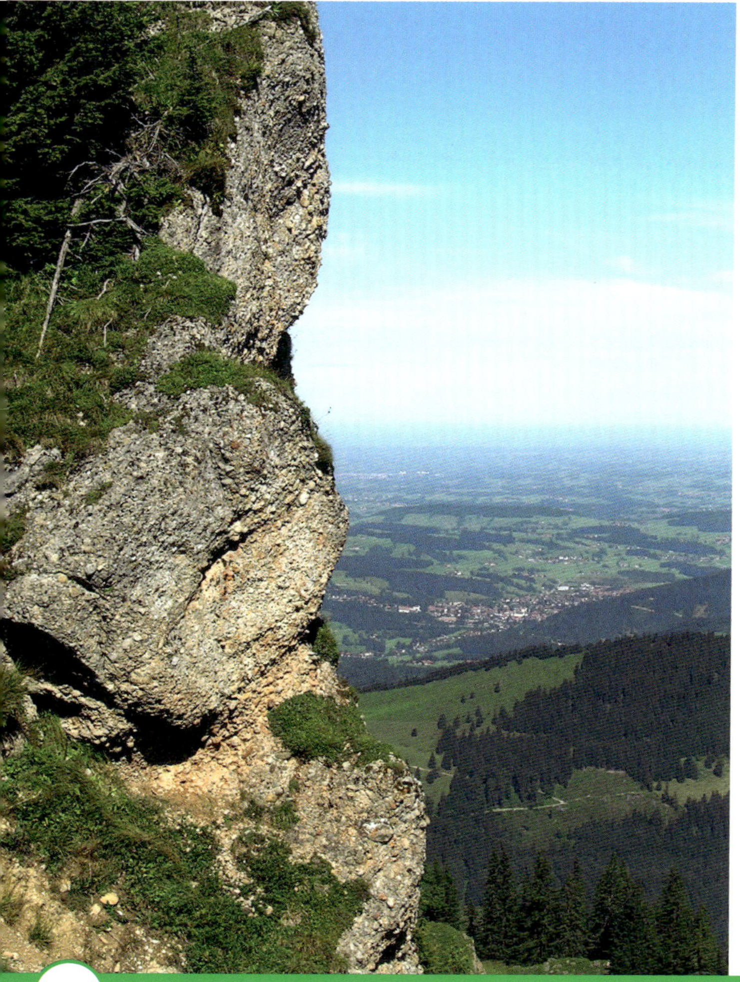

Gipfelabstecher zum Stuiben

Falls wir auf der Alpe Gund übernachten, bietet sich am Nachmittag die Ersteigung bzw. Überschreitung des Stuiben (1749 m) an. Von der Alpe Gund gehen wir kurz zurück zum Almweg, dem wir dann nach links hinauf zur Kammhöhe folgen; dort erneut links und auf leichtem Wanderweg hinauf zum Gipfel mit Kreuz. Falls wir den Gipfel überschreiten wollen, müssen wir jedoch Trittsicherheit und Schwindelfreiheit mitbringen, denn der Ostabstieg ist ausgesetzt und steil (einige Drahtseilsicherungen). Dort weist uns dann bald ein Schild links hinab zur Alpe Gund, die wir über einen Steig erreichen.

Variante vom Mittagberg zum Stuiben oder zur Alpe Gund

Ab der Bergstation geht es Richtung Steineberg, Stuiben und übers Bärenköpfle bereits auf die Nagelfluhgratwanderung. Am Steineberg steigen wir entweder über den kleinen Klettersteig (lange, steile Leiter) direkt zum Gipfel oder auf dem Normalweg sehr steil ansteigend unterhalb vorbei und von oben her zum Kreuz. Im Sattel vor dem Stuiben zeigt rechts ein Wegweiser zur Alpe Gund. Links weiter und den Ostgrat mit schönen Nagelfluhfelsen erneut steil (Drahtseile) hinauf zum Stuibengipfel. Auf der anderen Seite klettern wir kurz abwärts zur Hauptroute, auf der es rechts ebenfalls – dieses Mal auf einem breiten Almweg – hinabgeht zur Alpe Gund.

Über die Nagelfluhkette zum Hochgrat

Von der Alpe Gund gehen wir zurück zum Weg zur Mittelbergalpe, dann links hinauf zum Kamm unter dem Stuibengipfel oder gleich rechts weiter zum Sedererstuiben, dessen kleiner Gipfel flach umgangen wird. Nun folgen wir länger dem leicht ansteigenden Kamm zum wenig ausgeprägten Gipfel des Buralpkopfs, dann kurzzeitig leicht ausgesetzt am Grat entlang auf den Gündleskopf und steil hinunter in die Gündlesscharte. Hier wären Notabstiege nordseitig zur Rindalpe und Talstation der Hochgratbahn oder leichter nach Süden ins Aubach- und Gunzesrieder Tal gegeben. Es folgt ein wiederum kräftiger Anstieg, der in der Südflanke des Rindalphorns hinaufzieht zum kleinen Sattel, von dem sich der Abstecher zum einzigen spitzen Gipfel der Kette anbietet. Zunächst flacher, dann etwas steiler laufen wir hinab in die weite Brunnenauscharte und müssen nochmal recht steil bergauf, um den Hochgrat als höchsten Gipfel (1838 m) zu erreichen.

Abstieg über das Staufner Haus ins Tal

Vom Gipfel des Hochgrats wenden wir uns nun hinab zur nahen Bergstation der Hochgratbahn – auf einem leichten Bergwanderweg bzw. einem anfangs gesicherten Gratweg. Dort können wir einkehren und ebenfalls die großartige Aussicht genießen. Dann geht es auf dem breiten Wirtschaftsweg das kurze Stück hinunter zum Staufner Haus, das auf der Nordseite der großen Nagelfluhkette liegt. Auf der Terrasse dieses Alpenvereinshauses können wir nach der langen Überschreitung den Sonnenuntergang genießen und eine Übernachtung dranhängen – ohne Seilbahntouristen und sonstige Tagesausflügler.
Ab hier geht es auf einem Wirtschaftsweg über die Obere und Untere Lauchalpe stetig abwärts zur Talstation und mit dem Bus nach Oberstaufen.

Gipfelabstecher zum Rindalphorn

Alle Gipfel auf unserer Höhenroute werden direkt überschritten; lediglich das Rindalphorn (1821 m) liegt einige Meter abseits der Hauptroute, ist aber mit einem kurzen Schlenker nach rechts erreichbar.

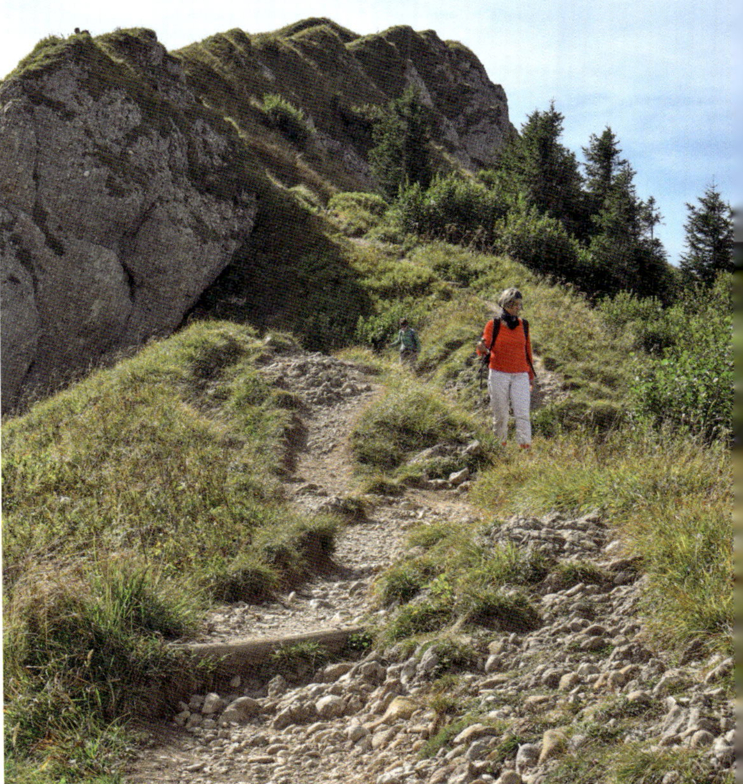

Abstieg zur Brunnenauscharte

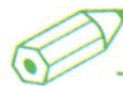

TOURISTINFO

Tourist-Info Alpseehaus (gleichzeitig Naturparkzentrum), Seestr. 10, 87509 Immenstadt/Bühl, Tel. +49/8323/ 99 88 77, www.alpsee-gruenten.de

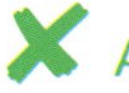

AUSGANGSPUNKT

Immenstadt (728 m)

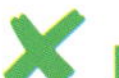

ENDPUNKT

Talstation der Hochgratbahn (856 m)

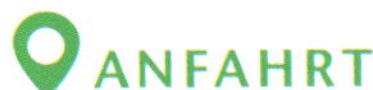

ANFAHRT

Mit dem Auto: Auf der A 96 bis Memmingen, weiter auf der A 7 nach Kempten und auf der B 19 nach Immenstadt zum Großparkplatz Viehmarktplatz (Samstag, Sonntag und Feiertage kostenfrei).
Mit Bahn & Bus: Mit dem Zug nach Immenstadt. Von der Hochgratbahn-Talstation Bus nach Oberstaufen zum Bahnhof und mit dem

Zug zurück nach Immenstadt. Für die Überschreitung der gesamten Nagelfluhkette gibt es eine Verbundkarte für beide Bergbahnen incl. Zug.

BERGBAHN

Hochgratbahn: Kleinkabine, Mai bis Anfang November täglich 9–16.30 Uhr, Tel. +49/8386/82 22, www.hochgrat.de
Mittagbahn: Sessellift, Anfang Mai bis Ende Oktober täglich 8–17 Uhr, Tel. +49/8323/61 49, www.mittagbahn.de

Blick vom Stuiben: Alpe Gund, Mittelberg und Seifenmoos

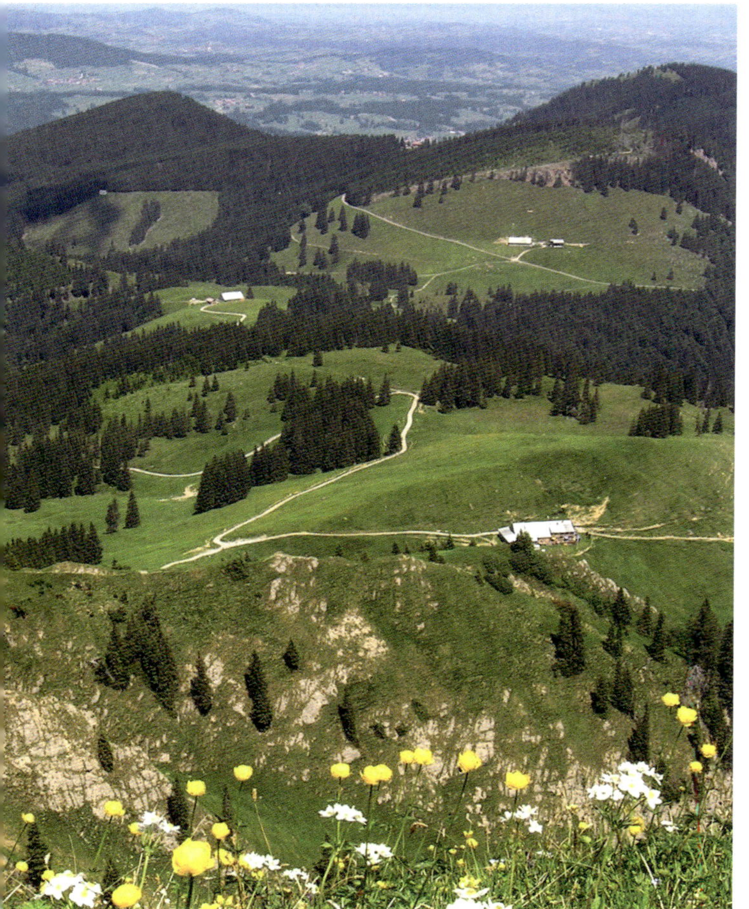

GEHZEITEN

Von Immenstadt zum Kemptener Naturfreundehaus 2½ Std., weiter zur Alpe Gund 1 Std., weiter zum Rindalphorn 4 Std., weiter zum Hochgrat 1 Std., Abstieg zur Bergstation der Hochgratbahn ¼ Std., zum Staufner Haus weitere ¼ Std., Abstieg zur Talstation der Hochgratbahn 1½ Std.; Gesamtgehzeit 11 Std.
Variante: Vom Bahnhof zur Mittagbahn-Talstation ¼ Std.; vom Mittagberg auf den Stuiben 2¾ Std., vom Mittagberg direkt zur Alpe Gund 2¼ Std.
Gipfelwege: Die meisten Gipfel werden auf der Wanderung überschritten oder liegen nur wenig entfernt vom Weg. Immenstädter Horn (1489 m) wenige Minuten vom begrünten Weg; Gipfelabstecher auf den Stuiben von der Alpe Gund ½ Std., Überschreitung 1 Std.; Rindalphorn: Abstecher vom Hauptweg etwa 20 Min.

ANFORDERUNG

Hüttenwege: Überwiegend Bergwege und Steige. Auf der Nagelfluhkette, die durchgehend mit E4, E5, 04 und Maximiliansweg markiert ist, langes Auf und Ab, das Kondition und verschiedentlich Trittsicherheit und Schwindelfreiheit erfordert. Kurzzeitig Seilsicherungen, bei der Variante auf der Ostseite des Stuiben auch eine Leiter, ebenso am Steineberg, die man jedoch auf dem Normalweg umgeht. Auf sicheres Wetter achten. Vom Staufner Haus ins Tal führt ein Wirtschaftsweg.
Gipfelwege: Stuiben: leichter Steig, bei Variante anspruchsvollere Überschreitung (Sicherungen, Leiter); Rindalphorn: schmal auf dem Kamm, Trittsicherheit und Schwindelfreiheit nötig.

AUSRÜSTUNG

Komplette Bergwanderausrüstung, Sonnenschutz und ausreichend Essen und Trinken (2–3 Liter pro Kopf), da auf der gesamten Kammwanderung keine Einkehrmöglichkeit. Teleskopstöcke empfohlen.

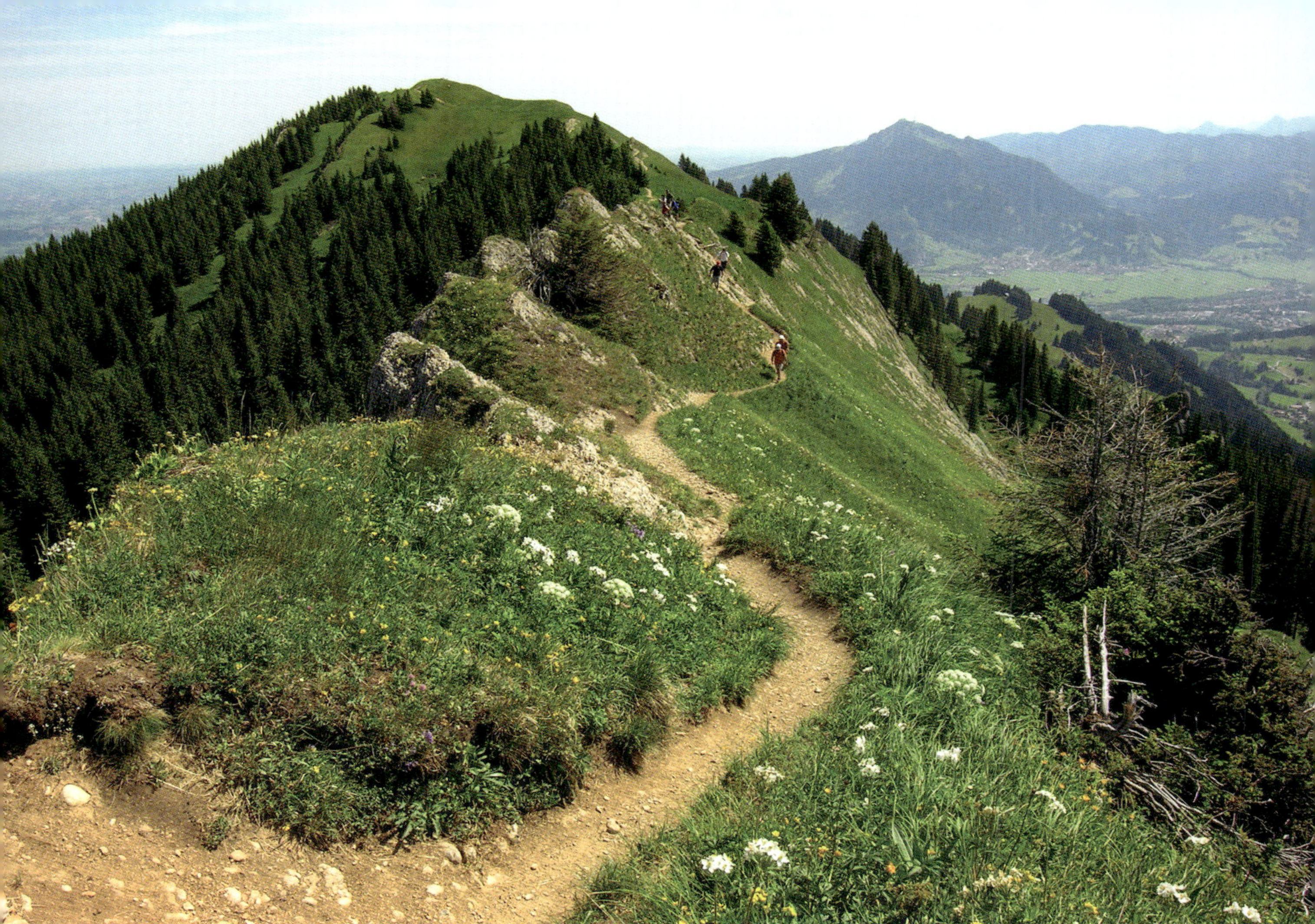

Vom Steineberg zum Stuiben

EINKEHR & ÜBERNACHTUNG

Kemptener Naturfreundehaus, 1442 m: Öffnungszeiten Dienstag bis Donnerstag 10–18 Uhr, Freitag und Samstag 10–22 Uhr, Sonntag 10–16 Uhr, 97 Schlafplätze in Lagern und Mehrbettzimmern, Tel. +49/8323/21 23, www.kemptener-naturfreundehaus.de
Sennalpe Mittelberg, 1370 m: privat, geöffnet Anfang Juni bis Oktober, Donnerstag Ruhetag, Tel. +49/8323/49 20, www.alpe-mittelberg.de
Alpe Gund, 1502 m: privat, von Ende Mai bis Ende Oktober geöffnet, Mittwoch Ruhetag, 12 Schlafplätze in Betten und Lagern, Dienstag und Mittwoch keine Übernachtungen, Tel. +49/8323/49 21, www.alpe-gund-huette-immenstadt-allgaeu.de
Gipfelwirt am Mittag, 1451 m: geöffnet zu den Betriebszeiten der Mittagbahn
Berggaststätte Hochgrat, 1708 m: geöffnet während der Betriebszeiten der Bahn
Staufner Haus, 1634 m: Alpenvereinshütte des DAV, von Mai bis Oktober geöffnet, 77 Schlafplätze in Betten und Lagern, Tel. +49/8386/82 55, www.staufner-haus.de
Obere Lauchalpe, 1415 m, privat, zur Alpzeit Donnerstag bis Sonntag und Feiertage geöffnet, +49/8386/99 15 33
Untere Lauchalpe, 996 m: privat, von Mitte/Ende Mai bis Ende Oktober offen, Montag Ruhetag, Tel. +49/8386/81 77

TOURENÜBERSICHT

Um Ihnen eine Hilfe bei der Tourenplanung zu geben, haben wir uns um eine kleine Charakterisierung der einzelnen Hüttenwege und Gipfelabstecher bemüht.

Hüttenwege nach Gehzeiten

Die hier angegebenen Zeiten beziehen sich auf die einfache Anstiegszeit zur ersten Hütte an unserer Route, da wir vermutlich dort unsere erste Nacht verbringen werden. Dies dürfte hilfreich sein, um die Anfahrt zu planen:

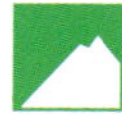

Hüttenanstiege bis zwei Stunden

TOUR 10: Bodenschneidhaus
TOUR 17: Wettersteinhütte
TOUR 20: Ostlerhütte

Hüttenanstiege bis drei Stunden

TOUR 1: Wimbachgrieshütte
TOUR 4: Traunsteiner Hütte
TOUR 5: Hochgernhaus
TOUR 7: Anton-Karg-Haus
TOUR 9: Rotwandhaus
TOUR 11: Blaubergalm
TOUR 12: Hirschberghaus
TOUR 13: Brauneck-Gipfelhaus
TOUR 19: August-Schuster-Haus
TOUR 21: Landsberger Hütte
TOUR 23: Fiderepass-Hütte
TOUR 24: Kemptener Naturfreundehaus

Hüttenanstiege bis vier Stunden

TOUR 1: Stöhrhaus
TOUR 2: Neue Traunsteiner Hütte
TOUR 6: Priener Hütte
TOUR 14: Soiernhaus
TOUR 18: Coburger Hütte
TOUR 22: Waltenbergerhaus

Hüttenanstiege über vier Stunden

TOUR 1: Kärlingerhaus
TOUR 7: Stripsenjochhaus
TOUR 15: Karwendelhaus
TOUR 16: Reintalangerhütte

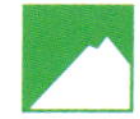

Die längsten Hüttenübergänge:

TOUR 1: Wimbachgrieshütte – Kärlingerhaus (6 Std.)
TOUR 3: Stöhrhaus – Zeppezauerhaus (4 ½ Std.)
TOUR 4: Traunsteiner Hütte – Straubinger Haus (4 ½ Std.)
TOUR 7: Stripsenjochhaus – Vorderkaiserfeldenhütte (4 ½ Std.)
TOUR 8: Dalfazalm – Köglalm – Achensee (5 Std.)
TOUR 22: Waltenbergerhaus – Kemptner Hütte (5 Std.)
TOUR 23: Mindelheimer Hütte – Faistenoy (5 ½ Std.)
TOUR 24: Alpe Gunde – Straubinger Haus (5 Std.)

Hüttenwege nach Schwierigkeit

Leichte Hüttenwege: Hüttenfahrwege und leichte, breite Bergwanderwege (die Touren können jedoch durchaus lang sein). Hier wird ebenfalls – bis auf eine Ausnahme – nur die Wegbeschaffenheit bis zur ersten Hütte unserer gesamten Tour charakterisiert.

TOUR 1: Wimbachgrieshütte
TOUR 4: Traunsteiner Hütte
TOUR 5: Hochgernhaus
TOUR 7: Stripsenjochhaus
TOUR 8: Dalfazalm
TOUR 10: Bodenschneidhaus
TOUR 13: Brauneck-Gipfelhaus
TOUR 14: Soiernhaus (Fahrweg)
TOUR 15: Karwendelhaus
TOUR 16: Reintalangerhütte
TOUR 20: Ostlerhütte

Mittelschwere Hüttenwege: Anstiege auf zum Teil schmalen aber ungefährlichen Bergwanderwegen. Einige der Hüttenwege sind auch lang.

- **TOUR 2:** Neue Traunsteiner Hütte
- **TOUR 3:** Stöhrhaus
- **TOUR 6:** Priener Hütte
- **TOUR 9:** Rotwandhaus
- **TOUR 11:** Blaubergalm
- **TOUR 12:** Hirschberghaus
- **TOUR 14:** Soiernhaus (Lakeiensteig)
- **TOUR 17:** Wettersteinhütte
- **TOUR 18:** Coburger Hütte
- **TOUR 19:** August-Schuster-Haus
- **TOUR 21:** Landsberger Hütte
- **TOUR 23:** Fiderepass-Hütte
- **TOUR 24:** Kemptener Naturfreundehaus

Anspruchsvolle Hüttenwege: Anstiege auf schmalen Pfaden, evtl. mit ausgesetzten Stellen und vereinzelten Drahtseilsicherungen (Trittsicherheit und Schwindelfreiheit erforderlich).

- **TOUR 16:** Münchner Haus (Zugspitze)
- **TOUR 20:** Bad-Kissinger-Hütte
- **TOUR 22:** Waltenbergerhaus

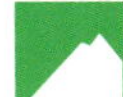

Hütten mit großem Gemütlichkeitsfaktor

- **TOUR 1:** Riemannhaus und Ingolstädter Haus
- **TOUR 2:** Neue Traunsteiner Hütte
- **TOUR 3:** Stöhrhaus
- **TOUR 4:** Traunsteiner Hütte
- **TOUR 5:** Hochgernhaus
- **TOUR 7:** Pfandlhof und Vorderkaiserfeldenhütte
- **TOUR 8:** Dalfazalm
- **TOUR 9:** Taubensteinhaus
- **TOUR 10:** Obere Firstalm und Albert-Link-Hütte
- **TOUR 11:** Blaubergalm
- **TOUR 12:** Tegernseer Hütte und Lenggrieser Hütte
- **TOUR 16:** Reintalangerhütte
- **TOUR 17:** Wettersteinhütte
- **TOUR 18:** Coburger Hütte
- **TOUR 19:** Kenzenhütte
- **TOUR 20:** Bad-Kissinger-Hütte und Füssener Hütte
- **TOUR 21:** Landsberger Hütte
- **TOUR 24:** Alpe Gund

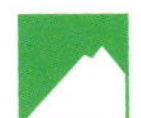

Hundefreundliche Hütten

Auf diesen Hütten haben Hundebesitzer gute Erfahrungen gemacht:

- **TOUR 1:** Wimbachgrieshütte, Kärlingerhaus, Riemannhaus
- **TOUR 6:** Priener Hütte
- **TOUR 10:** Albert-Link-Hütte
- **TOUR 13:** Tutzinger Hütte
- **TOUR 19:** Kenzenhütte
- **TOUR 20:** Otto-Mayr-Hütte

Hütten, in Nähe einer Bergbahn

Dies ist besonders für jene Bergwanderer wichtig, die eine weite Anreise haben und noch bis zum Abend eine Übernachtungshütte oder ein Berggasthaus erreichen wollen. Möglicherweise muss die Hüttenroute dann angepasst werden. Einige der hier vorgestellten Übernachtungsmöglichkeiten sind auch zu Fuß erreichbar.

- **TOUR 3:** Zeppezauerhaus und Hochalm
- **TOUR 4:** Traunsteiner Hütte und Berggasthöfe auf der Winklmoosalm
- **TOUR 6:** Wuhrsteinalm (falls die Geigelsteinbahn in Betrieb ist), Sonnenalm
- **TOUR 7:** Pfandlhof
- **TOUR 8:** Erfurter Hütte
- **TOUR 9:** Taubensteinhaus
- **TOUR 13:** Brauneck-Gipfelhaus
- **TOUR 16:** Münchner Haus auf der Zugspitze
- **TOUR 19:** August-Schuster-Haus
- **TOUR 20:** Hochalphütte

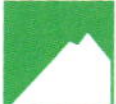

Ideal für die Anfahrt mit Bahn & Bus

Wanderungen, bei denen Sie direkt vom Bahnhof losmarschieren können:

TOUR 3: Eine Überschreitung des Untersbergs
TOUR 7: Zwischen Zahmem und Wildem Kaiser
TOUR 9: Aus dem Leitzachtal ins Rotwandgebiet
TOUR 10: Im Spitzingseegebiet
TOUR 13: Eine großartige Höhenroute im Isarwinkel
TOUR 15: Durchs Karwendeltal zur größten Alm in Tirol
TOUR 16: Eine Überschreitung des Wettersteingebirges
TOUR 18: Unterwegs in den Mieminger Bergen
TOUR 19: Auf königlichen Spuren
TOUR 20: Durch die Tannheimer Berge
TOUR 24: In der Nagelfluhkette

Wanderungen, bei denen Sie vom Bahnhof mit einem Bus (ohne Umsteigen) direkt zum Ausgangspunkt kommen:

TOUR 1: Ins Steinerne Meer
TOUR 4: Auf der Winklmoosalm
TOUR 5: Adlerblick aufs Alpenvorland
TOUR 6: Über dem Tal der Tiroler Achen
TOUR 8: Höhenroute über dem Achensee
TOUR 11: Über die Blauberge
TOUR 12: Gipfelrunde über dem Söllbachtal
TOUR 14: Unterwegs in einem landschaftlichen Juwel
TOUR 21: Eine Runde in den Vilsalpseebergen
TOUR 22: Im Allgäuer Hauptkamm
TOUR 23: In den Schafalpen

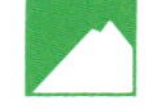

Hüttengipfel

Leichte Anstiege: Gipfelabstecher, die auf breitem oder schmalem Weg verlaufen, die auch für nicht Schwindelfreie geeignet sind:

TOUR 1: Breithorn
TOUR 2: Weitschartenkopf
TOUR 3: Berchtesgadener Hochthron und Salzburger Hochthron
TOUR 4: Dürrnbachhorn, Hochplatte und Fellhorn
TOUR 5: Hochgern
TOUR 6: Breitenstein und Hochplatte
TOUR 7: Stripsenkopf
TOUR 8: Rofanspitze
TOUR 9: Rotwand und Jägerkamp
TOUR 10: Bodenschneid, Stolzenberg und Rotwand
TOUR 11: Schildenstein und Halserspitz
TOUR 12: Hirschberg, Roßstein und Seekarkopf
TOUR 13: Brauneck
TOUR 15: Mahnkopf
TOUR 19: Vorderscheinberg
TOUR 20: Breitenberg und Schartschrofen
TOUR 21: Schochenspitze
TOUR 23: Fellhorn
TOUR 24: Immenstädter Horn und Stuiben

Mittelschwere Anstiege: Gipfelabstecher, die Trittsicherheit voraussetzen und den schon etwas geübten Bergwanderer erfordern:

TOUR 1: Viehkogel und Großer Hundstod
TOUR 2: Häuselhörner
TOUR 6: Geigelstein
TOUR 7: Pyramidenspitze, Naunspitze und Petersköpfl
TOUR 9: Aiplspitz
TOUR 10: Brecherspitz
TOUR 12: Die Kampen und Fockenstein
TOUR 13: Achselköpfe und Benediktenwand
TOUR 14: Soiernspitze, Schöttelkarspitze und die Runde um den Soiernkessel
TOUR 15: Gamsjoch

TOUR 18: Vorderer Drachenkopf und Hinterer Tajakopf
TOUR 19: Teufelstättkopf
TOUR 20: Große Schlicke
TOUR 21: Sulzspitze, Lachenspitze und Rote Spitze
TOUR 23: Kanzelwand
TOUR 24: Rindalphorn und Hochgrat von der Höhenroute

Anspruchsvolle Anstiege: Gipfelabstecher, bei denen Sie Trittsicherheit, Schwindelfreiheit und Bergerfahrung mitbringen müssen. Einige Passagen sind z. T. recht ausgesetzt, andere mit Sicherungsmittel versehen (Drahtseile, Eisenbügel etc.)

TOUR 2: Großer Bruder
TOUR 6: Kampenwand
TOUR 7: Hintere Goinger Halt
TOUR 8: Hochiss
TOUR 11: Guffert
TOUR 15: Birkkarspitze
TOUR 16: Zugspitze und Schneefernerkopf
TOUR 17: Gehrenspitze und Predigtstein
TOUR 18: Ehrwalder Sonnenspitze
TOUR 19: Große Klammspitze und Hochplatte
TOUR 20: Aggenstein und Läuferspitze
TOUR 22: Mädelegabel
TOUR 23: Kemptner Kopf

Rastplatz am Wege

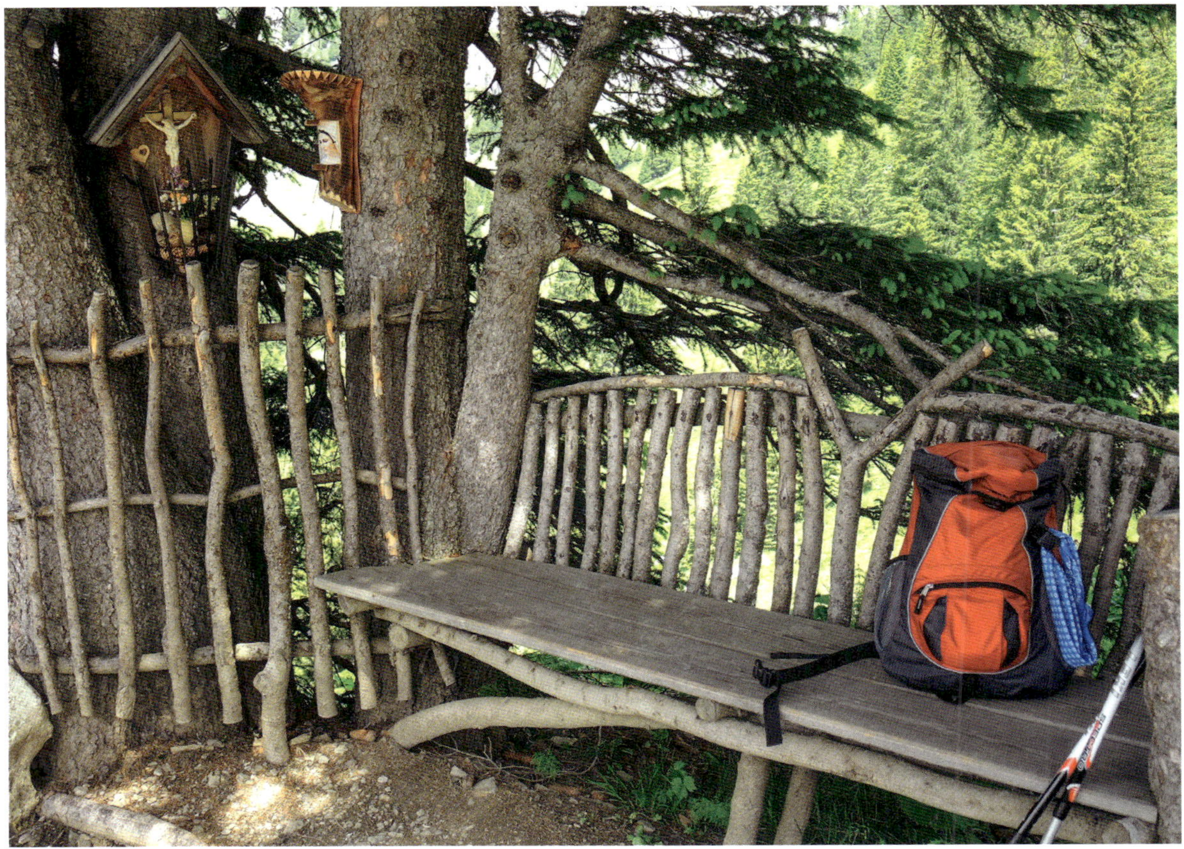

REGISTER

REGISTER

ISBN 978-3-8094-4513-5

1. Auflage

Bildnachweis: Christel Blankenstein: S. 6, 10, 11, 13, 16, 32, 34, 35, 39, 44, 45, 47, 58, 61, 62, 64, 65, 66, 67, 72, 74, 75, 76, 78, 79, 81, 84, 92, 95, 100, 103, 104, 105, 106, 108, 109, 100, 110, 112, 113, 114, 115, 120, 122, 124, 128, 130, 131, 132, 133, 127; Peter Fischer (Architeckt): S. 123; Wolfgang Rauschel: S. 25; Andreas Strauss: S. 82, 86, 88, 89, 90, 91; Udo Weidner: S. 22, 24, 25;
alle übrigen Fotos vom Autor

Projektleitung: Dr. Iris Hahner
Umschlaggestaltung: Atelier Versen, Bad Aibling
Kartographie: Heike Boschmann, München
Satz: Nadine Thiel, kreativsatz, Baldham
Herstellung: Elke Cramer

Penguin Random House Verlagsgruppe FSC® N001967

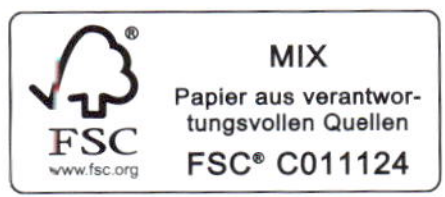

Druck und Bindung: Mohn Media Mohndruck GmbH; Gütersloh

Printed in Germany

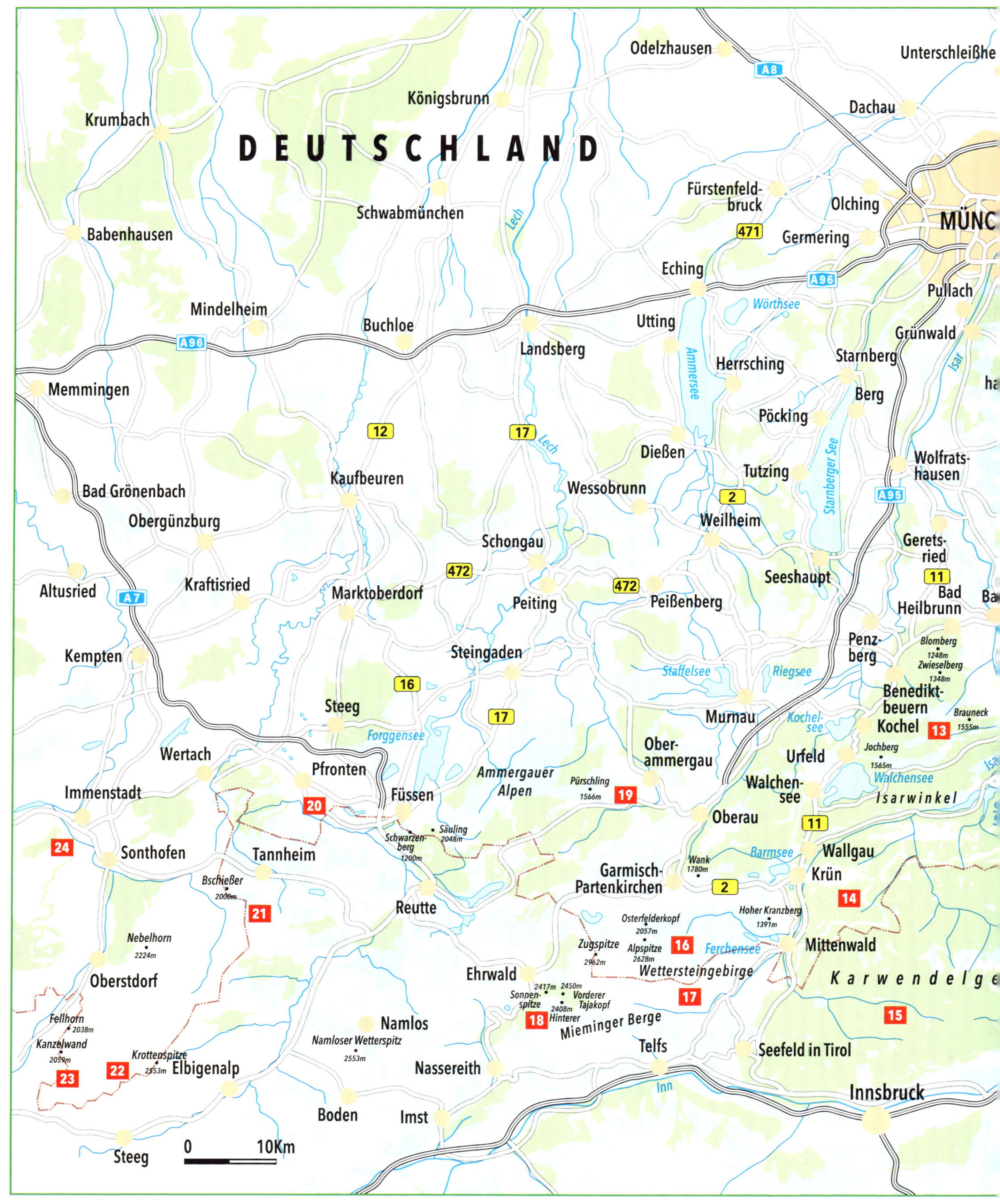

DEUTSCHLAND
Odelzhausen
Unterschleißhe
Dachau
Königsbrunn
Krumbach
Fürstenfeld-
bruck
Olching
MÜNC
Schwabmünchen
Babenhausen
Germering
Eching
Pullach
Mindelheim
Buchloe
Utting
Wörthsee
Grünwald
Landsberg
Ammersee
Herrsching
Starnberg
Isar
Memmingen
Berg
Pöcking
Dießen
Lech
Wolfrats-
hausen
Tutzing
Starnberger See
Bad Grönenbach
Kaufbeuren
Wessobrunn
Obergünzburg
Weilheim
Schongau
Gerets-
ried
Altusried
Kraftisried
Marktoberdorf
Seeshaupt
Peiting
Peißenberg
Bad
Heilbronn
Kempten
Steingaden
Penz-
berg
Blomberg
1248m
Zwieselberg
1348m
Staffelsee
Riegsee
Benedikt-
beuern
Steeg
Murnau
Kochel-
see
Kochel
Brauneck
1555m
Forggensee
Wertach
Ober-
ammergau
Urfeld
Jochberg
1565m
Pfronten
Ammergauer
Alpen
Pürschling
1566m
Walchen-
see
Walchensee
Immenstadt
Füssen
Isarwinkel
Oberau
Säuling
2048m
Schwarzen-
berg
1200m
Sonthofen
Tannheim
Barmsee
Wallgau
Wank
1780m
Garmisch-
Partenkirchen
Krün
Bschießer
2000m
Reutte
Osterfelderkopf
2057m
Hoher Kranzberg
1391m
Nebelhorn
2224m
Zugspitze
2962m
Alpspitze
2628m
Ferchensee
Mittenwald
Oberstdorf
Ehrwald
Wettersteingebirge
Karwendelge
Sonnen-
spitze
2417m
2450m
Vorderer
Tajakopf
2408m
Hinterer
Fellhorn
2038m
Namlos
Mieminger Berge
Kanzelwand
2059m
Namloser Wetterspitz
2553m
Telfs
Seefeld in Tirol
Krottenspitze
2553m
Elbigenalp
Nassereith
Inn
Innsbruck
Boden
Imst
Steeg
0
10Km
A8
A96
A7
A95
471
12
17
2
472
11
16
24
20
19
13
21
14
16
17
18
15
22
23